梁漱溟評傳

總　序

　　中華學術，源遠流長。春秋戰國時期，諸子並起，百家爭鳴，呈現了學術思想的高度繁榮。兩漢時代，經學成為正統；魏晉之世，玄學稱盛；隋唐時代，儒釋道三教並尊；到宋代而理學興起；迨及清世，樸學蔚為主流。各個時代的學術各有特色。綜觀周秦以來至於近代，可以說有三次思想活躍的時期。第一次為春秋戰國時期，諸子競勝。第二次為北宋時代，張程關洛之學、荊公新學、蘇氏蜀學，同時並興，理論思維達到新的高度。第三次為近代時期，晚清以來，中國遭受列強的凌侵，出現了空前的民族危機，於是志士仁人、英才俊傑莫不殫精積思，探索救亡之道，各自立說，期於救國，形成中國學術思想史上的第三次眾說競勝的高潮。

　　試觀中國近代的學風，有一顯著的傾向，即融會中西。近代以來，西學東漸，對於中國學人影響漸深。深識之士，莫不資西學以立論。初期或止於淺嘗，漸進乃達於深解。同時這些學者又具有深厚的舊學根柢，有較高的鑑別能力，故能在傳統學術的基礎之上汲取西方的智慧，從而達到較高的成就。

　　試以梁任公（啟超）、章太炎（炳麟）、王靜安（國維）、陳寅恪四家為例，說明中國近代學術融會中西的學風。梁任公先生嘗評論自

己的學術云:「康有為、梁啟超、譚嗣同輩……欲以構成一種不中不西即中即西之新學派……蓋固有之舊思想既根深蒂固,而外來之新思想又來源淺觳,汲而易竭,其支絀滅裂,固宜然矣。」(《清代學術概論》)所謂「不中不西即中即西」正表現了融合中西的傾向,不過梁氏對西學的瞭解不夠深切而已。梁氏自稱「適成為清代思想史之結束人物」,這未免過謙,事實上梁氏是近代中國的一個重要的啟蒙思想家,誠如他自己所說「為《新民叢報》、《新小說》等諸雜誌……二十年來學子之思想頗蒙其影響……其文條理明晰,筆鋒常帶感情,對於讀者別有一種魔力焉」。梁氏雖未能提出自己的學說體系,但其影響是深巨的。他的許多學術史著作今日讀之仍能受益。

章太炎先生在《菿漢微言》中自述思想遷變之跡說:「少時治經,謹守樸學……及囚系上海,三歲不覿,專修慈氏世親之書……乃達大乘深趣……既出獄,東走日本,盡瘁光復之業,鞅掌餘間,旁覽彼土所譯希臘德意志哲人之書……凡古近政俗之消息、社會都野之情狀,華梵聖哲之義諦、東西學人之所說……操齊物以解紛,明天倪以為量,割制大理,莫不孫順。」這是講他兼明華梵以及西哲之說。有清一代,漢宋之學爭論不休,章氏加以評論云:「世故有疏通知遠、

好為玄談者，亦有言理密察、實事求是者，及夫主靜主敬、皆足澄心⋯⋯苟外能利物，內以遣憂，亦各從其志爾！漢宋爭執，焉用調人？喻以四民各勤其業，瑕釁何為而不息乎？」這是表示，章氏之學已超越了漢學和宋學了。太炎更自讚云：「自揣平生學術，始則轉俗成真，終乃回真向俗⋯⋯秦漢以來，依違於彼是之間，局促於一曲之內，蓋未嘗睹是也。乃若昔人所謂專志精微，反致陸沉；窮研訓詁，遂成無用者，餘雖無腆，固足以雪斯恥。」太炎自負甚高，梁任公引此曾加評論云：「其所自述，殆非溢美。」章氏博通華梵及西哲之書，可謂超越前哲，但在哲學上建樹亦不甚高，晚歲又回到朴學的道路上了。

王靜安先生早年研習西方哲學美學，深造有得，用西方美學的觀點考察中國文學，獨闢蹊徑，達到空前的成就。中年以後，專治經史，對於殷墟甲骨研究深細，發明了「二重證據法」，以出土文物與古代史傳相互參證，達到了精確的論斷，澄清了殷周史的許多問題。靜安雖以遺老自居，但治學方法卻完全是近代的科學方法，因而取得卓越的學術成就，受到學術界的廣泛稱讚。

陳寅恪先生博通多國的語言文字，以外文資料與中土舊籍相參

證，多所創獲。陳氏對於思想史更有深切的睿見，他在對於馮友蘭《中國哲學史》的《審查報告》中論儒佛思想云：「佛教學說，能于吾國思想史上發生重大久遠之影響者，皆經國人吸收改造之過程。其忠實輸入不改本來面目者，若玄奘唯識之學，雖震動一時之人心，而卒歸於消沉歇絕……在吾國思想史上……其真能于思想上自成系統，有所創獲者，必須一方面吸收輸入外來之學說，一方面不忘本來民族之地位。」這實在是精闢之論，發人深思。陳氏自稱「平生為不古不今之學，思想囿于咸豐同治之世，議論近乎曾湘鄉張南皮之間」，但是他的學術成就確實達到了時代的高度。

此外，如胡適之在文化問題上傾向於「全盤西化論」，而在整理國故方面作出了多方面的貢獻。馮友蘭先生既對於中國哲學史進行了系統的闡述，又於40年代所著《貞元六書》中提出了自己的融會中西的哲學體系，晚年努力學習馬克思主義，表現了熱愛真理的哲人風度。

胡適之欣賞龔定庵的詩句：「但開風氣不為師。」熊十力先生則以師道自居。熊氏戛戛獨造，自成一家之言，讚揚辯證法，但不肯接受唯物論。馮友蘭早年擬接續程朱之說，晚歲歸依馬克思主義唯物

論。這些大師都表現了各自的特點。這正是學術繁榮，思想活躍的表現。

　　百花洲文藝出版社有鑒於中國近現代國學大師輩出，群星燦爛，構成中國思想史上第三次思想活躍的時代，決定編印《國學大師叢書》，以表現近代中西文明衝撞交融的繁盛景況，以表現一代人有一代人之學術的豐富內容，試圖評述近現代著名學者的生平及其學術貢獻，凡在文史哲任一領域開風氣之先者皆可入選。規模宏大，意義深遠。編輯部同仁建議我寫一篇總序，於是略述中國近現代學術的特點，供讀者參考。

張岱年

1992年元月，序於北京大學

重寫近代諸子春秋

《國學大師叢書》在各方面的關懷和支持下，就要陸續與海內外讀者見面了。

當叢書組編伊始（1990年冬）便有不少朋友一再詢問：為什麼要組編這套叢書？該叢書的學術意義何在？按過去理解，「國學」是一個很窄的概念，你們對它有何新解？「國學大師」又如何劃分？……作為組織編輯者，這些問題無疑是必須回答的。當然，回答可以是不完備的，但應該是明確的。現謹在此聊備一說，以就其事，兼謝諸友。

一、一種闡述：諸子百家三代說

中華學術，博大精深；中華學子，向以自強不息、厚德載物之精神著稱於世。在源遠流長的中國學術文化史上，出現過三個廣開風氣、大師群起的「諸子百家時代」。

第一個諸子百家時代，出現在先秦時期。那時，中華本土文化歷經兩千餘年的演進，已漸趨成熟，老莊、孔孟、楊墨、孫韓……卓然穎出，共同為中華學術奠定了長足發展的基脈。此後的千餘年間，漢儒乖僻、佛入中土、道教蘗生，中華學術於發展中漸顯雜陳。宋明時

期，程朱、陸王⋯⋯排漢儒之乖、融佛道之粹、倡先秦之脈、興義理心性之學，於是，諸子百家時代再現。降及近代，西學東漸，中華學術周遭衝擊，文化基脈遇空前挑戰。然於險象環生之際，又一批中華學子，本其良知、素養，關注文化、世運，而攘臂前行，以其生命踐信。正所謂「鐵肩擔道義，妙手著文章」，康有為、章太炎、嚴復、梁啟超、王國維、胡適、魯迅、黃侃、陳寅恪、錢穆、馮友蘭⋯⋯他們振民族之睿智，汲異域之精華，在文、史、哲領域篳路藍縷，於會通和合中廣立範式，重開新風而成績斐然。第三個諸子百家時代遂傲然世出！

《國學大師叢書》組編者基於此，意在整體地重現「第三個諸子百家時代」之盛況，為「第三代」中華學子作人傳、立學案。叢書所選對象，皆為海內外公認的學術大師，他們對經、史、子、集博學宏通，但治學之法已有創新；他們的西學造詣令人仰止，但立術之本在我中華從而廣開現代風氣之先。他們各具鮮明的學術個性、獨具魅力的人品文章，皆為不同學科的宗師（既為「經」師，又為人師），但無疑地，他們的思想認識和學術理論又具有其時代的共性。以往有過一些對他們進行個案或專題研究的書籍面世，但從沒有對他們及其業

績進行過集中的、整體的研究和整理，尤其未把他們作為一代學術宗師的群體（作為一個「大師群」）進行研究和整理。這批學術大師多已作古，其學術時代也成過去，但他們的成就惠及當今而遠未過時。甚至，他們的一些學術思想，我們至今仍未達其深度，某些理論我們竟會覺得陌生。正如第一代、第二代「諸子百家」一樣，他們已是中華學術文化傳統的一部分，研究他們，也就是研究中國文化本身。

對於「第三代諸子百家」及其學術成就的研究整理，我們恐怕還不能說已經充分展開。《國學大師叢書》的組織編輯，是一種嘗試。

二、一種觀念：一代人有一代人之學術

縱觀歷史，悉察中外，大凡學術的進步不能離開本土文化基脈。但每一代後起學子所面臨的問題殊異，他們勢必要或假古人以立言、或賦新思於舊事，以便建構出無愧於自己時代的學術。這正是「自強不息、厚德載物」之精神在每一代學子身上的最好體現。以上「三代」百家諸子，莫不如是。《國學大師叢書》所沿用之「國學」概念，亦當「賦新思於舊事」而涵注現時代之新義。

明末清初，王（夫之）、顧（炎武）、黃（宗羲）、顏（元）四傑

繼起，矯道統，斥宋儒，首倡「回到漢代」，以表其「實學實行實用之天下」的樸實學風，有清一代，學界遂始認「漢學」為地道之國學。以今言之，此僅限「國學」於方法論，即將「國學」一詞限於文字釋義（以訓詁、考據釋古文獻之義）之範疇。

《國學大師叢書》的組編者以為，所謂國學就其內容而言，系指近代中學與西學接觸後之中國學術，此其一；其次，既是中國學術便只限於中國學子所為；再次，既是中國學子所為之中國學術，其方式方法就不僅僅限於文字（考據）釋義，義理（哲學）釋義便也是題中應有之義。綜合起來，今之所謂國學，起碼應拓寬為：近代中國學子用考據和義理之法研究中國古代文獻之學術。這些文獻，按清代《四庫全書總目》的劃分，為經、史、子、集四部。經部為經學（即「六經」，實只五經）及文字訓詁學；史部為史志及地理志；子部為諸子及兵、醫、農、曆算、技藝、小說以及佛、道典籍；集部為詩、文。由此視之，所謂「國學家」當是通才。而經史子集會通和合、造詣精深者，則可稱為大師，即「國學大師」。

但是，以上所述仍嫌遺漏太多，而且與近現代學術文化史實不相吻合。國學，既是「與西學接觸後的中國學術」，那麼，這國學在內

涵上就不可能，也不必限於純之又純的中國本土文化範圍。尤其在學術思想、學術理論的建構方式上，第三代百家諸子中那些學貫中西的大師們，事實上都借用了西學，特別是邏輯分析和推理，以及與考據學有異曲同工之妙的實證方法，還有實驗方法、歷史方法，乃至考古手段……而這些學術鉅子和合中西之目的，又多半是「賦新思於舊事」，旨在建構新的學術思想體系，創立新的學術範式。正是他們，完成了中國學術從傳統到現代的轉型。我們今天使用語言的方式、思考問題的方式……乃得之於斯！如果在我們的「國學觀念」中，將他們及其學術業績排除在外，那將是不可理喻的。

至此，《國學大師叢書》之「國學」概念，實指：近代以降中國學術的總稱。「國學大師」乃「近現代中國有學問的大宗師」之意。因之，以訓詁考據為特徵的「漢學」，固為國學，以探究義理心性為特徵的「宋學」及兼擅漢宋者，亦為國學（前者如康有為、章太炎、劉師培、黃侃，後者如陳寅恪、馬一浮、柳詒徵）；而以中學（包括經史子集）為依傍、以西學為鏡鑑，旨在會通和合建構新的學術思想體系者（如梁啟超、王國維、胡適、熊十力、馮友蘭、錢穆等），當為更具時代特色之國學。我們生活在90年代，當取「一代人有一代人

之學術」（國學）的觀念。

《國學大師叢書》由是得之，故其「作人傳、立學案」之對象的選擇標準便相對寬泛。凡所學宏通中西而立術之本在我中華，並在文、史、哲任一領域開現代風氣之先以及首創新型範式者皆在入選之列。所幸，此舉已得到越來越多的當今學界老前輩的同情和支援。

三、一個命題：歷史不會跨過我們這一代

中西文明大潮的衝撞與交融，在今天仍是巨大的歷史課題。如今，我們這一代學人業已開始自己的學術歷程，經過80年代的改革開放和規模空前的學術文化積累（其表徵為：各式樣的叢書大量問世，以及紛至沓來名目繁多的學術熱點的出現），應當說，我們這代學人無論就學術視野，抑或就學術環境而言，都是前輩學子所無法企及的。但平心而論，我們的學術功底尚遠不足以承擔時代所賦予的重任。我們仍往往陷於眼花繚亂的被動選擇和迫不及待的學術功利之中難以自拔，而對自己真正的學術道路則缺乏明確的認識和了悟。我們至今尚未創建出無愧於時代的學術成就。基於此，《國學大師叢書》的組編者以為，我們有必要先「回到近現代」─回到首先親歷中西文

化急劇衝撞而又作出了創造性反應的第三代百家諸子那裡去！

　　經過一段時間的困惑與浮躁，我們也該著實潛下心來，去重新瞭解和領悟這一代宗師的學術生涯、為學風範和人生及心靈歷程（大師們以其獨特的理智靈感對自身際遇作出反應的閱歷），全面評價和把握他們的學術成就及其傳承脈絡。唯其貫通近代諸子，我們這代學人方能於曙色熹微之中，認清中華學術的發展道路，了悟世界文化的大趨勢，從而真正找到自己的學術位置。我們應當深信，歷史是不會跨過我們這一代的，90年代的學人必定會有自己的學術建樹。

　　我們將在溫情與敬意中汲取，從和合與揚棄中把握，於沉潛與深思中奮起，去創建有中國特色的社會主義新文化。這便是組織編輯《國學大師叢書》的出版宗旨。當我們這代學人站在前輩學術鉅子們肩上的時候，便可望伸開雙臂去擁抱那即將到來的中華學術新時代！

錢宏（執筆）
1991年春初稿
1992年春修定

序

梁漱溟先生的傳記已經出過好幾種，現在景海峰又應江西百花洲文藝出版社之約為《國學大師叢書》寫《梁漱溟評傳》，可見梁先生的思想和社會實踐活動對20世紀的中國有著相當的影響。

從1983年起，我常常去拜訪梁先生，後來又請他出來當中國文化書院院務委員會主席。1985年2月，中國文化書院曾舉辦過一期「中國傳統文化講習班」，梁先生為該班講過課，這大概是他自1953年後的第一次公開演講了。1986年1月，梁先生又為「中西文化比較研究班」講過課，聽講者逾千人。梁先生的演講和與我的談話，使我深深地感到艾愷把梁先生稱為「最後一個儒家」是很有道理的。儘管把梁先生稱為「最後一個儒家」或可引起爭議，但我認為梁先生無疑是20世紀中國的一位最重要的儒家。當然，梁先生的思想確實深受佛教影響，這點所有撰寫梁先生傳記的學者都無異議，但是梁先生的思想和活動則更是儒家的，也就是說更加是中國式的。

我們知道，20世紀（或者更早一點，自19世紀末起）以來，中國社會一直處於劇烈的動盪之中，從文化上看它也是處在一個重大的文化轉型時期。在這個轉型期中，中國學術文化界討論的主題概括地說就是「東西古今之爭」。一般地說，在文化轉型時期，對傳統文化往

往存在著三種不同的力量，即文化的激進主義、文化的自由主義和文化的保守主義。這裡使用「激進主義」、「自由主義」、「保守主義」僅僅是就其對過去傳統文化不同的態度這個意義上說的，並無其他意義，因此對這三派都不包含褒或貶的意思。這三派對傳統文化的不同態度正是表現在「中西古今」之爭上。

五四時期的激進主義派（如陳獨秀）和自由主義派（如胡適）曾一度舉起「反傳統」的大旗，提倡「科學與民主」，向傳統的正統文化（主要是儒家文化）開火。陳獨秀、胡適等激烈地抨擊傳統文化，主要是有見於中國社會之落後，政治之腐敗，長期受西方列強之欺辱，而又有見於西方各國國勢之強盛，社會之穩定，所以他們認為，中國要富強必須學習西方，發動一場啟蒙運動來徹底批判舊的文化傳統。無疑五四新文化運動對推動中國文化的更新起著巨大的推動作用。但未經幾時，1920年有梁啟超自歐洲歸來，發表了《歐遊心影錄》，他認為經第一次世界大戰後西方文化已陷入絕境，而東方文化或者可以拯救世界。1921年夏，梁漱溟先生作《東西文化及其哲學》的演講，這可以說是文化上的保守主義派對五四運動以來全盤反傳統、提倡「西化」的第一次認真的反思。梁漱溟認為，中國應該引進

西方文化，讓「科學與民主」也在中國得到充分發展。他說：「（科學與民主）這兩種精神完全是對的，只能無批判無條件地承認……怎樣引進這兩種精神實在是當今所急的；否則，我們將永遠不配談人格，我們將永遠不配談學術。」並且他反覆申明：「我們提倡東方文化與舊頭腦的拒絕西方文化不同。」但梁漱溟同時對西方文化進行了批評，並主張把中國原有文化精神拿出來。他認為，在不遠的將來是中國文化的復興，它如同西方文化在經過漫長的中世紀之後的復興一樣。因此，梁漱溟的文化觀的重點當然不在「反傳統」，而是考慮在西方文化的衝擊下，如何重新把中國文化精神發揚起來。就這點看，梁漱溟的思想應屬於文化上的保守主義派。在當時，文化上的保守主義的意義正是針對著五四以來全盤反傳統思潮的，這樣才使得中國文化傳統不至於全然斷裂，而能在三種不同力量的合力中得到發展。因此，我們可以說，自五四以後，文化上的激進主義、自由主義、保守主義這三種力量並存於同一框架中，它們之間的張力和搏擊正是推動中國文化以及社會前進的重要契機。

長期以來，許多人認為，在文化轉型時期只有激進主義對文化的發展才有推動作用，而自由主義派特別是保守主義派則是阻礙文化向

前發展的。這個看法，我認為是不正確的，或者說至少是應重新討論
的。反觀20世紀中國文化的發展，激進主義、自由主義、保守主義三
種主義從不同方向都有一定意義。在文化轉型時期，文化的發展必然
呈現為多元化的趨勢。在文化的激進主義、自由主義、保守主義並存
的情況下，由於它們的不同作用，就不能用一種凝固的教條的價值標
準判斷它們的高下，特別是不能用某種外加的意識形態的標準來判斷
它們的高下。由於20世紀以來，在中國文化問題上主要是圍繞著「東
西古今」問題進行爭論的，而且往往以此來劃分陣營的。在這方面，
我認為存在著兩種偏向：一種觀點認為「中西」之爭都是「古今」之
爭，全盤西化派大都持此觀點；另一種觀點認為「中西」之爭都不是
「古今」之爭，國粹派大都持此觀點。在當時的爭論中，「中西」之
爭確有「古今」問題，例如引進的「科學與民主」、「三綱五常」、「三
從四德」等等是否適合現代社會的要求，對維護專制主義的禮樂制度
是否應有所揚棄等等，這些是屬於我們的社會要不要走出「前現代」
的問題，它是「古今之爭」的問題，是屬於文化的時代性的問題。但
並不是「中西」問題都和「古今」問題有關，例如在中國傳統哲學中
的「天人合一」、「天道與性命」、「安身立命」、「以德抗位」等等問

題，並不因其與西方哲學所關注的問題不同，也不因時代的變遷，而失去其意義，它們完全可以隨著我們民族哲學的發展而「苟日新，日日新，又日新」。因此，我們可以說，正是中國哲學中的這些有深遠意義的思想和對這些思想在不同歷史時期的新詮釋，我們的民族文化才可以在現時代文化發展的總趨勢中發揮其特殊的積極作用以貢獻於人類文化。今日之世界聯繫非常密切，無論哪一個國家或民族都不能不關注當今人類社會所面臨的共同問題，所以世界文化的進程只能是在全球意識下多元化的方向發展。「全球意識」是時代性的問題，這說的是現時代文化的共性；文化之呈現為多元化是各個民族文化所表現的民族特色的問題，這說的是文化的個性。在現今民族文化的發展總要體現「時代性」與「民族性」、「共性」與「個性」的結合。一百多年來，中國文化的「古今中外」之爭從某個方面來說很可能是由於沒有正確解決好文化發展中「時代性」與「民族性」、「共性」與「個性」的關係引起的。

　　20世紀即將過去，21世紀即將到來，在這世紀之交，回顧中國文化一個世紀以來的發展，展望它下一個世紀的走向，我認為，我們應該對20世紀的國學大師一個一個作認真的研究，在這個基礎上，我們

才有可能把20世紀中國文化發展的頭緒理清楚，以為21世紀中國文化發展的借鑑。景海峰君曾為臺灣「哲學家叢書」寫過《熊十力》一書，頗得好評，我相信他的這本《梁漱溟評傳》也會為讀者所歡迎。

1995年7月31日
湯一介於北京紫竹院

英文提要

Liang Suming was one of the most influential thinkers of the 20th century in China.

In his childhood, he received enlightening Western-style education.He finished schooling in Shun Tian Middle School, the very earliest modern school set up in Beijing, then joined in Tianjin Branch of the anti-Qing Dynasty Comrades' League, became a correspondent for the famous newspaper Republic and the secretary to the Attorney General of the Cabinet of the United Northern and Southern China.Because of his diligence and intelligence and his unique comprehension of Buddhist doctrines, Mr Cai Yuanpei afforded him the post for teaching Indian philosophy when he was only twenty-four. During May 4th Movement, his "Cultures and philisophies of the East and West" brought the discussions of Eastern and Western Cultures of that period to a climax.This book has remained as one of the most famous and most infl uential books discussing Eastern and Western cultures and won him the status as the main figure of Eastern and Western Cultures School. Since then, he was regarded as the forefather of Contemporary Neo-Confucianism. Beginning from the mid-1920s, he devoted himself to a series of social projects, advocating rural reconstrution and for this purpose setting up schools in Guangdong, Henan and Shandong. He wrote Theories on Rural Reconstruction and other books and thus laid down the theoretical foundation for the rural reconstruction of China. Among those places where he carried out his social projects, Zouping County is a place where he had worked for a longest time, therefore it was the most influential place which won him the fame as one of the major figures of the rural reconstruction movement. After the anti-Japanese War broke out, he became a member of National Political Consultative Conference and in this capacity he visited Yan'an. Later on he initated organizations such as Society for National Unification and Reconstruction and the League of Chinese Democratic Political Parties. He went to Hong Kong and set up the newspaper Light, thus gradually becoming a well-known character between politics and scholarship. In the political struggles between the Chinese Communist Party and Kuomintang, he acted as a gobetween. In his capacity of Secretary-General to the Democratic League, he actively involved himself in political mediation, and thus became an important figure of a 'third Party'.

In the early years of the People's Republic, he was Chairman Mao's regular guest. After that famous dispute between him and Mao in 1953, he was severely criticized and remained anonymous for nearly 30 years. Although in the 'Movement of Criticizing Lin Biao and Confucius' during the 'Cultural Revolution', he astonished everyone with his bold remarks against such a movement and thus is remembered by history, in these 30 years, he remained almost in oblivion. Not until the mid- 1980s, when discussions about culture were in vogue, did he once again become the focus of attention; and his books were published or reprinted. He participated in the establishment of Chinese Academy of Classical Learning, so attention was once again drawn to his thought and opinions and his personality was universally praised.

Based on an account of Liang Shuming's colourful life as outlined above, this book lays great emphasis on disclosing the development of his thought and his unique and creative contributions as a master of national learning to 20th-century Chinese culture and philosophy.

Early in his life, Liang was a pious Buddhist and deeply engrossed in the study of Buddhist doctrines. With his On Ontological Inquiries and

Perplexities in Life(Jiu Yuan Jue Yi Lun), he established himself in the academic circle and started to lecture on Indian philosophy and Yogacara. Later on he converted to Confucianism and took the developing of Confucius' thought as his own responsibility, teaching Confucianism and comparative culture, and eventually became well-known as a contemporary neo-Confucian. He was deeply influenced by Western thinkers too, Bergson in particular. The present book offers a detailed analysis of the interactions of Confucianism, Buddhism and Western learning in Liang's thought and provides an important account of his approaches to expounding Eastern learning and exploring and conserving the cream of national learning. As a Confucian of action, Liang was not only a master scholar but also a social explorer. His thought has exerted a significant influence on the politics, culture and sociological theories of contemporary China. From an academic point of view, this book reveals the theoretical value of Liang's social practice, which has left so much for posterity to contemplate. For an understanding of the complex relationships between scholarship and politics and between theory and practice, the profound insight provided by Liang's experience may well be regarded as one of the most typical and most influential examples of this century. As a master scholar who underwent and happily survived the political vicissitudes of the 20th century, Liang has enjoyed an unusual prominence for his academic conscience and personality power, of which the present book attempts to offer a truthful evaluation.

As an academic biography, this book puts much emphasis upon the thought of the biographee, disclosing his unique spirit and disposition. It therefore differs from those biographies which have already come out and rely heavily on his life story. On the other hand, due to the thematic requirement of the Masters of National learning Series, this book pays special attention to the biographee's achievements in national learning and naturally other aspects of him receiving relatively less attention or even being omitted.

目　錄

CONTENTS

第一章

究元決疑：早年的困惑與求索

1.1　少年身世

清光緒十九年重陽節（1893年10月18日），在北京城內安福胡同的一所庭院內，降臨了一個激蕩20世紀中國思想界的精靈，他就是新儒學大師梁漱溟。

梁漱溟，名煥鼎，字壽銘，早年曾用壽民、瘦民等筆名，20歲取字漱溟後，即以字行。他的祖先為元朝宗室後裔，姓也先帖木耳。元亡，順帝攜皇室親貴逃回漠北，他祖上這一系沒有走，留在了河南汝陽，改漢姓梁，取自「孟子見梁惠王」一語。到清朝乾嘉年間，第十九代梁垕由河南遷至廣西桂林居住，故後來漱溟即以廣西桂林為自己的隸籍。梁垕之子寶書為道光二十年進士，歷任直隸定興、正定等縣知縣和遵化知州，以後樑家便定居在北京，再沒有回桂林。[1]

梁寶書為漱溟曾祖，其嫡長子即是漱溟的祖父梁承光（1831—1867）。承光負豪俠氣，「交遊甚廣，喜談兵，好騎馬」，廄中常備數騎。[2]先是供職內閣中書，後補為山西永寧知州。時撚軍勢盛，陝甘回民亦起事回應，永甯為陝晉間咽喉，承光竭力籌防，督勞勤極，竟至病卒，年僅30餘。承光早逝，其幼子梁濟（1859—1918）即由嫡母劉氏和生母陳氏共同撫育。此時的梁家，突遭變幻，境況衰敗，孤兒寡母不得不寄人籬下，在艱辛中討生活。梁濟少入願學堂，後為義塾教師，屢試不第，直到40歲才得入仕，在內閣任職，官銜從七品做到了四品。他共有四個孩子，長子煥鼐，次子煥鼎（漱溟），另有二

1　有關梁家的先世，漱溟自述甚詳。主要見《桂林梁先生遺書·年譜》、《我的努力與反省》，及《梁漱溟問答錄》等書。

2　見《桂林梁先生遺書》卷首。

女。

　　從族源和血統上說，梁家本為元朝宗室，但中經明清兩代500餘年，「不但旁人早不曉得我們是蒙古族，即自家人如不是有家譜記載，也無從知道了」。[3]且幾百年來與漢族通婚，兩種血統不斷融合，早具有了中間性。漱溟之祖母是貴州畢節劉家的，外祖張家則是雲南大理人。這樣由北而南，又由南而北，且東西部交匯，使得梁家幾代人難免兼有了南方人和北方人等等不同的素質和稟賦。漱溟自認他與父親這兩代人的氣質、性情和這種雜融的中間性大有關係，甚至認為梁濟的自殺行為亦可溯源於此。[4]的確，這種大遷徙、大融合的家庭史和宦游、客居的原生態對漱溟一生是深有影響的。因為在19世紀末依然是小農經濟汪洋大海的中國，這樣的家庭畢竟鮮見，這無疑為漱溟的成長提供了一個比較獨特的背景。梁家三代入仕為宦，寶書尚有清名，見稱於史書，承光亦是大有行節的，所以屬官宦世家。同時，梁家又多進士出身，承光有《淡集齋詩鈔》行世，漱溟編其父文為《桂林梁先生遺書》刻印，其祖母、母親都能詩文，所以又屬書香門第。這樣的兩重身份和社會地位，無疑又為漱溟的成長提供了一個比較優裕的家庭環境。但梁家的入仕，並不成氣候。寶書因得罪上司被奪職，卸任後「無鉞而有債」；承光替父還債，債未清而身先故；濟四十方入仕，「又總未得意，景況沒有舒展過」。[5]所以梁家幾代並沒有養成那種世宦習氣，倒是親身嘗歷了不少「市井瑣碎、民間疾苦」。加之梁濟的時代已是清末大變局，內憂外患，夾裹而來，這個

3　　見《我的自學小史》，收入《梁漱溟全集》第2卷。
4　　見《梁漱溟問答錄》，湖南人民出版社，1988年版，第1章。
5　　見《我的自學小史》。

已走下坡路的家庭就更是處在了一種風雨飄搖的大環境之中。

　　梁濟對漱溟的影響至深且巨。古之父子，或承業、或繼志，著於史者不少，如漢代就有（司馬）談、遷父子，（劉）向、歆父子，（班）彪、固父子等大家。晚近，隨著社會分工的進步和職業的非家庭化，這種情形變得越來越少，有名的更屬鳳毛麟角。父與子，情志相投，薪火相傳，當分兩類：一是有形的承續，如職業、身份等；二是無形的延接，如人格、品位、情志等。漱溟之於濟，當屬後者。梁濟被世人視為一道德保守主義者，其務於新知的追求和殉清自殺的行為所構成的背反，有人稱之為「一個含混性的實例」，[6]但他的道德人格卻受到了人們的普遍敬重，包括朋友，也包括敵人。漱溟則被時論稱為文化保守主義者，他的思想和行為同樣有譎怪難理之處，常令評論者感到棘手與困惑，但其錚錚風骨卻長期被多數人視為一種堪可希慕的典範。所以梁氏父子的人品均具道德聖徒的色彩，在立德修身的功夫、追求理想的情愫、為道獻身的精神等諸多方面，都有著驚人的相似之處。可以說是我們這個世紀的文化人中甚為少見的一對「父子兵」。

　　梁濟屬於那種篤實型人物，天資不高，但用心周匝細密。漱溟謂之最不可及處，是「意趣超俗，不肯隨俗流轉，而有一腔熱腸，一身俠骨」。[7]認為自己的思想和為人受之影響，亦是走入「尚俠、認真、不超脫」這麼一路。梁濟幼年喪父，得寒苦生活之磨煉。年長，教書

---

6 林毓生：《論梁巨川先生的自殺》，見《中國傳統的創造性轉化》，三聯書店，1988年版，第205頁。
7 見《我的自學小史》。

之餘，亦用力於科舉一途，但鄉試中舉後，即再無登進，屢試不中，致精神偏往他處。先是好兵家言，「喜讀戚繼光論兵書暨名臣奏議」。[8] 當時國難頻仍、外強凌逼，濟與同時代的其他先進中國人一樣，為國憂愁，由求個人仕途轉而為關注時事，積極思慮、進言。中法戰爭爆發後，他寫下了數千言的建議。乃至甲午風雲起，他以兵家睿識，主張兵不可輕用，不打無把握之仗，上書陳言，支持朝中孫毓汶等人的意見。甲午戰敗後，人心惶惶，一般士大夫驚疑變色，肝膽俱喪，甚而攜眷出逃，只顧自保。對此，梁濟十分憤慨，他在日記中寫道：

> 吾遍觀士大夫走相告者，交頭接耳驚疑變色，紛紛流言，鄙俚不經，全不知揆察情勢，其迂酸淺陋膽小無識之態異常可笑，真正不可與言。

> 溫州黃負一代偉人之名，而早早令其眷屬逃難。順德李為滿朝文人所崇拜，而慮及隨扈，又慮及書籍遭楚人之炬。似此膽小無識，唯知全身家保妻子，國家要此負重名之大臣究有何毫末之益耶？[9]

梁濟的遠見，得到了前大臣孫毓汶的賞識，將其羅致幕下，為書記五年，直到年40方改官內閣中書。[10] 梁濟生平又雅尚西學，追求新知，具有一定的進步思想。他批評傳統文化的某些積弊，對士大夫的

8　見《清史稿・梁濟傳》。
9　見《桂林梁先生遺書・年譜》，光緒二十年甲午條所載8月25日和9月5日日記。
10　孫毓汶，字萊山，山東濟寧人，為梁承光舊友。梁濟《小己記》中記云：「萊丈豪邁無倫，與先君少年交好。先君常稱心服才士二人，一為錢萍矼，一為孫萊山……餘為書啟五年，雖未得其培植功名，而高風古誼慷慨照人，余實心感不能忘也。」見《桂林梁先生遺書・年譜》，光緒二十一年乙未條所引。」

「專讀濫書，識見迂腐，專享安舒，不悉艱難」，及世風的舊俗固閉，不思變改，也十分之痛恨。同時積極搜求和閱讀各種西籍，贊助摯友彭翼仲創辦《啟蒙畫報》及《京話日報》，傳播新知，開啟民智，做了大量的具有維新精神的啟蒙工作。就時代背景來說，當時的梁濟並非是落伍者，而是能夠與時俱進、跟上時代前進步伐的先覺分子。

但是梁濟始終處在一種理想與現實、道義與功利的兩難困境之中。他客觀上欽慕西學，肯定其尚功利的價值，但主觀上卻又試圖挽回傳統道德價值的失落之局。在理智上，他欣然迎接新時代的到來，但在情感上又與舊時代難捨難分。所以在清帝遜位後，他的精神便完全處於失重狀態，飄乎不知所歸，最後只能以自殺結束道德自我和良知克省的巨大煎熬。梁濟供職內閣十年，對清王朝說不上忠心耿耿，但道義上的承擔感卻始終悱惻於心，所以對清室的覆滅，他的內心是複雜而矛盾的，無可奈何，又悵然若失。實際上，以梁濟之經歷，他並沒有在舊王朝內找到自己的合適位置，所以缺乏那種榮辱與共的深刻依附感，鐵杆保皇的心理也無從培植。他曾經說過：「余絕非反對共和，而且極贊成共和。」[11]他不同於當時的保皇分子，對那些復辟勾當完全不感興趣。蔑視袁世凱，反對其稱帝陰謀；甚至給張勳寫信，勸他放棄復辟計畫。[12]所以按照當時的政治立場而言，梁濟完全夠不上是清王朝的忠義節士，他的自殺也就不是那種簡單的、效忠式保皇情感所驅使的行為。雖說在舊朝沒能安妥自己的位置，但新朝的

11　《桂林梁先生遺書・遺筆匯存》。
12　見《桂林梁先生遺書・伏卵錄》。

位置又在何處？對此，梁濟心中更覺茫然，比之前朝的失落又多了一層惶恐。民國初，他曾應內務總長趙秉鈞邀請入署辦事，但一試即感不洽，很快便退職了。此時的梁濟，已深深感覺到自己是時代的棄兒，已很難再進入這個新的社會。辛亥以來的政治混亂、社會動盪、道德淪喪、風紀日敗，更加深了他對人生的悲哀與沮喪，故殉清明志的決心益加堅定。

1918年初冬的一天，梁濟從容赴死，自投淨業湖，以他保全了的道德人格對那個裂變的時代做了最後的抗爭。在死前數日寫下的《敬告世人書》中，梁濟這樣表白了自己的心志：

> 吾固身值清朝之末，故雲殉清。其實非以清朝為本位，而以幼年所學為本位。吾國數千年，先聖之詩禮綱常，吾家先祖先父先母之遺傳與教訓，幼年所聞，以對於世道有責任為主義。此主義深印於吾腦中，即以此主義為本位，故不容不殉。[13]

梁濟之死，反響強烈。遜清皇帝立即「下詔」追贈諡號，以表彰他的忠烈；時論亦有視之為頑固、迂腐之舉而蔑視批評之者。但大多數人都為梁濟的道德勇氣所感動，心靈受到了強烈的震撼，並對他的完美人格表現出深切的敬意。《新青年》六卷一號專門就此事組發討論文章，陳獨秀的《對於梁巨川先生自殺的感想》和陶孟和的《論自殺》兩文，較能代表當時新思想人物的一般看法。陶孟和從社會功能的角度，認為自殺行為無所謂合乎道德與否，梁濟的自殺只是一個純

13　《桂林梁先生遺書·別竹辭花記》。

個人行為，無關乎倫理，更不能激發世人的道德重整意識。對此，梁漱溟在《答陳仲甫先生書》中做了反駁。[14]後來，詩人徐志摩在《讀桂林梁先生遺書》一文中又加駁議，認為梁濟的自殺不能從社會學的功能觀點來瞭解，而應從精神層面和道德信念來解釋。[15]

對於梁濟晚年的思想趨於保守，漱溟予以了指證，並試圖從人的精神狀況給出合理的解釋：

當四十歲時，人的精神充裕，那一副過人的精神便顯起效用來；于甚少的機會中追求出機會，攝取了知識，構成了思想，發動了志氣，所以有那一番積極的作為；在那時代便是維新家。到六十歲時，精神安能如昔？知識的攝取力先減了，思想的構成力也退了，所有的思想都是以前的遺留，沒有那方興未艾的創造。而外界的變遷卻一日千里起來，於是乎就落後為舊人物了。[16]

這一20歲革命家、40歲維新家、60歲守舊派之說法，確實道出了近代中國思想界人物的一般情形，急劇變革的時代使得60年的短暫人生顯得那樣步履踉蹌、漫長而曲折。梁濟的一生新舊交錯，充分體現了裂變時代保全人格、維護信念的痛苦與艱難。在他死後的九年，王國維亦投昆明湖自盡，這一同樣具有「殉清」色彩的行為，再一次曲折反映出為道德獻身、為理想赴死的永恆主題。正像陳寅恪在《挽王

---

14 此文收入《漱溟卅前文錄》。
15 參閱徐志摩《讀桂林梁先生遺書》一文。
16 《答陳仲甫先生書》，見《梁漱溟全集》，山東人民出版社，1991年版，第4卷，第543頁。

靜安先生》詩中所云：「吾儕所學關天意，並世相知妒道真。贏得大清乾淨水，年年嗚咽說靈均。」[17] 淨業湖、昆明湖的「乾淨水」，成為那個時代的文化殉道者抗爭濁世、保全人格的理念象徵和最後歸宿。

漱溟在1925年編定《桂林梁先生遺書》後，作有一篇《思親記》，內中說到兒時其父「周匝謹細」、「躬其瑣屑」的養育恩情，詞語極為悽惶，深切感人。謂濟「孝於其親，慈於其子，胞與乎天下，靡在不致其肫肫款款」，[18] 既是傳統模式的慈父，同時又特別具有近代的平等觀念和民主精神，所以漱溟的童年便是在一種祥和而自由的家庭氣氛中度過的。梁濟對子女，從無疾言厲色，而多用暗示和啟發性教育。漱溟9歲時，有一次忘了自己積蓄的一小串錢放在何處，各方尋問，並向人吵鬧，終不可得。第二天梁濟在庭前桃樹枝上發現了，知是他自己遺忘，並不責斥，亦不喊他，而是寫了一張紙條，謂一小兒自己將錢掛在樹上，卻到處尋找，吵鬧不休，其父發現後指示之，小兒始知是自己糊塗云云。梁濟將寫好的紙條交給漱溟，亦不作聲。漱溟看後，馬上省悟了，跑去一探即得，不禁自懷慚意。從這件小事可以看出梁濟獨特的管教方法，這種方式對漱溟的自省意識及獨立人格的培養顯然起了潛移默化的作用，實足影響其一生。漱溟自述幼年時所受的家庭教育，有謂：

十歲前後（七八歲至十二三歲）所受父親的教育，大多是下列三

17　見《寅恪先生詩存》。
18　《思親記》，見《桂林梁先生遺書》卷首。

項。一是講戲，父親平日喜看京戲，即以戲中故事情節講給兒女聽。一是攜同出街，購買日用品，或辦一些零碎事；其意蓋在練習經理事物，懂得社會人情。一是關於衛生或其他的許多囑咐；總要兒童知道如何照料自己身體。[19]

這種言傳身教、注意獨立意識的培養、又含有傳統家訓家誡色彩的早期啟蒙教育，對漱溟特立獨行的鮮明個性之形成，關係極大，所謂「自兒時聆此語，三十年常在耳」矣。[20]更為重要的是，梁濟的道德榜樣對漱溟人格之涵育有著決定性的感召力，如：

平日起居飲食，攝衛周謹，莊敬日強，盛暑不袒裼，在私室無惰散欹斜之容。

不吸煙……不近酒，與宴集，不喝拳。不耽滋味，每食菜蔬列前，獨取其惡者，曰為大將者自己先吃苦，余其甘美與人享之。

每晨猶必先家人興，有晏寢，無晏起。日夕為劄記。

生平於博弈之事一不之習，或不知為之，或知之而不為也。都中新辟遊樂之場猥鄙雜遝，終不一履其地。[21]

這些楷模行為，漱溟終生效法踐履，確如其父「肖吾」之嘉言。[22]他的儒者風範和為人處世的品格資源也大抵來源於此。

19　《我的努力與反省》，灕江出版社，1987年版，第8頁。
20　《譜後記》，見《桂林梁先生遺書》卷首。
21　《譜後記》。
22　漱溟年十七，獨慕胡林翼、郭嵩燾，每稱道其語。公喜曰：「是何其肖我少年時所為也！」為書以嘉之，賜字曰「肖吾」（見《思親記》）。

漱溟6歲開始讀書，因瘠瘦多病，氣力微弱，未見聰慧，反顯呆笨。在小學裡的課業成績「雖不是極劣，總是中等以下」。[23]有一次翻杠子跌傷後，再也不敢輕試，所以同學們生龍活虎地玩耍時，他總是在一邊看，完全沒有童少的活潑勇健之氣。再加之愛想問題，神情顏色皆不似一少年，所以同學們給了他一個外號，叫「小老哥」。

漱溟的課業，除頭年在家接受蒙學教育外，其餘均在新式學堂。開蒙所及，僅止於《三字經》，即改讀《地球韻言》了。所以儒家的四書五經，他年少時一點都沒有接觸過，這在那個年代可以說是罕見的情況。漱溟7歲即進了當時北京的第一所洋學堂—中西小學堂，既念中文，也念英文。後來又分別在南橫街公立小學堂、蒙養學堂和江蘇小學堂就讀，所接受的都是新式教育，這些男女同班、採用商務印書館編印的教科書、有英文教學的小學校，灌輸給梁漱溟以最初的西方文化科學知識，大大開闊了他的視野，使他從小就「大開了眼孔」來看這個世界，感受到了異質文化的風采。

除了學堂教育外，漱溟還漸漸養成了自學的習慣，而當時最好的課外讀物就是《啟蒙畫報》和《京話日報》。這兩種報刊均是梁濟之昆弟交、為漱溟父執的彭翼仲（詒孫）所辦，在當時的北方地區有較大的影響。《啟蒙畫報》的主要內容是科學常識，其次是歷史掌故、名人軼事，涉及天文、地理、博物、理化、算學、歷史等，全是白話文，並配有圖畫，用寓言或講故事的方式，揭示一個科學道理，或是敘述一段歷史事件，讀來饒有趣味。漱溟兒時的許多知識，都是從那

23　見《我的自學小史》。

裡面得來的，「並且啟發我胸中很多道理，一直影響我到後來」。[24]《京話日報》的主要內容是新聞和評論，新聞以本地的為主，國際國內大事次之，評論多半指摘社會病痛，或鼓吹一種社會運動，甚有推促力量，能產生很大影響。如當時的提倡抵制美貨、反對英屬非洲虐待華工、「國民捐」等活動，均是由這家報紙著論，引來關注，掀起輿論，爾後發動起的。這些新聞與時論引起漱溟的極大興趣，激發了他對社會現實問題的關心與思考，並進而引導其深入地鑽研。他說：

> 我的自學，最得力於雜誌報紙。許多專門書或重要典籍之閱讀，常是從雜誌報紙先引起興趣和注意，然後方覓它來讀底。即如中國的經書以至佛典，亦都是如此。他如社會科學各門的書，更不待言。[25]

入中學後，這種自覺習慣更因先輩的人格感召，而使「心靈隱然萌露對社會對國家的責任感」，「常有自課於自己」的不容己之心，「不論何事，很少須要人督迫」。[26]漱溟自認為他不依傍他人、自做主宰的性情，以及關心國事、具有強烈社會責任感的情懷，均與早年自學習慣的養成和發揮有關。

1906年夏，14歲的漱溟考入順天中學堂，開始了他5年半的中學生活。順天中學堂為福建人陳璧所辦，是北京最早的中學之一，與漱溟同年的張申府、湯用彤二人稍後也進入該校就讀。當時的課目，大半集中在英算兩門，學生多用力于此。漱溟與廖福申、王毓芳、姚萬

24　《我的努力與反省》，第16頁。
25　同上注，第14頁。
26　《我的自學小史·自學的根本》。

里三同學結為好友，相勉自學。他們往往不等老師課堂講授，已先行預修，這使漱溟越發自信「沒有不能自學的功課」。漱溟於國文不甚措意，國文講義照例不看，國文先生所講照例不聽，不喜中國舊書。但因報刊知識的積累，使得他作文成績還算不錯，往往能不落俗套，出奇制勝，而且總是喜歡做點翻案文章。對此，一年老先生十分惱火，在他作文卷後寫了「好惡拂人之性，災必逮夫身」的批語；而另一先生卻十分欣賞他，以「語不驚人死不休」的批語相勉勵。當時的漱溟：

　　性情稍好古怪，有誇大狂，想做大偉人，總想由我一個人來擔任國家的事。這並不是隨便去想的，認得很真切，簡直好像已經成了偉人一般，很傲慢。[27]

　　所以好友廖福申以「傲」為之命名。[28]當時漱溟的興趣不在課堂所學，而真正認真的學習依然是在課外的自學。在「一股向上之心」的驅使下，他對兩個問題追求不已：一是人生問題，即人活著為了什麼；二是社會問題，即中國向何處去。漱溟認為概括其一生的主要精力和心機，無非都是用在這兩個問題上。「而這兩個問題的開端和確立，便自中學時代始。」[29]

27　《在晉講演筆記（十篇）》之三，《梁漱溟全集》，第4卷，第667頁。
28　漱溟與廖、王、姚三人結為好友，四人同到酒樓吃螃蟹，大喝其酒，以示慶賀。酒興中，廖提議他們不必以大哥、二哥等相稱，以避其俗；而是以每個人的短處標出一字來，以此呼名，借資警惕。大家都贊成，並請廖命名。廖給王的名字是「懦」，給姚的是「暴」，給漱溟的是「傲」。大家都異口同聲地稱讚廖一針見血，三字下得極恰當。最後，廖自名為「惰」，以示自謙和策勉。（見《我的自學小史》，及《梁漱溟問答錄》第14頁。）
29　見《梁漱溟問答錄》，第16頁。

到了高年級，漱溟的自學材料範圍更廣，也更貼近時事。「始在光宣間，父子並嗜讀新會梁氏書。溟日手《新民叢報》若《國風報》一本，肆為議論。」[30]這些從日本傳遞進來，或是上海出版的新潮報刊，使得漱溟獲得了「當時內地尋常一個中學生所不能有的豐富資源」，遠非課堂所學能比。除了書報資料對其學識的提點與擴延外，漱溟此時又結識了兩個新朋友，他們對其思想和行為均產生了巨大的影響。一是郭人麟，此君「天資絕高，思想超脫，雖年不過十八九而學問幾如老宿」，於老、莊、易、佛皆有心得，尤喜譚嗣同之《仁學》。漱溟對他崇拜之極，尊為郭師，得暇便去請教，並記錄他的談話訂成冊本，題曰「郭師語錄」。這種殊怪的拜服之舉，甚至引來了同學們的譏笑，號之為「梁賢人」、「郭聖人」。在郭的影響下，漱溟始自知所持功利思想之淺薄，而意識到文學、哲學等非立見功效而有助人格修養的學問之重要，開始涉足他以前瞧不起的中國傳統文化諸領域。二是甄元熙，一位由廣東北上、早與革命黨有聯繫的、孫中山先生的忠實信徒。他與漱溟同班，在政治上直接影響了漱溟早年的思想，由欽慕新會梁氏的立憲主張，轉而為支持革命派。後來，他便介紹漱溟加入了京津同盟會，兩人成為辛亥革命時期患難與共的戰友。

1.2　青春期的歷練

　　1911年冬，漱溟由順天中學堂畢業。此時的他，在思想經歷上已發生了兩個重大的轉變：一是拋棄了功利主義的見解，重新思考人生

30　《思親記》，見《桂林梁先生遺書》卷首。

問題，彷徨中不知不覺地向印度的出世思想靠攏。二是由立憲派轉為革命派，並將對社會現實的關注與思慮付諸實際的行動。

受梁濟的影響，漱溟自14歲始，即已立定了自己胸中的價值標準，「以利害得失來說明是非善惡」，認為人生就是去苦就樂、趨利避害而已。[31]濟之思想，為鴉片戰爭以來中國的危殆情勢所刺激，受曾胡用兵之後崇尚事功的風氣之鼓蕩，而自然接近於功利主義。他以「有用處」三字來評價世間一切事，有用處即是好，無用處即是不好。他自己雖也曾讀書中舉，但最看不起讀書人，看不起做文章的人，時常歎息痛恨中國事事為文人所誤。梁濟務實疾虛的思想，漱溟認為「極近古代墨家一流，亦似與清初之顏李學派多同其主張」，但主要還是為近代中國事事不如人的情勢所激。這種偏宕之想，確實代表了世紀之交多數中國人的看法，這也深深影響到了漱溟少年時代的思想。大約自入中學，漱溟即秉持此一觀點，「抱一種狹隘功利見解，重事功而輕學問」，[32]他的救國救世的自負念頭、目空一切的傲氣，以及討厭傳統學問之課堂灌輸和只著迷於關涉時事的自學，顯然都與此有關。這種於「繞膝趨庭日夕感染中」所最早形成的功利思想，經與郭人麟接交後，即告瓦解，郭的精神完全籠罩了漱溟，打破了他對實用和功利的執著沉迷，從而走出了他早期思想發展的第一階段。

梁氏父子，原本同傾心於梁啟超的君主立憲主張，而辛亥前夕，

31　見《自述早年思想之再轉再變》一文，載《中國哲學》（第1輯），三聯書店，1979年版，第336頁。
32　《我的努力與反省》，第32頁。

漱溟的思想開始發生變化，由主張立憲轉而同情革命。故兩人「泊入民國，漸以生乖。公厭薄黨人，而溟故袒之。公痛嫉議員並疑其制度，而溟力護國會，語必致迕」。[33]漱溟的這一轉變與甄元熙有關，他們彼此間經常秘密進行筆戰和面對面的辯論，最後梁為甄的革命激情所感動、所影響。加之清廷的假立憲使漱溟漸漸失望，「深感時局如此，憲政肯定無望，革命便是唯一的出路了」。[34]於是，在甄的介紹下，他加入了京津同盟會；並不顧家人的反對，毅然剪了辮子，以示與清王朝的絕決。漱溟加入同盟會後，經常去東單三條一間由京津保支部開設的沿街小雜貨店，聽消息，議國事，傳遞革命書刊；有時也守店面賣貨，有一次還奉派到京郊購置一批帶玻璃罩的煤油燈。當時，京津同盟會為了配合南方革命黨的軍事行動，搞了一系列的刺殺活動，漱溟雖未直接參加，但也有所預聞，尤其是彭家珍刺殺良弼的行動，曾強烈地震撼了他的心靈。南北議和後，漱溟進了《民國報》工作。《民國報》雖不是同盟會的機關報，但同樣也宣傳同盟會的政治主張，它的創辦者和大多數人員均是同盟會的會員。社長甄元熙，總編輯孫炳文，都是老資格的革命黨人，亦是漱溟當時最為親近和要好的朋友。漱溟寫稿時常用壽民或瘦民作筆名，有一次孫總編為他寫了一把扇面，上題「漱溟」二字，正合他意，從此便以「漱溟」為名，本名反而鮮為人知了。

「由求學而革命」，這是漱溟對他那個時代的青年知識份子成長歷程的一個精闢概括。最先感受到世界潮流和容納了外來新知的青年

33　《思親記》，見《桂林梁先生遺書》卷首。
34　《梁漱溟問答錄》，第20頁。

學生，正值熱血沸騰年齡，懷抱救世濟民和改造社會的宏願，對一切都充滿了理想和憧憬，當時的漱溟「正是其中之一個」：

> 我由學校出來，第一步踏入廣大社會，不是就了某一項職業，而是參加革命。[35]

作為《民國報》的外勤記者，他有機會深入社會各階層，接觸各色人等，上至總統府、國務院，下至社會團體、街頭巷尾，無處不到，所涉獵的政壇見聞很多，也瞭解到了許多不為外人所知的陰暗面。他親歷了在袁世凱一手導演下，拒絕南下就任、嚇唬迎袁專使的「兵變」鬧劇，也目睹了袁世凱竊國得逞、黃袍加身的臨時大總統宣誓就職大典。尤其是第一屆正式國會開張後，參眾兩院「八百羅漢」們的種種醜惡行徑，更是讓他感到徹底的失望。越採訪，他就越感覺到了理想與現實之間的巨大鴻溝：

> 當時議會內黨派的離合，國務院的改組，袁世凱的許多操縱運用，皆映於吾目而了了於吾心。
>
> 與社會接觸頻繁之故，漸曉得事實不盡如理想。對於「革命」、「政治」、「偉大人物」……皆有「不過如此」之感。有些下流行徑、鄙俗心理，以及尖刻、狠毒、兇暴之事，以前在家庭在學校所遇不到的，此時卻看見了；頗引起我對於人生感到厭倦和憎惡。[36]

35　《我的自學小史‧初入社會》。
36　《我的努力與反省》，第37頁。

當時的名記者、社評家黃遠庸（1885—1915）曾就議會之事著《苦海呻吟錄》，謂「近日政界，乃不知下筆將從何處說起，其第一苦處，即吾輩自認已無複氣力寫出此等千奇百怪千險萬惡之社會也」。[37]有一個笑話，說當時的議員賣身於甲乙各黨，有人代草了賣身文契一張，有云：專員某甲，今以本身所買得之議員一名賣與某貴黨，連皮帶骨，一切不留，自賣與貴黨之後，任從貴黨為非作歹，本員無不服從。這真可謂窮形盡相。面對如此黑暗的政局，漱溟多年來為之奮鬥的理想徹底破滅，他說：

民國成立之後，我以為政治改造之要求已屬達到，或可說已有希望，而事實上乃大不如此。反至一年遠似一年，一年不如一年，開始時還似有希望，而日後則越來越絕望。[38]

政治上的絕望，使漱溟退出了《民國報》，也自動脫離了由同盟會改組後的國民黨，而居家進一步深思社會、反省人生。這時的漱溟在思想進路上表現出了短暫的雙向抉擇：因憤激於社會上種種不平等現象而傾向於社會主義，又因糾結於人生之苦樂一大問題而醉心於佛教。

當時由張繼翻譯的日本社會主義者幸德秋水所著《社會主義之神髓》一書，引起了漱溟的極大興趣，「閱後，心乃為之大動」。認同於世間一切罪惡皆源於私有財產制度的觀點，認為人類可驚可懼的日

37　《遠生遺著》下冊，商務印書館，1984年版，第3卷，第149頁。
38　《自述》，見《我的努力與反省》，第76—77頁。

趨衰敗，教育家、衛生家，以及宗教、道德、哲學都挽救不了，只有拔本塞源，廢除私有制度，一切歸公，才可免去人與人之間的競相爭奪。儘管漱溟當時對社會主義所知甚少，但為熱情所鼓舞，撰成《社會主義粹言》，自己寫於臘紙，油印數十本贈人。書中所舉例子，不外乎女戲子強扮笑顏、委曲承歡，「好好女子，受人家的糟蹋侮弄」；而富者「花錢造孽」、威福自恣；白髮老頭拉人力車，為乘客催迫，一跤跌倒，頭破血出；瘦小餓漢，只因奪食充饑，而被員警五花大綁，牽行於街市，等等。[39]這些充斥社會、隨處可見的不平等現象，漱溟過之於目而慘惻於心，胸中早藏不平之氣，一旦遇到社會主義、無政府主義等社會批判性很強的學說，便自然產生了一種親和感而心嚮往之。但這顯然只是一種情緒上的接近和容受，而缺乏全面的理解，更談不上任何深刻性。正如漱溟自己後來所說的：

　　那時思想，僅屬人生問題一面之一種社會理想，還沒有扣合到中國問題上。換言之，那時只有見於人類生活須要社會主義，卻沒有見社會主義在中國問題上，有其特殊需要。[40]

　　但幼稚恰恰是根芽，後來漱溟以鄉建運動改造社會的努力，不能不說是再續前緣。因為私有制度「和我宣導的合理人生態度，根本衝突；在這種制度下，難得容我們本著合理的人生態度去走」。[41]儘管

39　《社會主義粹言》已無存稿，內容只在1923年8月的一段講演中有所提及。這段講演後以《槐壇講演》為題刊於《北京大學月刊》1387號（1924年1月16日），並收入了《漱溟卅後文錄》（1930年）。
40　《我的自學小史·激進於社會主義》。
41　《槐壇講演之一段》，見《梁漱溟全集》，第4卷，第734頁。

鄉建派與社會主義殊途異轍，但改造社會的目的性是一致的。所以漱溟雖不贊成走社會主義道路，卻肯定社會主義的合理性和必要性：

> 社會主義的倡說，在中國並不能算是無病呻吟；僅可以說是病狀不全一樣，而痛苦的難堪急待救藥，固無分別。[42]

痛恨不合理的人生與社會，必存改造之志，從而形成與社會主義聲同氣求的情結，可謂終其一生。它的由來，我們不能不追溯到民國初那個短暫的、曾經令其神蕩的、激進於社會主義的時期。

除一度傾心社會主義之外，漱溟入民國後，隨著政治理想的破滅，其魂牽情縈，即在於佛。早在十六七歲時，他便從利害之分析追問，而轉入何謂苦何謂樂之研索，加之辛亥前後刻骨銘心的經歷之強烈刺激，現實的無奈感和人生的虛妄感油然勃發，在「兩作自殺之謀」後，他毅然選擇了佛教：

> 所謂年來思想者，一字括之，曰佛而已矣！所謂今後志趣者，一字括之，曰僧而已矣！[43]
> 我二十歲至二十四歲期間，即不欲升學，謝絕一切，閉門不出，一心歸向佛家，終日看佛書。[44]
> 對於人生苦樂的留心觀察，是我出世思想的開竅由來，從而奠定

42　同上注。
43　《談佛》，《正誼》1卷2期，1914年2月15日。
44　《自述》，見《我的努力與反省》，第74頁。

了此後一生歸宿於佛法。[45]

　　於是他20歲開始茹素，深叩釋典，懷抱出家為僧之念，直到29歲才徹底放棄。他常到琉璃廠西門的有正書局和文明書局，翻閱、購買金陵刻經處出版的木刻佛經，以及常州等處印行的佛典。狄葆賢在上海編印的《佛學叢報》更成了他習佛的入門津梁，內中李證剛先生的文章尤為他所喜。經過暗中摸索，憑著自學的良好質素和能力，他竟也啃下了不少的內典，對唯識學尤為稔知。在習佛的同時，漱溟又學醫。由日文翻譯過來的西醫各書，包括藥物學、內科學、病理學、診斷學等著作，不下十數種；再加之中醫古籍，以陳修園四十八種為主，於這些醫籍遍觀泛覽，他從中學到了不少的生理及醫學知識。

　　1916年，漱溟在《東方雜誌》發表《究元決疑論》。這篇長文不僅是他叩開學術界大門的處女作，而且也是足能代表他早期佛學思想的經典佳構。該文的寫作，緣於黃遠庸的被刺，是有感而發的。[46]黃作為民國初年的名人，曾對漱溟勖勉有加，親為其編纂的《晚周漢魏文鈔》作序。[47]在1915年袁世凱復辟帝制的活動中，黃迫於壓力，著文於報端，語意模糊，態度模棱兩可，受到了漱溟的責問，黃自省懺悔，作書答之。[48]後來，黃為袁黨所逼，避走上海，立即登報聲明反

45　《我早年思想演變的一大關鍵》，見《中國哲學》（第一輯），第343頁。
46　參閱《我和商務印書館》一文，載《商務印書館九十年》，商務印書館，1987年版。
47　漱溟民國初喜讀章太炎的文章，「且驚服其學問之淵深」（見《我的自學小史》十五），故爾編纂了一冊《晚周漢魏文鈔》，時在1913年。原稿早已不存，只有兩篇序保留下來。漱溟自序載《甲寅》雜誌1卷9期（1915年9月10日），後收入《漱溟卅前文錄》（1923年）。黃遠庸序載1915年間的《國民公報》，後收入《遠生遺著》卷四。
48　漱溟責問黃遠庸的信以梁焜筆名刊出於《甲寅》雜誌1卷9期（1915年9月10

對帝制,大白真相於天下。惜不久即死於非命,在美國三藩市被人誤殺。漱溟對黃的慘死深以為痛,尤其是瞭解到實情和讀了黃最後所著《懺悔錄》、《想影錄》等文後,更覺悲傷:

> 執迷於黨爭者竟忍心下毒手結束了這一大有厚望的生命,故我於遠生之死於無妄痛心之極,深憾沒有來得及把我剛找到的真理貢獻給他。此真理即指佛家對人生的認識。以是之故,我遂有《究元決疑論》之作。[49]

> 見黃君遠生《想影錄》,悲心憤湧,不能自勝,亟草此篇,願為世間拔諸疑惑苦惱,惜遠生不能見矣![50]

其時,「土苴萬家,歸心三寶」的漱溟自認他已經「得解」,而世間之憂、惱、病、苦,唯有說法,方能拔出,「得暫安穩」;所以他要「貢其誠款」,將已得省悟的佛法真理面值於大眾,相共慰解,「獲大安穩」。

《究元決疑論》分為兩個部分:「究元」部分為「佛學如寶論」,「決疑」部分為「佛學方便論」。前者談本體,後者論人生。同時也包含有真俗二諦判然相別的意味。所謂「究元」,即是揭示佛法的根本,意關宇宙之真、萬物之本。俗世出於功利的目的,只關心佛學之「實用」;如清末之譚、梁等,「摘拾經句,割裂佛說,專闡大悲,不

日)。黃在《致甲寅雜誌記者》一文中做了回應,並於同月22日寫信給漱溟,作進一步的解釋(均見《遠生遺著》卷四)。

49　《談黃遠庸及其遺著》,見《勉仁齋讀書錄》,人民日報出版社,1988年版,第60頁。

50　《究元決疑論‧著者跋》。

主出世，不學之輩，率相附合」；[51]以致習佛者「不任究元」，「避諱玄談，得少為足」，完全漠視了出世間法的高深理境。漱溟認為，欲得決疑必先究元；不解決本體問題，人生便無從談起。所謂「決疑」，也就是以究元所得之真諦來認識和指導現實的人生，故究元方能決疑。

究元之途，漱溟分立性、相二宗。性宗之義，他以法人魯滂（Le Bon）的《物質新論》比合佛旨。[52]認為魯滂所講的「物質」與佛教的宇宙觀不期而同，「貌離，乃能神合」。尤其是魯滂所謂第一本體不可思議之乙太者，與佛之如來藏或阿賴耶識極為相像。他舉《大乘起信論》、《楞嚴正脈疏》等性宗著作中語，說明乙太之渦動恰似無明生種種法、質力相續猶如色空融一、因果律同於輪回。「佛說固以魯君之言而益明，而魯君之所標舉，更借佛語證其不誣焉」。[53]相宗之義，漱溟舉三無性義（相無性、生無性、勝義無性），摘取真諦譯《三無性論》、《佛性論》等相宗著作中語，以做說明。他還特別引據了章太炎《建立宗教論》一文中說依他性的一段話，[54]來論證「究元者唯是無性」，無性即是真實自性，「周遍法界者，一切諸法同一無性之謂」。[55]在分析了佛家本體論之法性、唯識兩途後，漱溟進一步揭示其元哲學的三種義：一是不可思議義，二是自然軌則不可得義，

51　《談佛》，見《梁漱溟全集》，第4卷，第488頁。
52　魯滂，今譯勒蓬（1841—1931），法國醫生和社會心理學家。著有《人類與社會的起源及其歷史》、《群眾心理學》、《物質進化論》等。他的《物質進化論》一書，由黃士恒節譯部分，以《物質新論》為篇名，發表在《東方雜誌》12卷第45號上。漱溟作於1915年的《楞嚴精舍日記》所參引者，即出該篇。《究元決疑論》又將舊稿列出，以做詮釋。
53　《究元決疑論・佛學如實論》。
54　見《章太炎全集》（四），上海人民出版社，1985年版，第403頁。
55　《究元決疑論・佛學如實論》。

三是德行軌則不可得義。所謂不可思議義，即超言絕象，不著於任何具體的不二中道。一如三論之「八不」，華嚴之「六相」。明無性無實。漱溟認為，康得的現象與「物如」（物自體）之分，叔本華的盲目衝動和意欲之說，英國哲學家的不可知論等，均已有見於不可思議義，「西土明哲頗複知之」。所謂自然軌則不可得義，緣於無性，無性即無法，於世間不得安立，一切均依緣起的道理，明無常無定。漱溟認為，晚近學術的不循往世所立軌則，多所破壞，以批判為幟，恰是此無可安立之義的最具體表現。所謂德行軌則不可得義，在根本道理上與前者是一樣的，即不真之世間，何立軌則？所以漱溟認為世人自由等談，皆為妄言：

　　所有東西哲學心理學德行學家言，以未曾證覺本原故，種種言說無非戲論。聚訟百世而不絕者，取此相較，不值一笑。[56]

　　漱溟的「究元」，從本體上論證了佛教為出世間法，揭示出存在的虛妄、人生的荒誕、價值的無從安立和意義的泡沫本質。這種從根本上給出的否定，同尼采所謂「上帝死了」之宣告一樣，蘊含著終結性的毀壞力。佛理本根上的不可思議，即不可致詰，不能以俗理解釋（由此漱溟批評陳獨秀《絳紗記·敘》和藍公武《宗教建設論》對佛教的譏難）。因為這是源於「覺性」的元知者，而非有待邏輯勘其誠妄的推知之事；是覺解，而非知識。所以，出世間法是信仰，漱溟的「得解」也是信仰。除了這個信仰外，一切知識，包括自然軌則和德

56　同上注。

行軌則，皆為虛妄；而建立在這些軌則之上的種種世間安立都成空假；意義消失了，人生的價值和目的也終成幻滅。「故人生唯是無目的……無目的之行為，俗所謂無意識之舉動，無一毫之價值者，而即此號稱最高最靈之人類數千年之所為者是矣！不亦哀哉！人生如是，世間如是。」[57]這個可怕的「得解」，表現了民國初年的知識份子，在傳統信仰崩潰後，在失望而又無望的極度黑暗政局下，心無所寄、思無依歸，彷徨而無所乞教的絕境意識。漱溟的出家意念也是這樣的一種麻木而無「得暫安穩」的棄世表現。循此理路，極可能導向沉淪，這又是漱溟的良知所不能容受的。所以，他的「究元」最終僅止於「看透」，而並不追求「做透」，在究明瞭出世間法的道理後，他還是回到了世間法來，以究元所得智慧透視世間之疑。他強調：

佛教者，以出世間法救拔一切眾生者也。故主出世間法而不救眾生者非佛教，或主救眾生而不以出世間法者非佛教。[58]

所以他儘管批評了譚嗣同的「專闡大悲，不主出世」，但對瀏陽之全本仁學發揮通者和救拔眾生的大無畏精神還是表現了深深的敬意。

在「決疑」之「佛學方便論」中，漱溟首先讚揚了柏格森的創化論。認為柏氏對生命和世間的理解，同佛教之空假中圓融三諦，及剎那生滅、遷流不住等義，極為相像。「故善說世間者莫柏格森若也。」

57　《究元決疑論・佛學方便論》。
58　《談佛》，見《梁漱溟全集》，第4卷，第489頁。

漱溟決疑，亦分兩途：一出世間義，二隨順世間義。出世間為佛法根本，「出世間義立，而後乃無疑無怖，不縱浪淫樂，不成狂易，不以自經，戒律百千，清淨自守」。[59]漱溟即依此著重探討了苦樂問題。苦樂觀為人生問題之核心，亦是漱溟自放棄功利見解後苦思冥索的焦點所在。他基本接受了章太炎在《俱分進化論》中所立苦樂並進的說法，[60]亦贊成叔本華的欲望即痛苦之論，[61]「間採兩家言辭」，成立四義：苦樂是就感覺而言，苦樂因欲而起，苦為欲不得遂之謂，樂為欲得遂之謂。漱溟認為，人的欲望無盡頭，「欲念生生無已，不得暫息」；以得遂不得遂計，則世間苦量遠遠大於樂量；而且苦境樂境因人而宜，沒有絕對的樂，也沒有絕對的苦，所以富人不見得比窮人更快樂；就是世所嚮往的文明社會、大同世界，也絕對不能根除眾苦，所謂「聰明愈進，欲念愈奢，苦樂之量愈大」。他批評康有為「割取大悲之旨，張其大同之說」的比擬附會之詞，對宋明儒的「主張去欲淨盡，而又不舍其率性為道之教」的支離失據也深表不滿，認為這些都是不瞭解苦樂的本質，未免「驚怖而失守」。只有悟解到出世間法的「了義」，才能于所謂苦樂問題，知所依止，坦然處之。漱溟於隨順世間義，只肯定了「方便門中種種法皆得安立」，而未做詳細的展開。他認為，「此二義者可任人自擇」，出世間固好，隨順世間若「獲聞了義」，亦能得安穩而住。

59　《究元決疑論‧佛學方便論》。
60　章太炎《俱分進化論》雲：「若以道德言，則善亦進化，惡亦進化；若以生計言，則樂亦進化，苦亦進化。雙方並進，如影之隨形，如罔兩之逐影，非有他也。」「此善惡、苦樂二端，必並進兼行，即所謂俱分進化。」見《章太炎全集》（四），第386頁。
61　見《作為意志和表像的世界》。漱溟所見為英國人烏格雷的轉述。

出世間和隨順世間是兩種不同的生存方式。在終極意義上，漱溟傾向於出世間，他的「究元」即表現了這樣的關切。但他之出世又不同於一般佛徒的厭離世間，於人世做徹底的苦諦想；而是本之於一定的理性分析，度量苦樂，衡准人生。所以在《佛學方便論》中，漱溟所面對的人生是現實的人生，而非棄世的人生。他是想在「狂易」、「疑怖」的現實世界之外，尋找一精神上的支柱，以能安穩自我、「清淨自守」。佛教之「了義」使他獲得了這種對人生的通透感悟，亦使他痛苦的心緒得到了一定的慰藉；所以在大前提中，他絕對地肯定佛教的出世間法，奉為罪惡人生清涼解毒的圭臬。但這焦慮而苦惱的人生見解背後，透顯出的依然是不懈的追求精神和做救世之想的使命感，所以他不但不反對隨順世間，而且於出世間義，也做了不離世間、直面現實人生的探討。雖說決疑必先究元、有賴於究元，但究元卻是為了決疑、終歸於決疑，所以漱溟的思想最後還是落實到了現實人生的層面上。

《究元決疑論》是漱溟早期思想「折入佛家一路，專心佛典者四五年」後的一個階段性總結，亦是他早年思想之第二期的代表作。儘管在由佛轉儒後不久，漱溟即加作了「附記」對該篇的思想深入檢討、嚴辭自責，謂之「荒謬糊塗，足以誤人」，[62]但它在漱溟的早期著作中，乃至於對其人生經歷之影響，都顯得十分重要。因《究》文，漱溟得以結識了一大批學術界的朋友，其中不乏名流；有的還成

62　該「附記」作於1923年5月，於中主要檢討了三個問題：一是不應該以魯滂之《物質新論》隨便比附佛家論旨；二是所引據太炎之文章，本身多錯誤杜撰之處，不足為訓；三是對苦樂問題的究討根本錯誤，有導致出世主義的危險。見《梁漱溟全集》，第1卷，第20頁。

為終生至交，如林宰平、熊十力等。亦因《究》文，漱溟意外獲得了重新入世的契機，這就是被邀進入北大任教。1916年底，蔡元培從歐洲回國，接掌北京大學。蔡喜好哲學，途經上海時，即看到了《究元決疑論》，並留下深刻印象。所以當漱溟經教育總長范源濂介紹慕名去見蔡時，蔡對他的學問與見識表示了讚賞，並當即邀請他到北大任教。以是故，《究》文實為漱溟進入學術界的一張入場券。

從1917年開始，漱溟的佛教信仰發生了動搖，他的出家意念受到了來自多方面的挑戰，思想又再度徘徊於出世與入世之間，而終歸折入由佛轉儒一途。這其中的主要原因：一是進入北大，「參入知識份子一堆，不免引起好名好勝之心。好名好勝之心發乎身體，而身則天然有男女之欲。但我既蓄志出家為僧，不許可婚娶，只有自己抑制遏止其欲念。自己精神上就這樣時時在矛盾鬥爭中。矛盾鬥爭不會長久相持不決，逢到機會終於觸發了放棄一向要出家的決心」[63]客觀環境的改變，朋友間的志趣感染和精神提撕，生活價值的回歸，以及由此得到的充實感與滿足感，使得漱溟重新體味到了現實人生的美好和愉悅，出世念頭便自然淡化了。二是翌年梁濟之死，對漱溟刺激頗大。《思親記》中有這樣一段話：

溟自元年以來，謬慕釋氏，語及人生大道，必歸宗天竺，策數世間治理，則矜尚遠西，于祖國風教大原、先民德禮之化，顧不知留意，尤大傷公之心……嗚乎！痛已！兒子之罪，罪彌天地已！逮後始

63　《我的努力與反省》，第52頁。

複有窺于故土文化之微，而有志焉。[64]

　　說明漱溟違逆父親，早有一種負疚感；濟之自殺和殉道精神給他以強烈的心靈震撼，由負疚而覺負罪。來自道德人倫的壓力陡增，使他難以喘息，心更加不能自安，只好放棄出世選擇。三是關注社會、以天下為己任的情懷不得泯滅，始終放不下這顆良知心，所以一遇機會，就重新朗現，這表現在他寫於1917年末的《吾曹不出如蒼生何》一文中。為天下騷然、民不聊生、伏莽遍地、水旱頻聞的景象所刺激，親歷其境、觸目驚心之下，漱溟便按捺不住了，吾曹欲出濟蒼生。正如他自己所說的：

　　回到我思索、探求的中國與人生兩大問題上，促成我的實際行動的，如中國問題占了上風，我則參加辛亥革命，當新聞記者，進北大教書等等；如人生問題占了上風，我便不結婚，吃素，想出家。這兩大問題在我身上始終矛盾著，運行著。後來，中國問題逐步占主導地位，人生問題逐漸退居次要地位。[65]

　　為人生和社會兩大問題所纏繞，漱溟經歷了複雜而又獨特的青春期。[66]當他的思想日漸成熟，心理漸趨穩定之時，他也就走出了那段

64　《梁漱溟全集》，第1卷，第594頁。
65　《梁漱溟問答錄》，第30頁。
66　關於青春期的問題，艾愷在他研究梁漱溟的專著中，引用了新佛洛德主義者艾裡克森的《人類迷信》中的一段話，略做說明。這的確是一個饒有興味的視角，文化人類學的基本人格理論及青春期研究的內容，均對省視梁漱溟1911—1917年間複雜而多變、困惑而痛苦的人生經歷有所助益。因為這六年不僅對漱溟的一生來講極為獨特，而且對辛亥後的一批知識青年來講也具有一定的時代典型性。

最感困惑、最為躁動不安的日子，人生的目標似乎也明晰起來。

1.3　替釋迦說個明白

　　1917年10月，漱溟正式到北大講課。在這之前，他雖答應了蔡元培先生的邀請，並已受聘，但因當時擔任司法總長張耀曾的秘書，一時無法脫身，所以暫由許季上代替他任課。一學期後，恰逢許大病，在蔡元培的催促下，漱溟才正式到任。漱溟以一無學歷、二無資歷之自學青年身份進入北大，全賴蔡元培先生相容並包的辦學方針和不拘一格的選才觀念之賜，堪稱是千古之美談。漱溟自認他是得到當時北大培養之人，而不是如許多名流學者那樣得到發抒之人。的確，以當時北大強大的新派陣營之眾多名家和諸如辜鴻銘、劉師培、黃侃等知名舊派學者而論，年僅24歲的梁漱溟是太不起眼了，他不可能一下就成為學術中心的人物，而至多扮演一個邊緣的角色。但梁的不凡從一開始就表露出來了：

　　民國六年蔡孑民先生約我到大學去講印度哲學。但是我的意思，不到大學則已，如果要到大學作學術一方面的事情，就不能隨便做個教師便了，一定要對於釋迦、孔子兩家的學術至少負一個講明的責任。所以我第一日到大學，就問蔡先生他們對於孔子持什麼態度。蔡先生沉吟地答道：我們也不反對孔子。我說：我不僅是不反對而已，我此來除替釋迦、孔子去發揮外，更不作旁的事。[67]

67　《梁漱溟全集》，第1卷，第344頁。

抱著倡明中、印古學，替釋迦、孔子說個明白的決心，漱溟首先主講的是印度哲學。在此之前，許季上已在哲學系講過半年，並參稽西方學者的數種著作，編有該課講義。漱溟初到，不及另草，仍以許本為講義，「但事增訂，未及改作」。直到第二年，在許本的基礎上，「又得吳檢齋（承仕）借給許多日文的印度哲學書籍作參考」，才得編成新的講義。[68]這本《印度哲學概論》在1918年11月先由北大出版部印行，翌年交由商務印書館正式出版。

　　雖說佛教在中國流傳久遠，影響深廣，近代以還，又有唯識學等的大盛；但印度哲學只是作為一點背景材料和某種陪襯得以零星播散，而素無系統面貌。所以當時蔡元培邀請漱溟任印度哲學講席時，漱溟便感到為難，立即說：據我所知，無論西歐或日本，講印度哲學並不包括佛學，一般都是講六派哲學。而我自己對六派哲學素不留意，僅僅是對佛學有興趣而已。要我教印度哲學，怕不能勝任。蔡表示：沒有發現旁的人對此更精通，大家都只不過知道一星半點，橫豎差不多，你就大膽來吧。在蔡元培的鼓勵下，漱溟硬著頭皮接下來了；但因確不熟悉六派哲學，所以不能按照當時西方學者或日本學者的路子走，只得揚長避短、另闢蹊徑，發揮出自己的特色。漱溟在該書的序中指出：流行的西文、日文之講印度哲學者只講六宗而止，不及佛教；而他的書則以敘述佛法為主，反只是兼及六宗。「又舉佛法與諸宗對裁，意特側重佛法而諸宗所說各具且甚備」。[69]另外，是取問題來排比講解各家之說，所以全書分本體論、認識論、世間論三部

68　《五四運動前後的北京大學》，見《憶往談舊錄》，中國文史出版社，1987年版，第82頁。
69　《印度哲學概論・序》。

分，又於各部分之下列出若干重要問題，按章節劃分來做敘述。這樣，《印度哲學概論》不僅是現代中國學術界最早系統研究和述介印度哲學的開山之作，而且也是20世紀同類著作中較有特色、光彩依然的一部。

漱溟於概略篇首先稱讚了印度人之富於哲學思想：

> 蓋其國君民上下，幾以研究哲理為人生唯一事業。故諸宗競起，異論繁興，極思想之自由，盡慧悟之能事，辯難征詰，妙窮理致，古今各國罕有及其盛者。可謂洋洋乎極哲理之大觀矣。[70]

這樣一個富於哲學智慧的民族，典籍古老，宗派繁出。彌曼差派、吠檀多派、僧佉（數論）派、瑜伽派、吠世史迦（勝論）派、尼耶也（正理）派等正統六宗各擅勝場，漱溟對之分別做了概述。又於六派之外，提拈出佛典中所謂四大外道之二的尼犍子和若提子兩家，以及順世論一派。漱溟認為，六派哲學的共同特點是「寡欲攝心」，這代表了印度文化的主流。而唯有順世論「極端與印度土風相反。不信梵神，不信三世，不信靈魂，不厭世，不修行，排神秘，尚唯物，其堅確不易或歎為西土唯物家所希見」。[71]所以，「順世外道在印土思想界色彩特異，不當忽視」。[72]湯用彤先生謂：「印度學說宗派極雜，然其要義、其問題，約有共同之事三：一曰業報輪回，二曰解脫之

70　《梁漱溟全集》，第1卷，第29頁。
71　《梁漱溟全集》，第1卷，第45頁。
72　同上注，第43頁。

道，三曰人我問題。」[73]此離生死苦、超越輪迴、以謀自我解脫之傾向，皆含有明顯的宗教色彩，學術界多有論焉。漱溟亦強調六派哲學的宗教性，謂印度哲學當於其宗教求之。而宗教作為信仰體系大抵有三端：一是「神密不容以常理測」，二是「尊上絕對人所仰賴」，三是「有束縛力，不容同時為二信仰，亦不易遷變」。[74]依此三標準，漱溟認為印度哲學各宗各派「並屬宗教」，只有順世論和無神數論例外。與其他宗教相比，印度的宗教有三個顯著的特點：一是在出世傾向上特別突出，一般宗教不是「真出世教」，而「印土宗教則多為真出世教」；二是「根本反對世間生活」，「乃舉一切生活而廢之，即所謂斷滅是也」；三是以哲學辯證所得之宇宙本體為其寄託和歸宿，「故印土宗教可以謂之哲學的宗教。以其宗教建於哲學故，此其高明過乎他方遠矣」。[75]這樣，六派哲學不離於宗教，佛教、耆那教等宗教亦不離於哲學，哲學與宗教，一而二，二而一，渾融一片。

依於上述特點，漱溟認為佛教是宗教、亦非宗教，非哲學、亦是哲學。尤其是大乘，除淨土宗含宗教之質分外，相宗說一切唯識，性宗說一切皆空，圓教則一法不立，頓教則直指本心，「信仰二字且無處著得」，何有宗教式之信仰？所以認佛法為宗教，不若視為哲學，他說：

質言之，佛法中固不建立一種迷執即所謂宗教式之信仰者，以增益眾生之執。而次第開導猶不無宗教式信仰之遺留，逐漸蛻化以至於

73　《印度哲學史略》，中華書局，1988年版，第3頁。
74　參閱《印度哲學概論》，第一篇第四章之一。
75　《梁漱溟全集》，第1卷，第60頁。

無執。觀其改革之點，宗教式信仰之精神全亡，根本已摧，而安俗順序之跡又般般可考。[76]

正因為「無執」，不拘泥於一特殊信仰，所以佛教大開方便之門，可以發揮優長、「安俗順序」、與時俱進，此為一般宗教「所絕不可及」。「一般宗教所以不能圖存者，以彼之教化不復適於現代思潮，即現代思想已邁過之⋯⋯而佛之教化任思想界變遷至何地步，只在其中，無由相過。」[77]漱溟之佛法非宗教論，以及對佛教現代意義的裝扮顯然受到了章太炎等人的影響，也反映了清末民初學術界極為普遍的一種時髦傾向。

因哲學與宗教渾淪不分，所以印度哲學的方法也是出自宗教，這就是特殊之禪定。禪定的本質在於亡知，即冥極證會。「禪定為世間與出世間之通介，證會為可知與不可知之通介」。漱溟認為，證會方法為印度所特有，思想乃從禪定中得，所以高下之別視乎禪定，而非逐物積累。「今西土治哲學者亦尚直覺，與此非一事而未嘗無合」，[78]所以證會方式約略相當於現代哲學中所謂直覺。除了方法外，思想上之問題提出亦大端本之於宗教，其核心即出世間的修養，一般哲學問題無不應此種要求而來，所以印度哲學的基本問題也就是其宗教的基本問題。這也是印度哲學的特殊之處。

漱溟之早期佛學思想特重本體論，《究元決疑論》如此，《印度

76　《梁漱溟全集》，第1卷，第63頁。
77　同上注，第65頁。
78　同上注，第70頁。

哲學概論》也是如此。他認為本體論是哲學之核心，亦為東方哲學之精要：

有情於世間之致思，其第一步恒欲推索萬有以何為體，與夫本原所自。由體達用，由本之末，而人生歸命所在可得也。故本體論為哲學所自始，亦哲學之中堅。東土哲家猶未察及認識論之切要，其所反覆而道者尤在乎是。[79]

漱溟於本體論歸納出六大問題：一是一元論與多元論之別，二是唯心論與唯物論之爭，三是超神論泛神論與無神論之異，四是因果一異、有無諸論之疏解，五是有我論與無我論之對立，六是（大乘空有二宗）有性論無性論之辯。並採用佛法與六派哲學對勘之方式，詳加分析。

就一元二元與多元問題，漱溟指出：地水火風四大及空方時諸外道依一有形之物質立萬有之原理，皆是「客觀之一元論」。而「以空、方、時為萬有之真因，此印度所特有，他土哲學中未之見雲」。[80] 彌曼差、吠檀多等派為「主觀之一元論」。不論是《吠陀》「金卵化成說」之俚諺，還是商羯羅之釋梵分設上下，均未脫出精神性之一元本體。數論為「心物二元論」，「凡二元論支離割裂之失，此宗皆不免」。勝論之六句義，及極微論等，「鮮於探討本體之意，於本體論中無所歸類」，所以毋寧謂之宇宙論，殆非本體論故。至於瑜伽、尼

79　《梁漱溟全集》，第1卷，第74頁。
80　同上注，第75頁。

耶也等，皆與本體論無涉。[81]佛法中，小乘鮮於探討本元之意，大乘則不取一法為萬法之本，所以不能簡單以一元二元歸納之。若「強為之言，則對二元多元可云一元論，而非二元非多元；對一元論則又非立有一元者。」[82]雖說就名相言，佛典中如來藏、法身、法界性、真如、圓覺、圓成實性、心、識、菩提、涅槃等，異文別用，大要皆表本體。但是，佛之本體的特點是萬法奚自、離一切相、即一切法，所以既不是一元論，也不是多元論。

關於唯心唯物，漱溟引述了馬克彌勒《印度六派哲學》一書中的有關材料，[83]證明除地水火風空方時諸外道外，順世論之極微說是印土唯物論的主要代表。而佛法，小乘諸部多持極微論，大乘教典每每說心，似與唯物唯心相合；但實際上，佛教並不是世俗所謂唯心論，當然更不是唯物論。漱溟依據《成唯識論》及《述記》，對「識」做了詳細疏解；並指出佛教唯識學之「唯識」與西方哲學之「唯心」根本不同。其異有三：一是唯識以阿賴耶為大根本，而西哲唯心全不及此；二是唯識之識是識自體，非識能緣之用，而西哲唯心全不及體，只關涉用；三是唯識重在所變，而西哲唯心結成觀念、輾轉自困。所以漱溟以唯識論為武器，從五個方面對西方哲學之唯心論做了批評，謂：「西土唯心論原是隨情虛妄計度。乍聆其說，猶覺其與唯識未嘗無似處。稍加推征，乃處處乖舛，罅漏如環之連，一口不可頓說，十

81　參見《印度哲學概論》，第二篇第一章之一。
82　《梁漱溟全集》，第1卷，第88頁。
83　馬克彌勒，今譯麥克斯・繆勒（1823—1900），英籍德國學者，近代宗教學的奠基人，著名東方學家、語言學家。他一生著述宏富，以編纂《東方聖書》貢獻最大。《印度六派哲學》出版於1899年，漱溟所引可能是由許季上所轉述而得以保留下來的內容。

指不可頓指。」[84]

德國哲學家多伊森將印度對於神之觀念分為四式：一唯物主義之神觀，二超神觀，三泛神觀，四唯心主義之神觀。[85]漱溟論述諸宗之有神無神，一本於此，悉數抄錄。唯於佛法，堅主其為「明確之無神論」。指出《成唯識論》、《十二門論》、《瑜伽師地論》等皆有破神之詞，並詳加引述，以做說明。

漱溟認為，因果觀亦是印度哲學中「關係本體之一問題」。「諸宗所爭在因中為有果為無果，因果為一為異。佛家則窮論因果本身之立不立也」。[86]數論說因中有果論，吠檀多主因果不二、無分別相，勝論持因中無果論和因果為異論，尼乾子計因中亦有果亦無果（因果亦一亦異），若提子計因中非有果非無果（因果非一非異）。唯佛家跳出因果怪圈之外，以緣起道理廣說之。小乘之十二因緣，大乘之八識異熟，皆關此理。漱溟指出：佛法於本體論中空一切見，所以因果之說自不容立；空宗三論處處破生滅，即是處處破因果。所以，說因果一異、有無只是諸宗差別，而因果之可得不可得才是佛法與諸宗的分脈處。[87]

有我無我是講我執問題，有性無性是講法執問題，漱溟認為二執之立破亦關涉本體。諸宗皆為有我論，《成唯識論》判列三種「執

84　《梁漱溟全集》，第1卷，第106頁。
85　多伊森（P.Deussen，1845—1919），德國哲學家，梵文學者。他的《奧義書：印度的宗教與哲學》一書講吠陀學甚詳，取諸《鄔波尼煞曇》，分作神論、宇宙論、心靈論、解脫論四篇述之。漱溟所引四式，見該書神論篇神與宇宙章。
86　《梁漱溟全集》，第1卷，第112頁。
87　參見《印度哲學概論》，第二篇第四章之二。

我」,《瑜伽師地論》指出四種「計我」,《大日經·住心品》所說十四種計有我之外道,皆為佛法所破。「故佛法在人生觀上為無我論,在本體論上又為無我論」。[88]佛法根本即在於破人我執,所以無我論可以看做是佛教的核心。與破人我執相關,即為破法我執,漱溟講破法我執是通過空有二宗有性無性之辯展開的。大乘有宗講三性三無性,大乘空宗講八不,漱溟認為「兩家之義未見乖舛」。但為何歷史上興爭聚訟?他認為這是因為唯識曲解了依他,若直下明空,則殊途同歸,爭訟自消。從總體上說,漱溟是據於中間立場,調和空有的,他說:

> 識家排三論固無當,而世之援三論破唯識者亦不成。如此土嘉祥大師《百論疏》、圭峰禪師《原人論》皆有破識家之論,於唯識義終無破損也⋯⋯大乘各宗義無不圓,破無可破立不待立耳。[89]

漱溟指出:「學者苟于知識本身未能明察不惑,而於形而上學問題或其他問題妄有所論,皆為徒虛。」他說:「余書特著意於佛法之精神。佛法之精神與其在本體論上表著之,蓋不如在認識論上表著之為能剴切明白也。」[90]所以在講完了本體論之後,他就接著講認識論。漱溟於印度哲學之認識論,著重討論了知識之來源、知識之界限、知識之本質等三大問題。

關於知識之來源,印度哲學各派立論不同、簡繁相異。漱溟認為

88　《梁漱溟全集》,第1卷,第121頁。
89　見《印度哲學概論》,第二篇第六章之三「兩家爭持之辯解」的章節附註。
90　《梁漱溟全集》,第1卷,第158頁。

現比二量為勝；三量猶可，過此徒虛；而彌曼差六量、尼耶也四量，已「繁廣無當」了。他雖提到了證量的問題，卻未加展開；就是現比二量，也是節錄《理門》、《正理》二論文句，並無特殊發揮。

關於知識之界限，漱溟認為印土諸宗於此多不留意，唯有佛教稍可董理。佛法以比量唯假，現量可實。現量又分為世間現量與佛位現量。而世間現量有而難得，實亦未實；佛位現量遍知出世，知同無知。漱溟認為這是佛教與諸宗及西方哲學在知識論上的最不同處。因以出世為鵠的，所以佛教認識論非為營造知識，反而只在遮遣知識。由此，漱溟著意從非知識的角度論述了非量，認為非量是佛法所特有的精彩內容，為其本體論的成立提供了基礎，亦因之與西方哲學大異其趣。一是不同於西哲之獨斷論；因知識有界限，按非量道理，「哲學上所謂本體論所謂形而上學悉非知識界限」。[91]而獨斷論以知識構築本體，最終技窮自困，遭近代哲學之拋棄。唯有以非量厘定界域，才能走出迷途。二是不同於西哲之懷疑論；因現比量明世間為假，但無妨建立一切世間道理，此「佛所不拒」。而懷疑論以詭辯否定知識之建立，「彼實未達如何是知識，知識如何虛妄」。[92]三是不同於西哲之實證主義；從表面上看，二家皆謂知識有其界限。但實證主義之界限，內外厘然，絕不可通。而佛家所謂界限，亦可言無有界限，因為根本智中都無有相，只以現比非量假設說之而已。

關於知識之本質，漱溟只簡略說明了佛教的看法。他認為，大小乘關於知識本質之爭，即唯識書中所見所緣緣之問題。小乘經部師以

91　《梁漱溟全集》，第1卷，第166頁。
92　同上注，第167頁。

五識境離於五識為有，「始終不出素樸的實在論之範圍」。而唯識家主五識所緣唯五識變，以感覺說明存在，既不同于素樸的實在論，也不同於主觀的觀念論。漱溟指出：素樸的實在論（經部師等）拘於現象而忽略本質；主觀的觀念論脫離現象而任情虛構；批評的實在論（如洛克）和現象論（如馮特）雖無偏執，「影質共舉」，但不知本質為識所變，「識若不變，無影無質」。康得雖深刻，「然影像、本質、真如三者未能剖析」。[93]所以只有佛家唯識學恰當地解決了這一問題。

印度文化頗具出世之色彩，佛教為出世之宗教，然傳入中國後，面貌大變，一改出世傾向，出世不離世間覺，出世與入世打成一片。漱溟謂：「印土諸宗路異論紛然，而除順世外有其一致之點，即所謂出世主義是也……及入中國，學務圓通，儒釋雖乖，彌不相害。遂使順世出世歷數千年周多國土始終未成為問題，斯亦奇觀已。」[94]所以在《究元決疑論》中，他即探討了出世間與隨順世間這兩種方式；更在《印度哲學概論》中講完本體論、認識論之後，立世間論一篇，專予分析。世間論所講我之假實有無問題，即有我論與無我論之爭；法之有無假實問題，即有性與無性之辯。這兩個問題已在本體論中涉及，對佛法而言，即是破人我執和法我執這一核心思想。除此之外，漱溟於世間論主要研究的是印度哲學之宇宙緣起、人生說明、修行解脫三問題。

漱溟認為，宇宙論為西洋哲學家所不道，而為印土各宗所特有。歸其類，大約有以下四種：一是吠檀多之造化論，二是數論之發展

93　參見《印度哲學概論》，第三篇第三章之二。
94　《梁漱溟全集》，第1卷，第234頁。

論，三是勝論之結構論，四是諸家外道之自然論。而佛家持獨特之宇宙緣起說，此緣起「實是認識之緣起，舍認識無宇宙，舍認識緣起無別宇宙緣起」。[95]《大乘起信論》反覆申說的這一真如緣起思想頗為漱溟所稱道，認為這是佛法在宇宙論方面高於諸宗之處。

六派哲學對人生的說明，以吠檀多和數論兩家為詳實，漱溟除略述之外，主要還是引論佛法，特別是唯識學說。他對唯識之八識說、種子六義、四緣論等做了詳盡的轉述。但詳雖詳矣，卻缺乏創見與發揮，故無足多論。

於修行解脫，漱溟指出這是印度各派所共有之思想，「印土諸宗所蘄向，一方對世間為解脫生死，一方出世為獨存」。[96]諸宗解脫之方法，或厭棄世間，或瑜伽禪定，或修慧得解，旨歸於消解生命之活力，脫離生死。因以出世為目的，「故以修持為事」，依靠各種方法，這是印土厭世主義者的特點。而西方厭世論者，如叔本華、哈特門等，[97]雖頗能闡其說，但未聞傳習方法。宋明儒的主靜坐，稍介入方法，亦是「固襲佛家也」。所以漱溟認為，靠修行而得解脫為印度所特有。至於佛法之修行解脫論，因文理過繁、宗旨各異，他只舉了《俱舍論》以代表小乘，《成唯識論》以代表大乘，予以分析說明，並特別指出：「《起信論》最足以明大乘對於修行解脫之圓旨。」[98]

95　同上注，第197頁。
96　同上注，第238頁。
97　哈特門，今譯哈特曼（K.Hartmann，1842—1906），德國哲學家。他的思想與叔本華的悲觀主義相似，都感染了東方的神秘主義色彩。梁漱溟在論述印度出世主義思想時，多處提及他，並以他和叔本華作為西方厭世論者的代表。
98　《梁漱溟全集》，第1卷，第247頁。

《印度哲學概論》是梁漱溟研究印度文化及其佛教的主要著作，也為此後的文化哲學體系之建構做了重要的材料準備。儘管是書仍為涵育之作，而非發抒之作，但自做主宰的思想氣度已露出端倪。因為在主講印度哲學的同時，漱溟尚惦念著孔家哲學，不久又有創作《東西文化及其哲學》的構想，心猿意馬，參伍交錯，心思何能定注在一種「概論」上？所以在1919年暑假，漱溟即甩掉了教科書，欲介入學術界文化紛爭的熱鬧之中，趕寫《東西文化及其哲學》來回應時論。無奈開學後要增設「唯識哲學」一科目，不得不暫時擱下剛寫了兩章的《東西文化及其哲學》，而「兼程並進」，趕寫唯識哲學課的講稿。不料，「弄得夜不能寐」，嚴重神經衰弱，只好請假養息。[99]數月後，這部講稿以《唯識述義》書名由財政部印刷局印行，發給同學以作補習之參考。

　　《唯識述義》共三冊，今僅存第一冊，第二冊已難查覓，第三冊未及印行，所以能實際見到的只是它的第一部分。漱溟於緒論章首先肯定了唯識學在整個佛法中的核心地位，他說：

　　我們如果求哲學於佛教也只在這個唯識學。因為小乘對於形而上學的問題全不過問，認識論又不發達。般若派對於不論什麼問題一切不問，不下解決。對於種種問題有許多意見可供我們需求的只有唯識這一派，同廣義的唯識如起信論派等。更進一步說，我們竟不妨以唯識學代表佛教全體的教理。[100]

99　見《唯識述義》初版序言。
100　《梁漱溟全集》，第1卷，第269頁。

這種極端推崇唯識、以唯識綜核佛法之全體的偏執之辭，一方面是論證課程自身價值之需，另一方面也反映了當時唯識學獨盛的實際境況。但於諸家講論，漱溟只承認內院歐陽一派為確當，其餘均是「亂猜入手」。「你猜錯了我來辨證，我猜錯了你來辨證，很不算什麼。」[101]包括他先前曾大為敬仰的太炎先生也是如此。漱溟點出此「亂猜」的唯識，只是否定講唯識之僵固和有絕對權威，而並不否定此「亂猜」的價值，因為「也非如此不能把唯識學尋出來」。所以他自己另闢蹊徑，以西方哲學來附議唯識，這也算是另一種「亂猜」吧。

漱溟參照陳大齊《西洋哲學概論》一書的內容，簡述了近代西方哲學從本體論向認識論過渡的歷程。自孔德後，形而上學完全失勢，實證主義、自然主義（海克爾）、感覺主義（畢爾生）終歸一路，「只是把些感覺來歸類、分析、聯合、擬造……而已」。[102]新近流行的實用主義（詹姆士）、生命哲學（柏格森）、邏輯分析哲學（羅素），雖然對形而上學的態度有所不同，但試圖回避或無解決之道卻是一如的，「於是自近世以來的形而上學問題，到現在還是毫無解決的端倪」。[103]這樣，「強顏塗飾」的西哲本體學說已是窮途末路，形而上學問題的解答只有依賴「印度化」、依賴佛教唯識學。漱溟說：「現在講的所謂唯識學、佛學的生命就系在這解答上，我並認人類所有的

101　《唯識述義》初版序言。
102　此處漱溟引了美國哲學家培裡（B.Perry）在《現代哲學的趨勢》（1912年）一書中的分法，將海克爾（Haeckel）稱為素樸的自然哲學家，將畢爾生（Pearson）稱為批評的自然哲學家。
103　參見《唯識述義》，第一章之三「唯識學與西方哲學」。

形而上學的要求就系在這解答上。」[104]他認為形而上學是有其獨特的方法的,「這個方法便是唯識學用的方法」,即證量或非量。西方古典哲學拘泥於實體,由非量上生出許多議論,但其間有比(量)無現(量),或是有現(量)無比(量),便滿篇非量,成所謂臆談。現代哲學獨許科學為知識,或純用比量經營而成,或兼用現比經營而成,或帶著非量卻非從非量生,倚現比而擯非量,拒斥形而上學,成浮游無根之狀。所以西哲的困境要靠唯識學的睿智來解答,佛教唯識恰在形而上學方面有用武之地。漱溟認為,柏格森以直覺說試圖突破困境的努力,以及在近代科學如生物學、心理學等影響下產生的哲學流派所提出的問題,雖無助於形而上學根本問題的解決,但它卻啟發和激醒了東方。「晦塞的東方本無以自明」,柏格森們出現後,「而後佛家對宇宙的說明洞然宣達,印度化才好講,唯識方法才好講」。[105]

漱溟講唯識,力圖突破一般講者囿於《八識規矩頌》、《百法明門論》、《觀所緣緣論》,或者《唯識卅頌》、《成唯識論》、《攝大乘論》等的既成框架,只在鉤索文意、鋪擺名相上下工夫,而是努力從問題引入,並且始終是以提出問題的方式來陳述。儘管所提問題未必準確和得當,所陳述的內容未必有多大創造性,但其致力的方向還是頗具特色的,個別思想也不乏閃光之處。如釋心所一節,用心理學的內容來解釋五十一心所,指出:「唯識家所諦察的微入毫芒,有許多為心理學所不及知的(如五遍行),或只能籠統渾括著講的。」[106]所以唯識學的心意識分析實有心理學所不可及處。另外,心理學嚴分知、

104　《梁漱溟全集》,第1卷,第278頁。
105　《梁漱溟全集》,第1卷,第280頁。
106　同上注,第315頁。

情、意三者破碎支離，漱溟認為唯識學在這方面堪救其弊，看法要高明些。「凡是一個心都是意志了，都是知識了，都是情感了，此所謂一個心的。」唯識說恒轉，「只這一轉的為心，而便是意是知是情」。[107]故無割裂之虞。

因《唯識述義》僅存一冊，全貌難覽，再加之兼程並進，急就成章，所以顯得雜遝而粗略。尤為重要的是，此時的漱溟已漸由佛入儒，學術關注也由印度哲學和佛學轉向了東西文化比較及儒學。所以，思想上的改弦易轍導致了他的唯識學研究之中輟，志趣已不在斯，只有草草收場。漱溟在停課後的第二年，求助於支那內學院，這樣，熊十力就成為這門課程的繼任者。熊十力在北大主講唯識學，也是不循古人之規，且比漱溟做得更深入，也走得更遠，用中國傳統哲學（主要是易學和心學）徹底掀翻了印度佛教的理論基礎，從唯識學的軀殼中蛻變出了他自己的「新唯識論」。[108]船山在《老子衍》自序中有雲：「入其壘，襲其輜，暴其恃而見其瑕。」衡諸斯語，熊十力比梁漱溟更當之無愧，同是從唯識學研究入手，同是試圖有所發抒，但因熊十力的研究更深刻些，尤其是把握住了中印思想的脈絡和根本，所以有效地改造和利用了唯識學的資糧，出色地轉化了佛教哲學的內容。而梁漱溟雖有一點問題意識，也參照了西方哲學的某些內容，但終因缺乏本民族傳統文化的滲入，沒有以儒道思想徵稽之，所以無法深入，也沒能引申發揮出更為深刻和獨特的東西。他基本上是另作爐灶，去尋找一套新的路徑，這就是比較文化的模式。所以《東

107　同上注，第318頁。
108　關於熊十力批判改造唯識學的過程，我在《熊十力》（臺北東大圖書公司1991年版）一書中有詳細的敘述，有興趣者可參看。

西文化及其哲學》可以說和唯識學有點關係，也可以說毫無關係；而熊十力的《新唯識論》和唯識學卻是絕對有關係的。

第二章

文化論衡：《東西文化及其哲學》

2.1　東方文化與西方文化

梁漱溟雖在北京大學任印度哲學與唯識學講席，但從1918年秋開始，他即漸漸地屬意於孔家思想。他在校內刊載啟事，徵求同好，於每週二、五相候於哲學門教員室，對孔學做不定期之研究探討。胡適對此頗感訝異：「何以既篤於佛之教化，乃又弘揚孔子？」漱溟認為，佛家出世思想於孔子誠為異端，在所必排，因其能破壞孔子之教化；而佛家之視孔子則不然，「盡有相容之餘地」。因為佛法對於一切教化均所不拒，故視孔家思想可以有極好處。話雖如此講，但實際上此時的漱溟已處在了「切志出世，未能領孔子之化」與「好攬世間之務，拋出世修養」的兩難境地之中。對於自己思想深處的這種緊張，漱溟本人意識到的最為清楚：

> 年來生活，既甚不合世間生活正軌，又甚不合出世生活正軌，精神憔悴，自己不覺苦，而實難久支，一年後非專走一條路不可也。[1]

這條路只能是棄佛入儒。所以一年多後，漱溟應少年中國學會的邀請作宗教問題之講演，在家補寫講詞時，思路窘澀，頭腦紊亂，隨手翻閱《明儒學案》，於東崖語錄中忽看到「百慮交錮，血氣靡寧」八字，驀地心驚：「這不是恰在對我說的話嗎？」頓時頭皮冒汗，默然有省。「遂由此決然放棄出家之念」。[2]這一禪味頗濃的頓悟故事，說明了年來輾轉悱惻於心的儒佛糾結至此方得到徹底的開釋。

1　《在孔子哲學第一次研究會上的演講》（1918年11月5日），見《梁漱溟全集》，第4卷，第550頁。
2　《我的努力與反省》，第52頁。

梁漱溟屬於那種自命不凡、使命感極強的人物，一旦從出世意念的陰影中擺脫出來，在現實環境的刺激和催逼下，他的「爭名好勝」之心便油然勃發。他進北大時即抱著講明東方古學的念頭，北大的生活體驗和特殊氣氛更加強了他的這種承負心理。他常說，北大是中國僅有之國立大學，世之求東方學不於中國而誰求？不於北大而誰求？言下之意，他對倡明東方學術肩負著重大的責任。漱溟的內心是這麼想的，在行動上他也這麼努力去做。

1919年夏，梁漱溟開始構思和寫作《東西文化及其哲學》。他把這本書看做是自己「總愛關心種種問題，縈回胸抱地思求它」的現實關懷情感的復甦，是一種直抒胸臆的暢發。他說：「自己很不願意輕率發言，而終久悶不住，不自禁的慨然有作──這也可以算西方式，因為西方式的學者略有所見，就自鳴一說，不尚深隱的。」[3]他的構想是把這本書作為一個引子，總論東西文化；然後再寫《孔家哲學》和《唯識述義》兩書，闡發東方古學。不料此書剛寫了開頭，趕上學校要求增設唯識哲學課程，他只得兼程並進，趕寫講義，書稿不得不暫時放下了。但此時漱溟的興趣已全然不在佛教，心仍為東西文化問題所牽掛；所以唯識哲學課並沒有十分認真地去對待，講義也沒有寫完。第二年他乾脆採取了偷樑換柱的辦法，停開了唯識學課，而專講東西文化比較。1920年9月24日的《北京大學日刊》登載了有關這門課程的一份啟事，實錄下這件有趣的事情：

3　《東西文化及其哲學導言》，見《唯識述義》卷首。《梁漱溟全集》，第1卷，第254頁。

本屆選修印度哲學唯識哲學諸君鑒：漱溟此次決定在講印度哲學唯識哲學之前，先取東西文化略為剖釋。蓋印度人之所為，人多未喻。假不先剖明，則講印度學問殆難措手也。原定課程每星期印度哲學三小時唯識哲學兩小時，茲擬以印度哲學之三小時略講東西文化，其唯識哲學兩小時暫不上課。一俟講畢，仍各照課程表辦理。[4]

　　當時漱溟尚無成稿，出了50元酬金招聘聽講學生中夙擅記錄者一人為之速記，德文系學生陳政有幸中選，這樣便有了《東西文化及其哲學》的第一種講演本。第二年暑假，應山東省教育廳之邀，漱溟又至濟南講授同一題目，一連講了四十天，由隨行的中文系學生羅常培記錄，在山東首次鉛印成書，這便是《東西文化及其哲學》的第二種講演本。隨後，漱溟以羅記本為主，參酌陳記本，又加寫了最末一章，編定是書，由上海商務印書館於1922年1月正式出版。

　　梁漱溟為什麼放下正常的課程而以極大的熱情投入到對東西文化的思考與討論中去？我認為這固然與他由佛轉儒的學理變化和回到世間來的人生態度之轉折有很大關係，但更為重要的是，他深切感受到了「刀臨頭頂、火灼肌膚、呼吸之間就要身喪命傾」的文化命脈正在斷絕的嚴重威脅和壓迫。他指出，東西文化問題，西方人只看作「一種消閒的考據」，東方諸落後國家「說不上著急的資格」，只有在中國成為最急迫的現實問題。[5]五四前夕，先進的中國學人在歷經了維新、革命的屢次失敗，尤其是袁世凱竊國復辟的慘痛教訓之後，開始

4　《關於講授唯識哲學課的啟事》，見《梁漱溟全集》，第4卷，第577頁。
5　《東西文化及其哲學講演錄》，見《梁漱溟全集》，第4卷，第579頁。

把向西方學習的眼光由社會制度轉向思想文化層面。陳獨秀在《吾人最後之覺悟》中大聲疾言:「然自今以往,共和國體果能鞏固無虞乎?立憲政治果能施行無阻乎?以予觀之,此等政治根本解決問題,猶待吾人最後之覺悟。」[6]他將中西文化的衝突分為七期,呼喚最終的文化上「新舊思潮之大激戰」,以根本解決「愈覺愈迷,昏瞶糊塗」的近代以來之困局。黃遠庸在《新舊思想之衝突》中,明確將西學東漸的歷程分為器物、制度、思想文化等三個階段,謂:「蓋在昔日,僅有製造或政治制度之爭者;而在今日,已成為思想上之爭。此猶兩軍相攻,漸逼本壘,最後勝負,旦夕昭布……蓋吾人須知新舊異同,其要點本不在槍炮工藝以及政法制度等等。若是者,猶滴滴之水、青青之葉,非其本源所在。本源所在,在其思想。夫思想者,乃凡百事物所從出之原也。」[7]梁漱溟面對這種「漸逼本壘」、思想決戰已到最後關頭的情勢,心不能不為之所動,精神上自然承受了巨大的壓力。他不得不急切思考「東方化對於西方化步步的退讓,西方化對於東方化的節節斬伐!到了最後的問題是已將枝葉去掉,要向咽喉去著刀!而將中國化根本打倒!」「東方化究竟能否存在?」[8]這樣根本性的問題。對於新思潮的非民族主義傾向和北大新派教授們缺乏憂患意識的坦然心境,漱溟也深深地感到焦慮,他說:

　　《新青年》雜誌之批評中國傳統文化,非常鋒利,在他們不感覺到痛苦;仿佛認為各人講各人的話,彼此實不相干;仿佛自己被敵人

6　《獨秀文存》,安徽人民出版社,1987年版,第39頁。
7　《遠生遺著》上冊,第1卷,第154頁。
8　《東西文化及其哲學》,見《梁漱溟全集》,第1卷,第335頁。

打傷一槍，猶視若無事也。而我則十二分的感覺到壓迫之嚴重，問題之不可忽略，非求出一解決的道路不可。[9]

我自己雖然對新思潮莫逆於心，而環境氣氛卻對我講東方古學的無形中有很大壓力。就是在這壓力下產生出來我《東西文化及其哲學》一書。[10]

正是抱著一種強烈的使命感和積極思考現實、回應時事的論戰姿態，梁漱溟投入到了當時如火如荼的東西文化大討論中。

在《東西文化及其哲學》中，梁漱溟首先批評了有礙此項研究的三個說法。一是俟諸將來說，指出解決這一根本問題已到了刻不容緩的地步。二是東西調和論，針對章行嚴的《新時代之青年》、陳嘉異的《我之新舊思想調和觀》等文，梁漱溟明確提出「如果要開闢新局面必須翻轉才行」；而東西優劣互補、各打五十大板的調和之說，「完全是糊塗的、不通的！」[11] 三是範圍太大、無從入手說，認為這是學術界的「疲緩、劣鈍」所致，只要認真對待，研究的路總是有的。

漱溟進入問題的視角，即在說明何為西方化，也就是如何理解和把握西方文化的精髓與實質。當時人們對西方文化的認識和解說可以說是五花八門，他選取了較有代表性的時論四則，加以分析和批評。一是早稻田大學哲學教授金子馬治的說法。金子在中國留日學生組織的「丙辰學會」之應邀講演中，以他旅港的親身經歷和感受，說明

9　《我的努力與反省》，第67頁。
10　《我的自學小史・東西文化問題》。
11　《東西文化及其哲學》，商務印書館，1987年影印版，第14頁。

「西洋之文明為勢能（Power）之文明」。這一說法在當時甚為普遍，漱溟舉出了英國歷史學家巴克耳的《英國文明史》、杜威在北大哲學研究會的演講，以及國內的李大釗等人。認為他們只看到了西方「物質上的燦爛」，而蔑視了其「社會中的特殊色彩」；這樣，其說「與同光間『堅甲利兵』的見解有何高下呢」？[12]二是日本學者北聆吉的說法。北聆吉持東西文化融合說，認為西方文化在制馭自然、征服自然方面發展的比較充分，而東方文化的長處則在於能與自然融合、與自然遊樂，兩者可以互補。漱溟指出：「印度人對於自然，全非融合遊樂之態。」[13]所以說東方人皆為融合遊樂自然，顯然失之偏頗。三是美國新教神學家、日本哲學研究者諾克司在《東方精神》一書中的說法。諾克司認為，西洋的精神一個是科學一個是自由。漱溟指出，陳獨秀在《本志罪案之答辯書》中所概括的德莫克拉西（民主）和賽因斯（科學），與這意思相同。他說：「中國講維新講西學幾十年乃至於革命共和其實都是些不中不西的人，說許多不中不西的話，做許多不中不西的事。他們只有枝枝節節的西方化，零零碎碎的西方東西，並沒有把這些東西看通竅，領會到那一貫的精神。只有近年《新青年》一班人才算主張西方化主張到家。」[14]陳獨秀德賽二先生的概括頗得到梁漱溟的讚賞和附麗。但他也指出了此說的兩種小疵：一為征服自然的特點相對隱沒了；二為科學與民主如何相屬？它們「共同的源泉」是什麼？這些問題未得解答。四是李大釗的說法。李大釗在《東西文明根本之異點》中，將西洋文明概括為「動的文明」，用對

12　《東西文化及其哲學講演錄》，見《梁漱溟全集》，第4卷，第587頁。
13　同上注，第588頁。
14　《東西文化及其哲學》，第21頁。

列排比的方式，分述東西文化之差別。梁漱溟指出，這種「平列的開示」只是表層現象的「渾括」比較，「只有顯豁的指點，而無深刻的探討」，所以談不上是一個「深澈」而「明醒」的理論。[15]

梁漱溟本人對西方文化的理解是建立在他的文化觀的基礎之上的。他認為文化就是「一個民族生活的樣法」，而「生活就是沒盡的意欲（Will）和那不斷的滿足與不滿足」。這樣，他給西方文化下的定義就是：「由意欲向前要求的精神產生『賽恩斯』與『德謨克拉西』兩大異采的文化。」[16]他是從以下四個方面來加以展開的：

就西方文化的特質而言，梁漱溟基本贊成陳獨秀的概括，以科學與民主為西方文化的兩大異采，但他對此做了比陳氏要詳盡得多的說明。關於科學，漱溟首先強調它與技術、手藝的區別：「科學求公例原則，要大家共認證實的。所以前人所有的今人都有得，其所貴便在新發明，而一步一步腳踏實地、逐步前進，當然今勝於古。」而手藝是「個人獨得的」，靠工匠的「心心傳授」，「全然蔑視客觀准程規矩而專要崇尚天才」，所以常常要歎「今不如古」。[17]他認為西方文化才是真正的科學，它把零碎的經驗、片斷的認識，「經營成學問往前探討」，與個人技藝全然分開，成為一種「客觀共認的確實知識」，使得一切認知領域都規範化了。而中國文化充其量只是一些技藝，根本不能和西方的科學精神同日而語。由區分科學與技藝，漱溟進一步分析了學與術的不同。學的基礎是科學精神，從自然到社會，「總要去

15　《梁漱溟全集》，第4卷，第591頁。
16　《梁漱溟全集》，第1卷，第353頁。
17　《東西文化及其哲學》，第27頁。

求客觀公認的知識，因果必至的道理，多分可靠的規矩」，而不是靠個人的直覺和靈感。所以，西方的一門一門學問都在科學的方法上逐一建立起來，這在中國卻是根本不能發生的。他舉了中西政治和中西醫的例子來說明這個道理，指出中國文化「是術非學」，或「學術不分」，「有玄學而無科學」；這與西方學術「有科學而無玄學」的純客觀化形態是全然不同的。關於民主，漱溟首先分析了「權」的兩重意義：權威的權和權利的權。權威的權是有權、無權打成兩截，「有權的無限有權，無權的無限無權」。權利的權是有權、無權的統一，「公眾的事大家都有參與做主的權，個人的事大家都無過問的權」。前者是所謂東方式的專制民主，而後者才是代表西方文化精神的民主。他認為西方文化中最特別的東西就是「個性的伸展」，「這五個字可以概括西方文化一切的面目」。甚至「比上述的科學尤為精闊，因為它直接切於吾人的生活」。[18]以個性的自由和解放為基礎，一方面謀求「個人的權利」，另一方面促進「社會性發達」，這是西方文化民主精神的神髓。梁漱溟指出，西方人的社會組織、制度和生活，看上去處處有「特別色彩」，「與我們截然兩樣」，其根本即在於此。

就西方文化的根源來說，梁漱溟批評了巴克耳、金子馬治等人所持的地理環境決定論，也批評了馬克思主義者的唯物史觀。認為「他們都當人類只是被動的，人類的文化只被動於環境的反射，全不認創造的活動、意志的趨往。其實文化這樣東西點點俱是天才的創作，偶然的奇想，只有前前後後的『緣』，並沒有『因』的」。[19]他強調物質

18　《東西文化及其哲學講演錄》，見《梁漱溟全集》，第4卷，第603頁。
19　《梁漱溟全集》，第1卷，第372頁。

生活欲求和經濟的發展均是人類精神的體現，或者說都是以精神為動力。所以，精神的變動決定了生產力發展的「鈍利」和經濟現象變遷的「緩促」。他舉例說：如果沒有西學東來，中國人的精神保持不變，那麼中國的社會經濟「斷不會有什麼變遷」，西方工業革命的情形也「斷不會發生」。如果印度沒有回教和歐人的入侵，「聽任印度人去專作他那種精神生活，我們能想像他那經濟現象怎樣進步麼？」所以，「人的精神是能決定經濟現象的」，西方文化的根源也只能從精神方面去尋找。[20]漱溟自持的解釋即是「意欲」說。他認為宇宙盡是一生活，此生活也就是「大潛力」，或「大要求」，或「大意欲」，西方文化的根源亦在於此。西方文化代表了「沒盡的意欲」的一種方式，即：「向前面要求」或「向前的路向」。此路向是奮鬥的人生態度，「遇到問題都是對於前面去下手，這種下手的結果就是改造局面，使其可以滿足我們的要求」。[21]漱溟將之稱為「生活本來的路向」。對待意欲的方式不同，決定了不同的生活路向，也由此產生了不同的文化形態。意欲向前的西方文化必然帶有征服自然的色彩，科學和民主的精神也蘊涵在其中。所以梁漱溟認為，西方文化的三大特色：征服自然、科學方法、民主精神，均是以意欲向前的人生態度為其總根源的。

就西方文化的歷程看，梁漱溟認為古希臘羅馬時代和文藝復興以來所走的均是第一路向，即意欲向前。而中間有一段歧出，就是宗教占統治地位的中世紀。這一千多年，轉入了第三路向，即違背生活本

20　　《東西文化及其哲學》，第47頁。
21　　《梁漱溟全集》，第1卷，第381頁。

性的消解意欲。羅伯遜指出希臘思想為無間的奮鬥、現世主義、美之崇拜、人神之崇拜。漱溟認為這正是第一路向的特徵。希臘人意欲向前，就有了許多科學、哲學、美術、文藝的成果；羅馬人順此路嚮往下走，則又於政治、法律有所成就。但意欲的過分膨脹，流為利己，風俗大敝，「紛亂的不成樣子」，於是就有了「借著這種希伯來的宗教基督教來收拾挽救」的中世紀的出現。「一千多年中因為人們都是系心天國不重現世，所以奄奄無生氣，一切的文化都歸併到宗教裡去了。於是哲學成了宗教的奴隸；文藝、美術只須為宗教而存；科學被擯，迷信充塞；乃至也沒有政治，也沒有法律。」[22]漸漸入於黑暗。物極必反，又終引起文藝復興、宗教改革的新潮流，回到希臘的思想和人生態度上，「把一副向天的面孔又回轉到人類世界來了」。梁漱溟認為，這一思潮的轉向意味著人生態度的改變，其實質是回歸到了第一路向。所以從文藝復興以來，西方文化的發展突飛猛進，又變得精彩起來。他引了蔣百里《歐洲文藝復興史》導言中的一句話，以示讚佩之意：「文藝復興實為人類精神之春雷，一震之下，萬卉齊開。」

就西方文化的前景講，梁漱溟充分肯定了其意欲向前所取得的成就，特別是近代科學給人類帶來的巨大福祉。他認為西方現時所走的第一路向，是從中世紀的黑暗中覺醒後，「有意選擇取捨而走的」，是「經過批評判斷的心理而來的」，所以它是理智的，也是合理的。「它是要一直走下去不放手的，除非把這一條路走到盡頭不能再走，

22　《東西文化及其哲學》，第57頁。

才可以轉彎」。[23]但這條路究竟有沒有「盡頭」，漱溟並沒有回答。「轉彎」的問題也就玄而難言，僅是一個模態斷定，並非實然。他只是指出了第一路向的根本缺陷，這就是「在直覺中，『我』與其所處的宇宙自然是渾然不分的，而在這時節被它打成兩截，再也合攏不來，一直到而今，皆理智的活動為之也」。[24]第一路向就是理智的活動，理智的活動太強太盛，實為西方人顯著之特點。漱溟認為西方文化難以自拔的深刻矛盾即在於此。一方面它成就文明、辟創科學，使西方人「為人類其他任何民族於知識、思想二事所不能及其萬一者」；另一方面「他們精神上也因此受了傷，生活中吃了苦」。「這是十九世紀以來暴露不可掩的事實！」[25]所以西方文化的現實困境恰恰隱藏在其現實成就之中。

梁漱溟對西方文化的認識，在五四時代顯然夠得上是「先進的中國人」之水準。從表面上看，他的理解與陳獨秀等人並沒有太大的區別，對西方的科學民主精神同樣是敞開了容納的胸懷。當時北大學生辦有兩種雜誌，一種是《新潮》，代表西化派，一種是《國故》，代表守舊陣營。梁漱溟對《國故》嗤之以鼻，視為「死板板爛貨」，相反對《新潮》卻讚賞些，認為它「能表出一種西方精神」。對於科學與民主，漱溟是舉雙手贊成的，認為這兩種代表了西方文化精神的內容，應該全面地去學習和接受。他說：

23　《東西文化及其哲學》，第62頁。
24　《梁漱溟全集》，第1卷，第390頁。
25　《東西文化及其哲學》，第63頁。

這兩種精神完全是對的，只能為無條件的承認，即我所謂對西方化要「全盤承受」。怎樣引進這兩種精神實在是當今所急的；否則，我們將永此不配談人格，我們將永此不配談學術。[26]

對於東方文化所面臨的危機，只能以對西方文化的認識和接納來救補，這可以說是梁漱溟現實而清醒的態度。但他的東西文化觀並未停止於這種現實的層面，而是著眼於玄遠的構想，這樣就發揮出了完全不同於文化一元進化論的另一套觀點。

2.2　人生態度與文化模式

梁漱溟強調文化的整體性和有機協調性，反對機械的分割觀和綴補式的融合論。對當時頗為流行的羅列特徵的比較方式和定讞於一隅的以偏概全式的種種結論，他都用挑剔的眼光給予了分析和批評。他的文化觀，重整體性，重系統性，具有機體主義的特徵。應該說，這是近代中國在接觸和學習異質的西方文化之艱難曲折的歷程中，所達到的一個新的認識高度。由局部而全體，由表像而本質，對西方文化的容受過程是如此，對文化本身的理解和建構也是如此。梁漱溟對東西文化的比較和文化模式的發揮，均是以整體性為其前提特徵的。

在寫於1917年的《中華學友會宣言》中，漱溟第一次給文化下了這樣的定義：

26　同上注，第206頁。

文化也者，謂人心之有侖脊也；所謂侖脊自其條析言之則為析解所異；自其條貫言之，則為貫通所同；存乎物象，而窟于人心焉。[27]

在《東西文化及其哲學》中，「自其條析言之」，漱溟「析解所異」，總括時論，將文化看作是「一個民族生活的種種方面」，認為它包括了以下三個方面的內容：

（一）精神生活方面，如宗教、哲學、科學、藝術等是。宗教、文藝是偏於感情的，哲學、科學是偏于理智的。

（二）社會生活方面，我們對於周圍的人—家族、朋友、社會、國家、世界—之間的生活方法都屬於社會生活一方面，如社會組織、倫理習慣、政治制度及經濟關係是。

（三）物質生活方面，如飲食、起居種種享用，人類對於自然界求生存的各種是。[28]

這一概括性很強、囊括了文化現象所有層面的記述性定義，不僅在五四時期是高瞻遠矚的大家睿識，而且在此後的整個世紀的文化討論中，以描述的方式來規定文化者，也大多無出其右。除了「自其條析言之」、「解析所異」的現象鋪擺外，漱溟更為重視「自其條貫言之」，對文化做「貫通所同」的本質揭示。他認為文化說到底就是「一個民族生活的樣法」，而生活就是「沒盡的意欲」。這才是文化「窟于人心」的實質所在。

27　《梁漱溟全集》，第4卷，第517頁。
28　《東西文化及其哲學》，見《梁漱溟全集》，第1卷，第339頁。

所謂「生活的樣法」，即生活方式、範型。如果僅僅是這樣來理解和限定文化的內涵，我們尚可視之為是一種規範性的定義，這和某些文化人類學家的看法是一致的。如威斯勒（Wissler）在《社會人類學》一書中給文化下的定義：「文化是一個社群或部落所遵循的生活方式。」還有貝內特（Bennett）和圖明（Tumin）的定義：「文化是一切群體的行為模式。我們把這些行為模式叫做生活方式，生活方式是一切人群之可觀察的特徵。」[29]但梁漱溟所說的「生活」顯然和這些西方人類學家所理解的生活大相徑庭，它既非物質生活，也非精神生活，而是「意欲」。所以梁漱溟對文化本質的說明，由「生活的樣法」到「沒盡的意欲」，已是下了一個轉語，其落腳點明顯是在後者。這樣，他對文化的探討就不單是文化學的內容，而是引伸到了心理學和哲學的領域。

　　「意欲」概念明顯是來自叔本華，漱溟自己承認其「略相近」。叔本華在《作為意志和表像的世界》一書中，承襲康得將世界劃分為現象和物自體的學說，將世界二重化為表像和意志。他所謂的意志，可以看做是對不可知的物自體的改造，「一切客體都是現象，唯有意志是自在之物」。[30]意志不但高於知識，而且高於理念，理念只是意志的直接客體化，只有意志本身才是世界真正內在的、本質的存在。所以意志支配一切、決定一切，世界只是意志的展現。梁漱溟所說的「意欲」，顯然帶有這種唯意志論的色彩，這不能不說是受到了叔本

29　克魯伯和克拉克洪在他們合著的《文化：關於概念和定義的檢討》一書中，將這兩個定義列入了「規範性的定義」一組中。轉引自殷海光《中國文化的展望》一書的第二章。

30　叔本華：《作為意志和表像的世界》，石沖白譯，商務印書館，1982年版，第165頁。

華的影響和啟發。但漱溟對意欲的展開和對生命的解釋，更直接地吸收了伯格森的學說。相比較而言，柏氏的影響比叔本華還要大一些。柏格森在《創造進化論》一書中，將「創造進化」與「生命衝動」融為一爐，鑄成一個獨特的生命哲學體系，對當時的西方哲學和五四時期的中國學術界都造成重大的影響。柏格森的學說在杜威的講學活動中曾予推介，他「不只把詹姆士介紹過來，同時把柏格森的思想也介紹過來」。[31]張東蓀又翻譯了《創化論》等柏氏著作。這些人和事均為梁漱溟所親近者，又正值他寫作《東西文化及其哲學》之時，所以柏氏的思想自然引起了他的極大關注，對他著作的影響也就深得多。梁漱溟對柏格森的興趣和研究心得反映在他的著作中，甚至引起了學術界的注意，所以後來李石岑主編《民鐸》「柏格森號」時，專門約請他撰寫了《唯識家與柏格森》一文，對此再做過系統的發揮。

除了現代西方哲學的影響之外，梁漱溟對「意欲」的說明，主要還在於發揮佛教唯識學的內容。他曾明確表示：

心裡所有只是一點佛家的意思，我只是本著一點佛家的意思裁量一切，這觀察文化的方法，也別無所本，完全是出於佛家思想。[32]

他認為生活就是「事」的相續，一事即為一相分，一事又一事接續的湧出不已，即是相分不斷。事是什麼？這一問一答即為一見分，問之不已、追尋不已，即是見分不斷。相分、見分就構成了相續無已

31　郭湛波：《近五十年中國思想史》，北平：人文書店，1936年版，第347頁。
32　《梁漱溟全集》，第1卷，第376頁。

的生活之流。「由生活相續，故爾宇宙似乎恒在，其實宇宙是多的相續，不似一的宛在。宇宙實成於生活之上，托乎生活而存者也」。[33]這樣，所謂宇宙並不是實體性的存在，而是生活之大流的相續變現；生活又是事與問的有機融合，生活與生活者不離為二，構成一種「遷流不息、相續而轉」的綿延。梁漱溟認為，在事與問的背後能操之而尋者，是一種冥冥中的意志，「我們叫它大潛力，或大要求，或大意欲─沒盡的意欲」。[34]對於個體的生命意志來講，所面對的總是一個一個既成的宇宙（真異熟果），生活就是無盡的意欲不斷地努力突破這些定局，用「現在的我」去超越「前此的我」。「這種努力去改變『前此的我』的局面而結果有所取得，就是所謂奮鬥」，[35]生活就是奮鬥，就是無盡的意欲驅使下本能的或有意識的向前努力。

梁漱溟對「無盡的意欲」之生活所做的描繪，同柏格森的「綿延」十分相像。柏格森也強調變化的連續性，他說：「就在這一瞬間，我們發覺自己的狀態已經改變。其實我們時刻在變，狀態本身就是變化不已的。」[36]這樣，世界的表像就不是彼此分離的要素，而是互相連接、無邊無際的長流，整個宇宙的進化、生命的變遷，都屬於這一綿延的過程。柏氏的生命衝動說高揚了人作為最高知性的生命體的意義，人正是在這種生成、變化、創新的過程中獲得自由，實現自我價值。這一重人文精神的哲學慧識，無疑啟發了梁漱溟，他對唯識學的借鑑主要表現在人生思想方面，而不重視其宇宙構造的一套學

33　《東西文化及其哲學》，第48頁。
34　同上注，第49頁。
35　《梁漱溟全集》，第1卷，第378頁。
36　柏格森：《創造進化論》，王珍麗等譯，湖南人民出版社，1989年版，第7頁。

說，最後成功的是「我」的確立，而不是「法」的證成。佛教作為悲觀厭世的學說，以眾生為迷暗，倡十二因緣以無明導首，無明為眾惑之源、業力之始，是絕對被否定的對象。梁漱溟所說的「意欲」未嘗不是一種無明，但他根本拋棄了佛氏的悲觀之見，「意欲」成為生命創化的象徵，成為生活不盡的源泉，對於一切存有的意義和價值來講，它是首先被肯定的內容。這樣，從資源講雖為佛教唯識學，但其理路和最終的意義卻被根本改造過了。所以，梁漱溟的「意欲」說匯出的是生機勃勃的人類創造活動和積極能動的文化建構思考，而不是佛教的悲觀主義。他後來總結自己的思想，把柏格森的影響看作是他由佛轉儒的三大契機之一，[37]這是有其深刻道理的。

「無盡的意欲」相續不斷所構成的生活，對於生命主體的認知和感受而言，就有四種可能的情況：一是「可滿足者」，即不斷地對「已成的我」之奮鬥，依靠知識的力量來解決問題，滿足需求；二是「不可定的滿足」，即在意欲向前要求時為「他心」（外在的客觀環境或條件）所礙，「我」的要求能滿足與否是毫無確定的；三是「絕對不能滿足者」，即完全無法想像和不可能實現的欲求，如長生不死、花不凋謝等根本違背自然規律的事情；四是「無所謂滿足與否」，如歌舞音樂等自然情感的發揮，無所謂滿足或不滿足，也無所謂做到或

37　梁漱溟謂：「我曾有一個時期致力過佛學，然後轉到儒家。于初轉入儒家，給我啟發最大，使我得門而入的，是明儒王心齋先生；他最稱頌自然，我便是如此而對儒家的意思有所理會。開始理會甚粗淺，但無粗淺則不能入門。後來再與西洋思想印證，覺得最能發揮盡致，使我深感興趣的是生命派哲學，其主要代表者為柏格森……再則，對於我用思想作學問之有幫助者，厥為讀醫書。醫書所啟發於我者仍為生命。」所以，「中國儒家、西洋生命派哲學和醫學三者，是我思想所從來之根柢」。（《中西學術之不同》，《朝話》第106—107頁，教育科學出版社1988年版。）

做不到。[38]

　　根據以上的分疏，梁漱溟將對待意欲的態度（也可以說是解決欲求的方式），即面對相同的生活內容而採取的「不同生活樣法」，分為下列三種：

　　（一）本來的路向：就是奮力取得所要求的東西，設法滿足他的要求；換一句話說就是奮鬥的態度⋯⋯

　　（二）遇到問題不去要求解決，改造局面，就在這種境地上求我自己的滿足⋯⋯他並不想奮鬥的改造局面，而是回想的隨遇而安。他所持應付問題的方法，只是自己意欲的調和罷了。

　　（三）⋯⋯遇到問題他就想根本取消這種問題或要求。這時他既不像第一條路向的改造局面，也不像第二條路向的變更自己的意思，只想根本上將此問題取消。這也是應付困難的一個方法，但是最違背生活本性⋯⋯[39]

　　這三種人生態度，一個是向前的，一個是調和持中的，一個是向後的；梁漱溟分別用「逐求」、「鄭重」、「厭離」這幾個詞來概括。[40]他認為過去人們習慣上將人生態度分為「出世」與「入世」兩種，這過於籠統，不如他的三分法較為詳盡適中。儘管人生態度之深淺、曲折、偏正各不相同，式樣十分複雜，歸類概括「難免於籠統」，甚或

38　《東西文化及其哲學講演錄》，見《梁漱溟全集》，第4卷，第612頁。
39　《東西文化及其哲學》，見《梁漱溟全集》，第1卷，第381—382頁。
40　《三種人生態度》，《朝話》第55頁。

失之偏頗；但漱溟認為這樣入手分析問題還是很重要的，因為人生態度的不同就決定了不同的生活樣法，從而形成了不同的生活路向，「所有我們觀察文化的說法都以此為根據」。[41]

由三種人生態度，梁漱溟進而演繹出三大文化路向，確定了中西印三種不同的文化模式。

他認為意欲向前的人生態度就決定了其文化路向是擴張式的、向外逐求式的，以征服自然、改造自然和最大限度地滿足人自身的欲求為目標。西方文化的主導精神恰恰代表了這一路向，所以按照第一路向走出來的就是西方文化的模式。意欲調和持中的人生態度，「安分、知足、寡欲、攝生，而絕沒有提倡要求物質享樂的；不論境遇如何，他都可以滿足安受，並不一定要求改造一個局面」。[42]其文化路向即不求征服自然，而是與自然融洽遊樂；對自然不是「解析打碎的觀察」，而是走入「玄學直觀的路」。這一路向的代表就是中國文化。意欲向後的人生態度，鄙視物質生活和社會生活，於精神生活也「只有宗教之一物」，這樣其文化路向完全偏離正常的生活本性，走到只有「宗教的畸形發達」一路上去。印度文化就是走這第三條路向所產生的結果。[43]由此，梁漱溟認為西方文化、中國文化和印度文化各代表了一種文化路向，形成三種不同的模式。他強調這三種文化模式不是時間上的差異，而是根源上的不同。中國式、印度式的態度無法產生西方式的文化；西方式的態度也永遠不會走到中、印文化模式的路

41　《東西文化及其哲學》，第54頁。
42　《梁漱溟全集》，第1卷，第392頁。
43　參見《東西文化及其哲學》第三章中「中國文化的概說」和「印度文化的略說」兩小段。

上去。他批評孔德分人類歷史為宗教、玄學、科學三個時期的說法，認為如若按照這樣單線演進的觀點，中國尚未出宗教、玄學的圈，顯然比科學大盛的西方少走了一大段路，似乎西方人走了八九十里，中國人只到二三十里，只要尋著這一「差距」奮起直追、迎頭趕去，就能同樣達到。而實際上這是根本不可能的，因為：

中國人不是同西方人走一條路線。因為走的慢，比人家慢了幾十里路。若是同一路線而少走些路，那麼，慢慢的走終究有一天趕的上；若是各自走到別的路線上去，另一方向上去，那麼，無論走好久，也不會走到那西方人所達到的地點上去的！[44]

所以梁漱溟認為，假使西方文化不傳入，中國仍是完全封閉的狀態，「就是再走三百年、五百年、一千年也斷不會有這些輪船、火車、飛行艇、科學方法和『德謨克拉西』精神產生出來」。[45]這一極端的不可通約的說法，無限誇大了文化圈的封閉性和絕緣性，比之德奧學派弗羅貝紐斯和格雷布納等人的文化傳播理論，可以說是有過之而無不及。

梁漱溟的三大文化路向說否定了文化進化論的一元演進觀，在當時可以說是頗為新奇的說法。近代以來的中西文化論者多持一元論的觀點，從清末拒斥西學的守舊派到具有維新色彩的中體西用諸說，從調和中西的各種主張到完全的西化派，莫不堅持文化一元論的立場。

44　《梁漱溟全集》，第1卷，第392頁。
45　《東西文化及其哲學》，第65頁。

他們將人類精神的同一性作為前提，將文化或者文明看做是具有大致相同的內容和共同評價尺度的形態，每個民族都經歷著基本相同的道路，由簡單低級逐漸向複雜高級發展，因而各民族的文化現象具有類似性和可比性，有高下之別，有優劣差異。梁漱溟的文化觀首先打破了這樣一種思維定式，他強調文化的多元性，否定有一個全世界全人類共有的單向直線演進的文化形式。為了嚴格區別三大文化路向，突出它們的不可通約性，他甚至以特殊性排斥普遍性，以民族性否定世界性，只講差別而抹殺同一，走到了另一個極端。梁漱溟的文化多元論必然導致文化相對主義，他的中西印三種文化模式的理論所達致的最後結果，就是評價尺度的消失，從而中西印三種在客觀事實上明顯有高下之別的文化，在理論上卻不能分辨和評價它們的優劣。如果按照文化進化論的一元演變觀，東西文化的不同是時代的差異、新與舊的區別，所以「要擁護那德先生，便不得不反對孔教、禮法、貞節、舊倫理、舊政治；要擁護那賽先生，便不得不反對舊藝術、舊宗教；要擁護德先生又要擁護賽先生，便不得不反對國粹和舊文學」。[46]肯定西方文化，就意味著否定中國文化，兩者不能並存，必須有一種超越。在梁漱溟看來，中西印三種文化可以並存，因為它們各自走的是不同的路向，表現出不同的形態；如果沒有文化傳播和外來影響的話，它們會各自獨立的延續下去。這樣，肯定西方文化，就不排斥中國文化和印度文化，它們自有自己存在的根據，因而有其價值和意義。

梁漱溟的三大文化路向說比較接近于文化模式論，而不屬於文化

46　陳獨秀：《〈新青年〉罪案之答辯書》，《獨秀文存》，第243頁。

類型學。因為它不是僅僅對文化現象做一種簡單的歸納和排比，而是從文化的整體形態，從民族的基本精神入手，試圖作出一種根本性的概括和形而上的解釋。這使我們想到美國文化人類學家本尼迪克特寫於30年代初的《文化模式》一書，她用「阿波羅型」、「狄奧尼斯型」、「偏執狂」等詞語，對北美三個印第安部落歷史的、統一的價值體系或民族精神進行有效的說明，其致力的方向和梁漱溟是頗為一致的。作為美國人類學之父博阿茲的得意門生和歷史批判學派的後起之秀，本尼迪克特的文化模式論進一步發展和完善了文化相對主義的理論，這和梁漱溟的「無是非好壞可說」、只是合不合時宜的文化評價標準也十分相像。本尼迪克特說：「一種文化就像一個人，或多或少有一種思想與行為的一致模式。每一文化之內，總有一些特別的、沒必要為其他類型的社會分享的目的。在對這些目的的服從過程中，每一民族越來越深入地強化著它的經驗……我們只有先理解那個社會的情感與理智的主要動機，我們才能理解這些行為所採取的模式。」[47]梁漱溟從人生態度入手來解剖文化形態，正是力圖把捉這種獨特的「目的」，揭示這種支配行為的「情感」，不知不覺間便走上了由動機來說明結果的一路。這種以心性為本、著重精神層面闡釋的文化模式觀，同歷史批判學派後續發展的心理決定論（卡迪納的「基本人格」理論）也有著某些相似之處。可見梁漱溟的文化觀雖說奇特，但並不是絕無僅有，在現代西方文化學的諸多理論中，我們還是能夠找到一些十分相似的內容。[48]

47　本尼迪克特：《文化模式》，何錫章等譯，華夏出版社，1987年版，第36頁。
48　朱謙之就認為，梁漱溟「所謂文化的三條路，即是Max Scheler之所謂知識的三基型。以意欲反身向後要求的印度文化，即是解脫的知識，也就是我所謂『宗教的文化』；以意欲自為調和持中的中國文化，即是教養的知識，也就是我所

2.3　現實關懷與終極關懷的兩難

梁漱溟的三種模式劃分，在肯定西方文化所取得的成就的前提下，給東方文化的合理性和存在價值找到了充足的理由和根據，在理論上為東方文化奪回了已經失去的生存天地。既然西方文化不是人類社會發展道路的唯一選擇，只是殊相而非共相，那麼東方文化就理應得到珍視和尊重，因為它們也代表了人類文化發展的一些獨特的精神方向，自有其永恆的意義。

梁漱溟對東方文化的維護，重在為中國文化而辯，又重在闡釋儒家傳統的哲學思想。他認為中國文化的哲學基礎—形而上學，與西方和印度相比有兩點根本不同：一是在本體觀上，中國人「只講些變化上抽象的道理」，而不是把宇宙作為實體來追究，所以沒有所謂一元、二元或唯物、唯心的爭辯，這與西方或印度的情形是大不一樣的。即便是五行說這樣貌似古希臘原子論和印度之「四大」的內容，在本質上也是很不相同的，「一個是表現抽象的意味，一個是指具體的物質，並不能牽混為一」。[49]二是在哲學方法上，中國文化崇尚直覺，不像西方和印度講具體的問題「都是用一些靜的、呆板的概念」。因重事物的變化，具體的東西也都有了抽象的意味，所以「我們要認識這種抽象的意味或傾向，完全要用直覺去體會玩味，才能得

謂『哲學的文化』；以意欲向前要求的西方文化即是實用的征服自然的知識，也就是我所謂『科學的文化』」（《文化哲學》，商務印書館1990年版，第160頁）。的確，舍勒的現象學認識論和梁漱溟的多元文化觀有著某些相似之處。他的《知識的諸形式與社會》（1926年）一書按照知識的目的與功能將知識區分為三種，對於我們理解梁漱溟的思路是富有啟發性的。但根本說來，兩者的立論前提和目的似乎並不完全一樣

49　《梁漱溟全集》，第1卷，第442頁。

到所謂『陰』、『陽』、『乾』、『坤』」。[50]

　　就直覺方法，梁漱溟還特別發揮了「非量」的思想，認為這是他對唯識學的重大改造。他以現量為感覺，以比量為理智，認為在現比二量之外，還應該有一個非量。按照唯識學的說法，現量是無分別、無所得的，漱溟認為在比量推度之前就應該有一種綜統作用發生，以作為感覺和理智之間的橋樑，這個仲介就是非量，也就是五蘊之受、想二心所。他說：「故從現量的感覺到比量的抽象概念，中間還須有『直覺』之一階段，單靠現量與比量是不成功的。」「直覺就是『非量』。」[51]與三境相對應，現量所認識為性境，比量所認識為獨影境，非量所認識為帶質境。漱溟認為，現量對於本質是不增不減的，比量只是將種種感覺加以簡綜而得出抽象的意義，故二者所得皆真，然非其本性。只有直覺「橫增于其實則本性既妄」，故為非量。他還進一步將直覺分為兩種：一種是附於感覺的，一種是附於理智的。梁漱溟對非量的論述，在《印度哲學概論》第三篇講知識界限問題時已有涉及，在《東西文化及其哲學》中又作了集中的發揮，這無疑開了中國現代哲學重直覺思維一派的先河。其後熊十力特別闡揚的證量學說，可視為對漱溟非量說的完善和發展。其一致處，均在於擯棄理性思維的獨佔性，而重視「涵養性智」。「止息思維，掃除概念，只是精神內斂，默然返照」，達到泯絕物我，「思修交盡」，「渾然與天道合一」的境地。[52]正像梁漱溟所說的：

50　《東西文化及其哲學》，第116頁。
51　同上注，第73頁。
52　參見熊十力所著《原儒》卷上之「緒言」部分。

這徹底的理智把直覺、情趣斬殺得乾乾淨淨；其實我們生活中處處受直覺的支配，實在說不上來「為什麼」的。你一笑、一哭，都有一個「為什麼」，都有一個「用處」嗎？這都是隨感而應的直覺而已。[53]

重直覺思維是梁漱溟哲學思想的特點，同樣也對其文化觀有著深刻的影響。

與崇尚直覺的哲學方法相關的，即是中庸的思想。梁漱溟認為，中國文化的內容無論怎樣不同，「卻有一個為大家公認的中心意思，就是『調和』」。不管表達的語言如何，他們心目中所想的都是一致的。「其大意以為宇宙間實沒有那絕對的、單的、極端的、偏的、不調和的事物；如果有這些東西，也一定是隱而不現的。凡是現出來的東西都是相對、雙、中庸、平衡、調和。一切的存在，都是如此。」[54]漱溟指出：對待的事物固是相反，也即是相成，一切事物都成立於此相反相成之調和的關係之上，真正的極端是沒有的。他引了卡魯斯（Carus）在《相對原理》一書中所述愛因斯坦的幾點，認為相對論和中庸的意思「很相契合」。他說：

我覺得安斯坦的發明不但使兩個相遠不相涉之外的靜的羅素哲學與內的動的柏格森哲學得一個接觸，並且使西洋的、印度的、中國的東西都相接觸。[55]

53　《梁漱溟全集》，第1卷，第461頁。
54　同上注，第444頁。
55　《東西文化及其哲學》，第118頁。

這樣，調和就成為溝通東西、融合百家的一種基質，而中國文化可以提供這方面的豐富資源。尤其是「極高明而道中庸」的儒家，不但在理智上有一種「揀擇的求中」，而且在直覺上也達到了一種自然的中和狀態，所以，「雙、調和、平衡、中，都是孔家的根本思想」，是極為寶貴和重要的。

從中國哲學形而上的諸特點出發，梁漱溟闡釋了儒家的人生觀。他認為「孔子這派的人生哲學完全是從這種形而上學產生出來的。孔子的話沒有一句不是說這個的。始終只是這一個意思，並無別的好多意思」。[56]所以儒家即以宇宙的大化流行、以天地的生生之德來洞察和指導人生，處處講一個生字，「使全宇宙充滿了生意春氣」。漱溟在隨後寫的《我之人生觀如是》一文中，進一步發揮了這個意思，他說：

吾每當春日，陽光和暖，忽睹柳色舒青，青木向榮，輒為感奮興發莫明所為，輒不勝感奮興發而莫明所為。吾每當家人環處進退之間，覺其熙熙融融，雍睦和合，輒為感奮興發，輒不勝感奮興發而莫明所為。吾每當團體集會行動之間，覺其同心協力，情好無間，輒為感奮興發，輒不勝感奮興發而莫明所為。吾或於秋夜偶醒，忽聞風聲吹樹，冷然動心，輒為感奮揚勵，輒不勝感奮揚勵而莫明所為。又或自己適有困厄，力莫能越，或睹社會眾人沉陷苦難，力莫能拔，輒為感奮揚勵，輒不勝感奮揚勵而莫明所為。又或讀書誦詩，睹古人之行事，聆古人之語言，其因而感備興起又多多焉……此之謂有生氣，此

---

56   《東西文化及其哲學》，第120頁。

之謂有活氣，此之謂生物，此之謂活人，此之謂生活。[57]

　　人生的價值即在於感應宇宙之生生大德和自然之活意，永無止境不知所屆地向上奮進。不要刻意去追尋所謂「意義」，「人生沒有什麼意義可指」，完全是無目的的，只有在當下的生活方為真實。所以，「找個地方把自家的力氣用在裡頭，讓他發揮盡致。這樣便是人生的美滿；這樣就有了人生的價值；這樣就有了人生的樂趣」。[58]由此，梁漱溟批評了感性的、計較利害的人生態度，認為「最與仁相違的生活就是算帳的生活」；因為仁只是一種生趣，一算帳則生趣喪矣！他也批評了宗教的人生觀，認為宗教為了勸慰情志，幻想出一個上帝和彼岸世界來，這是「出於幻情」，「也就薄弱的很了」。[59]他讚賞儒家的方式，即「把別的宗教之拜神變成祭祖。這樣鄭重的做去，使輕浮虛飄的人生，憑空添了千鈞的重量，意味綿綿，維繫得十分牢韌！凡宗教效用，他無不具有，而一般宗教荒謬不通種種毛病，他都沒有，此其高明過人遠矣」。[60]梁漱溟對儒家人生哲學的發揮，進一步豐富了他所謂「生活」的內容，對於生命的意義，乃至於文化的形而上底蘊，都作了更為深入的揭示。如果說「生活就是沒盡的意欲」這一命題還比較抽象和玄虛的話，那麼對儒家意謂的生活之闡揚就使得其內涵具體化了，他的文化觀之儒家立場也由此清楚地顯現了出來。

57　《我之人生觀如是》，見《梁漱溟全集》，第4卷，第758—759頁。
58　《合理的人生態度》，見《梁漱溟全集》，第4卷，第689頁。
59　《宗教問題講演》，見《梁漱溟全集》，第4卷，第634頁。
60　《東西文化及其哲學》，第142頁。

梁漱溟在說明了中國文化（實為儒家）的本體觀和人生觀的一些根本特點之後，又從文化的三個層面對其優長之處一一作了闡述。就物質生活方面來講，中國人「安分知足」，只是享受他眼下有的那一點，而不作更多的奢望，所以物質生活始終簡單素樸，也缺少發明創造。但從欲望的無所止盡特點和欲求強度的苦樂值來講，物質的富有或相對貧乏並不是最根本的因素。所以「西洋近百年來的經濟變遷，表現非常富麗，而骨子裡其人苦痛甚深；中國人就沒有受著……中國人的一切起居享用都不如西洋人，而中國人在物質上所享受的幸福，實在倒比西洋人多」。這是因為中國人有與自然融洽遊樂的態度，「有一點就享受一點」，而西洋人風馳電掣般地向前追求，以致精神淪喪苦悶，「所得雖多，實在未曾從容享受」。[61]就社會生活方面而言，儒家倫理的絜矩之道，其核心在於構成人倫關係的兩個方面之「調和而相濟」。但歷史上由於往往受制於禮教，而結果是偏於一曲，個性不得伸展，社會性亦不得發達，「這是我們人生上一個最大的不及西洋之處」。如果真正恢復了儒家倫理的真精神，「家庭裡、社會上，處處都能得到一種情趣，不是冷漠、敵對、算帳的樣子，於人生的活氣有不少的培養，不能不算一種優長與勝利」。[62]就精神生活方面說，漱溟反倒是認為中國文化並無長處，他說：

　　人多以為中國人在這一面是可以比西洋人見長的地方，其實大大不然；中國人在這一面實在是失敗的。中國人的那般人與自然渾融的樣子，和那從容享樂的物質生活態度，的確是對的，是可貴的，比較

61　《梁漱溟全集》，第1卷，第478頁。
62　《東西文化及其哲學》，第153頁。

西洋人要算一個真勝利。中國人的那般人與人渾融的樣子，和那淳厚禮讓的社會生活態度，的確是對，可貴的，比較西洋人也要算一個真勝利。至於精神生活乃無可數：情志一邊的宗教，本土所有，只是出於低等動機的所謂禍福長生之念而已，殊無西洋宗教那種偉大尚愛的精神；文學如詩歌、賦、戲曲，雖多聰明精巧之處，總覺也少偉大的氣概，深厚的思想和真情；藝術如音樂、繪畫，我不甚懂，私臆以為或有非常可貴之處，然似只為偶然一現之文明而非普遍流行之文化。知識一邊的科學，簡直沒有；哲學亦少所講求，即有甚可貴者，然多數人並不做這種生涯；社會一般所有，只是些糊塗淺拙的思想。所以從種種看去，這一面的生活，中國人並沒有作到好處。只有孔子的那種精神生活，似宗教非宗教，非藝術亦藝術，與西洋晚近生命派的哲學有些相似，或者是個作到好處的；惜乎除中間有些萌動外，沒有能夠流行到一般社會上！[63]

　　這一反彈琵琶的論調，充分表現了漱溟不附同流俗的鮮明個性。自鴉片戰爭以來，西風漸熾，沒有人不稱頌西方文化的器物之長，就連最守舊的頑固派最後也概莫能外。中國文化得以自衛的領地唯有精神生活了，近代以來的中西文化之爭、革新與守舊之別，正在此處。漱溟之前的文化保守主義者無一不是中國文化精神生活價值的維護人，沒有誰敢於如此的矛戈相向，因為這是最後的一塊陣地，丟失了就意味著滅亡。而梁漱溟一反「物質→社會制度→精神」這樣的退卻程式，反過來全面肯定中國文化的物質生活層面，徹底否定其精神生

63　《東西文化及其哲學》，第153頁。

活層面，這不能不說是石破天驚之語，至少也算是一種「非常異議可怪之論」吧。在20世紀的中西文化討論中，恐怕還沒有第二個人這樣說過。

從物質基礎上肯定中國文化，實際上更接近於生命的本源意義，同作為生活之動力的意欲之間的關係也更為緊密些。這樣，中國文化的形態不僅是意欲創造活動中得以昇華的結晶，而且在意欲的原初形式下也有著它厚實的基底。梁漱溟除讚賞中國人的生活態度之外，還用預測的方式為中國文化的未來塗飾出一片燦爛的美景。他認為世界文化的格局正在起著顯著的變化，作為全世界嚮導的西方文化已經露出一些衰落的症象，而中國文化正是需要被闡揚、開始有用武之地之時。他從「事實」、「見解」、「態度」三個方面的變遷，來說明他的觀點。

所謂「事實的變遷」，就是經濟現象的變化和由此而來的某些趨勢。梁漱溟充分利用了包括馬克思主義在內的各種社會主義學說對資本主義社會所作的無情揭露和尖銳批判，指出像機器對人的奴役、人性的異化、社會的貧富兩極與對立、「失業的恐慌」、「生產過剩」等等，均是西方文化意欲向前所造成的不可根治的痼疾。「這樣的經濟真是再不合理沒有了！」[64]所以才有社會主義思潮的出現。社會主義就是要改造不合理的社會制度和人際關係，從人對物質的問題轉入到人對人的問題。「以前人類似可說在物質不滿足時代，以後似可說轉入精神不安寧時代；物質不足必求之於外，精神不安必求之於己。」[65]

64　《梁漱溟全集》，第1卷，第491頁。
65　同上注，第495頁。

所謂「見解的變遷」，梁漱溟亦稱之為「科學的變遷」，主要是指心理學理論上的一些變化。他引述了麥獨孤《社會心理學導論》一書中的觀點，認為西方文化是建立在其心理學的見解之上的，「現在這個見解翻案了，西方文化於是也要翻案」。羅素為反對一次世界大戰、宣傳和平而撰寫的《社會改造原理》一書，為漱溟所重視，他贊成羅素的說法，認為一戰後，西方人的眼光開始由物質欲望轉向了「人類情志」方面，「乃稍稍望見孔子之門矣！」[66]赫胥黎分進化論為宇宙的進化和倫理的進化兩部分，而英國社會哲學家、繕種學的創始者葛爾敦只把人作為自然品種來看待，不及於人的德性。梁漱溟引據了頡德（Kidd）和康恩（Conn）的最新駁正，說明這一傾向性已經得到了扭轉。他認為美國心理學家鮑德溫（Baldwin）在《心理發展中的社會和倫理解釋》一書中所主張的關於感情的制度是根本的，也同樣表現出了這一最新的趨勢。所謂「態度的變遷」，梁漱溟亦稱之為「哲學的變遷」，也就是西方學術界在思想上和文化觀方面所發生的變化。他認為：

　　拿西洋現在這些家數的哲學對他從古以來的哲學而看其派頭、風氣、方向簡直全部翻轉過來：從前總是講絕對，現在變了講相對；從前主知，現在主情意；從前要用理智，現在則尚直覺；從前是靜的，現在是動的；從前只是知識的，現在是行為的；從前是向外看的，現在回轉其視線于自己、於生命。[67]

66　梁漱溟此處所引羅素的話，見於《社會改造原理》之第一章「生長的原理」，第3頁，上海人民出版社1959年版。
67　《梁漱溟全集》，第1卷，第503頁。

這樣，西方思想簡直來了一個一百八十度的大轉彎，由向外追逐「不知不覺回轉到向裡來」。漱溟舉出了尼采、詹姆士、杜威、柏格森、倭鏗等一大串名單，認為這些人都是如此。他說：「此刻西洋哲學界的新風氣竟是東方色彩，此無論如何不能否認的。」[68]他甚至認為，連國內激烈批判東方文化的陳獨秀等人，思想上也開始有所轉變，由一味地頌揚西方文明轉而重視人的情感問題。這不能不說明態度的變遷是大勢之所趨。

在作了上述的分析和判斷後，梁漱溟信心十足地明確宣佈：「世界未來文化就是中國文化的復興。」[69]他認為人類生活的「三大根本態度」，演變出不同模式的「三大系文化」，以不同類型的聰明才力成功「三大派的文明」，取得了迥然不同的「三樣成績」。就成績而言，三家無所謂誰好誰壞，「都是對人類有很偉大的貢獻」。就態度論，只有合不合時宜的問題。意欲向前的生活態度比較合乎人類目前的狀況，這一路向在眼下是最為適宜的，所以西方文化成為全世界的主導。而中國文化和印度文化都是「人類文化的早熟」，不合乎人類目前的需要，過早地由第一路向轉到了第二、第三路向上去，用第二、第三路向的態度面對和解決第一路向的問題，所以顯現出失敗。他說：「西洋文化的勝利，只在其適應人類目前的問題，而中國文化和印度文化在今日的失敗，也非其本身有什麼好壞可言，不過就在不合時宜罷了。」[70]梁漱溟描繪了這樣的一幅圖景：在人類文化之初，大家都是走第一路向。西方人堅韌不拔、一往無前，一直走了下去；

68　《東西文化及其哲學》，第176頁。
69　同上註，第199頁。
70　《梁漱溟全集》，第1卷，第526頁。

而中國人和印度人中間拐了彎，分別走上了第二路向和第三路向。從人類文化的終極發展看，第一路向是有盡頭的，終歸有一天要走到不能再走，而轉向第二路向；第二路向也是有盡頭的，也有走完的一天，這樣就得轉到第三路向；第三路向才是一種最終的解決方式，即「意欲」的消解，因而帶有終極色彩，是人類文化的歸宿。由此，他認為西方文化發展到今天已經到了快要窮途末路的時候，必然要轉向到意欲調和、持中的第二路向上來，所以中國文化復興的時機已經到來。而第三種路向還為時尚早，儘管終有走到的一天，但對眼下來講問題並不急迫。這樣，梁漱溟就提出了他的「世界文化三期重現說」，西方文化為第一期，中國文化為第二期，印度文化為第三期。三期文化分別以不同的生活態度解決三個不同層次的問題，意欲向前的西方文化解決人與物的關係問題，意欲調和持中的中國文化解決人與人的關係問題，意欲向後（壓抑、消解）的印度文化解決人自身的身心平衡問題。三個層次的問題循序遞進，故而三期文化相續繁盛，各領一段風騷，人類文化就是這麼的「重現一遭」。於古代文明而言，已有希臘、中國、印度三種不同模式出現；於現今，西方化之後將是中國化的復興，中國化之後「將繼之以印度化復興」。[71]

「世界文化三期重現說」只是一種玄遠的遐想，面對急迫的中國現實，梁漱溟不得不回到稍微清醒一點的立場。他認為中國人現在應持的態度是：

71　參閱《東西文化及其哲學》，第五章「世界未來之文化與我們今日應持的態度」之中的「世界文化三期重現說」一小節。

第一，要排斥印度的態度，絲毫不能容留；

第二，對於西方文化是全盤承受，而根本改過，就是對其態度要改一改；

第三，批評的把中國原來態度重新拿出來。

梁漱溟說：「這三條是我這些年來研究這個問題之最後結論。」[72] 由此，他反對清末民初以來種種的「佛化」傾向，認為在西化蒙罩的現實下，中國思想寂無聲響，而「印度產的思想卻居然可以出頭露面」，這是很不正常的，也是不能容忍的。他指出，中國因未走第一路向便早走上第二路向帶來的病痛，絕不能用第三種態度來救冶，這樣做只能是「病上加病」。若此刻宣導「佛化」，其結果「只能把佛教弄到鄙劣糊塗為止」。[73]所以他對太虛法師之「人天乘」和梁啟超等人宣導的「應用佛教」均不以為然，認為「佛教是根本不能拉到現實來用的；若因為要拉他來用而改換他的本來面目，則又何苦如此糟蹋佛教？」他明確表示：「我反對佛教的宣導，並反對佛教的改造。」[74]梁漱溟的現實立場是：參取第一態度，全盤承受西方文化的科學和民主精神，將它融合到第二態度的人生裡面，既「提倡一種奮往向前的風氣」，又「同時排斥那向外逐物的頹流」。昭蘇中國人的人生態度，「把生機剝盡死氣沉沉的中國人復活過來」，[75]使之能迎接時代的挑戰，適時地順應第一路向過渡到第二路向的轉接，從而實現中國文化的全面復興。

72　《東西文化及其哲學》，第202頁。
73　同上注，第210頁。
74　同上注，第211頁。
75　參閱《東西文化及其哲學》的最後一小節「今日應再創講學之風」。

梁漱溟的「世界文化三期重現說」實際上包含了兩個層面：理想的層面和現實的層面。理想的層面只是一個玄遠的構想，從理念上把人類文化的進程設定在三大精神驛站上，前後相繼。他本人也意識到了這一理念的進程與現實的進程之間所存在的顯著乖戾，在時序和維度上所存在的雜糅交錯的複雜情形，以及由此所產生的理論上的自相矛盾和難圓其說，所以他又提出了一個現實的方案，以作操作層次的補救。現實的層面，暫且拋開了第三路向，所要解決的仍舊是中西文化的融通問題。儘管梁漱溟用了「態度」這一含混的字眼，但還是讓人易於聯想到「體」這個概念，中國的態度加上西方文化的內容，似乎又是另一種面目的「中體西用」。難怪乎有的論者還是把極不情願重蹈體用分離之覆轍的梁漱溟依然劃歸到了中體西用的一派。[76]梁漱溟的文化揀擇的確面臨著深刻的困境。現實的逼迫和關切使他不得不承認西方文化在工具理性上高於中國文化，從文化的有機整體性出發，只能主張全盤地承受之。這種功利的評價標準儘管在他習佛之後已毅然拋棄，但還是隱約地暗含了一些在其審視文化的現實眼光之中。所以他順應思想文化變革的潮流，肯定西方文化科學與民主的核心內容，對中國文化的精神生活層面持一種清醒的批判態度；這是他不同於以往的守舊派和持調和諸論的東方文化派的根本之處，也是他在表面上與西化派反而有一種親近感的原因所在。但功利的梁漱溟始終只是一個潛影，他的形而上的文化理念和民族主義的中國情結，終究使他放不下一顆不服輸的心，不能坦然地去接受全盤西化的現實。所以他總是想在「理」上為中國文化說點什麼，爭得點什麼，這便有

76　如馮契稱梁漱溟的文化體系「是一個玄學家提出的變相的『中體西用』論」。見《中國近代哲學的革命進程》，上海人民出版社，1989年版，第337頁。

了「世界文化三期重現說」的玄遠構想。梁漱溟顯然是從文化的哲學理念和人類存在的形而上意義方面來肯定東方文化的。他堅信東方文化在價值理性上要高於西方文化，因為東方文化包含了遠比西方文化更為深刻的終極關懷的內容。在現實與理想的對峙中，梁漱溟試圖走出一條轉接的折中之路：既肯定西方文化，又不滯留於西方文化；既揭破和闡明人類文化進程的終極性，又不去刻意追求和受制於這種意義。正像傅樂詩（C.Furth）所說的，梁的著作的成功「或許應該歸於這樣一個事實，它以熱烈的情緒感染而不是嚴密的邏輯分析調和了新傳統主義思想家的內在衝突：一方面要繼承已經為世人熟知的進化宇宙論傳統，另一方面卻提出了新的隔離觀念，要把不受歷史侷限的價值、對人類良知的直接洞察與受科學支配的自然和社會政治過程彼此分別開來」。[77]那麼中國文化當然就是最佳的選擇了，因為它既不像西方文化那麼「現實」，又不像印度文化那麼「理想」，在文化變遷的途程中，正當其時。

2.4　《東西文化及其哲學》之震盪

梁漱溟的《東西文化及其哲學》問世後，在學術界和社會上都引起了強烈的反響，猶如在已經沸沸揚揚的水面上又投下巨石，立即掀起了軒然大波。因為在漱溟出馬之前，東西文化的討論經過了兩個階段，諸說蜂起，異論翻新，可以說已經是熱鬧非凡了。從1915年《新

77　傅樂詩：《思想的轉變：從改良運動到五四運動（1895—1920）》，這是他為《劍橋中華民國史》所寫的一章。見該書中譯本，上海人民出版社，1991年版，第390頁。

青年》創刊起，新文化思潮風起雲湧，東西文化問題便成為人們關注的焦點。站在現實的中國人的立場，以急切的心情向西方學習和看齊，人們的注意力自然就集中在哪些是西方文化之長這樣的問題上，在優劣比較中衡准學習的內容和方向。所以當時討論的重心，在於羅列現象以斷異同，權衡比較優劣以定取捨。這可以說是第一個階段。如果只是比較長短，取長補短，部分地向西方文化學習，尚構不成對中國文化自身的威脅。但隨著比較的深入，有些人越比越覺得中國文化樣樣都差，根本不行；全盤西化的意識也就自然而然地開始出現了。這樣，中國文化就面臨著全盤被否定、徹底被打倒的危險，於是就有了主張「調和」的一派出現，用折中的手法融糅其間，保護東方文化的地盤，與西化派形成對峙之局。當時爭論的焦點是，中國文化是否還有保存之必要，東西文化能否調和？這可以說是第二個階段。梁漱溟的《東西文化及其哲學》顯然已經超越了這兩個階段，他要回答的問題既不是東西文化孰優孰劣，也不是中國文化能否保存、能不能與西方文化調和，而是優與劣的實質含義和它們轉化的可能性，以及如何保存、保存的定位和意義等。略早於漱溟的《東西文化及其哲學》，梁啟超在《歐洲心影錄》中已經提出了世界性這一問題，將一戰後西方文化所發生的變化和面臨的新情況，引入到了中國人學習西方的視野當中。梁漱溟的東西文化觀可以說充分回應和渲染了這一世界性背景，在這方面也表現出了不同以往的新異色彩，所以更是格外地引人注目。《東西文化及其哲學》在出版的當年就印刷了五次，一時爭相傳閱，洛陽紙貴；中國公學等校還立即組織了演講討論會，請學術界的名流到場講評。可見其造成的影響之大。

首先發表評價文章的是《學衡》編輯劉伯明和哲學家張東蓀。劉伯明在新創刊的《學衡》雜誌第3期上，著文稱讚「就其全體而觀之，是書確有貢獻於今日，其影響之及於今日學術界者，必甚健全」。[78]他認為梁漱溟的三種文化路向說對阻遏「侈談西化」能起到一定的作用，但將第三路向的印度化作為人類之歸宿是不通的，是「依據佛學成見」來評論三種文化的結果。他批評梁漱溟的文化絕緣論，認為中西文化不但可以借鑑，而且能夠調和。另外對漱溟只以孔子思想為中國文化精神之代表、而菲薄老莊墨諸家的做法也提出了異議。劉伯明指出：梁漱溟對西方文化的理解存在著明顯的錯誤。西方文化有科學、神秘、人本三種傾向，漱溟只及其一，而忽略了西方「帶浪漫色彩之神秘思想」和情感生活人生哲學的精華。他認為直覺主義應該分兩派，一主理性，一主情感，西方也有主情感的直覺主義。而漱溟所謂「向外逐物」的西方文化僅僅是培根一系，並不能囊括全體，所以「率皆偏而不全，易滋誤解」。[79]

與劉伯明著重指出漱溟的以偏概全錯誤不同，張東蓀發表在《學燈》副刊上的文章主要是從哲學和文化的關係之分疏來批評漱溟的誤解的偏頗。他認為漱溟的新著在論哲學而不是在論文化，是以哲學代表文化，而不是用科學來分析文化的整體和全貌，所以只不過說出了文化的一部分問題。「所謂『東西文化及其哲學』只是『哲學觀的東西文化論』，而不是民族心理學的東西文化論」。[80]這種把東西文化之

78　劉伯明：《評梁漱溟〈東西文化及其哲學〉》，見《五四前後東西文化問題論戰文選》（陳崧編），中國社會科學出版社，1989年版，第476頁。
79　同上註，第483頁。
80　張東蓀：《讀〈東西文化及其哲學〉》，見《從「西化」到現代化》（羅榮渠編），北京大學出版社，1990年版，第85頁。

根本都歸結到、還原到哲學上的方式，「只能算一種觀察而不能算研究文化全體的方法」。他指出梁著最精到的地方雖為論佛家哲學，但推測未來文化的趨勢，主張佛家文化最後將大興，這是根本錯誤的。因為「生活即是奮進」，向前努力的人生觀是「正流」，而厭世的人生觀只是一個「伏流」，「逆」只是「正」的「附屬品」。張東蓀否定三種路向的說法，用文化一元進化觀駁斥了漱溟的多元模式論，認為中國的「自得其樂主義」不可能取代西洋的「向前奮進主義」，因為西方文化不斷地在發展，不斷地在調整，處在日新月異的變化之中，總是在自我完善。而「物欲的征逐是向前要求的一個表現，卻不能是向前要求的全部，否則西洋文化便太無價值了」。[81]他認為文化的發展只有一條路，就是「順著生活本來的趨勢以奮進」，既不能止息，也不能調和持中。應該說，張東蓀的批評基本上反映出了西化傾向性比較明顯的一班新知識份子的意見。

對於張東蓀的批評，同樣諳熟歐美學問的嚴既澄在《民鐸》雜誌第3號上做了回應。他對漱溟的思路顯然有更多的同情的理解，「梁君觀察之精密，闡發之明晰，很足以增加我許多勇氣，我很感謝他」，「梁先生的思想，我差不多全體贊同」。[82]他同意三種路向的分法，但不贊成只從主觀態度來說明路向的取捨，認為環境的影響、客觀的一面也是重要的因素。後來章士釗評論《東西文化及其哲學》的《原化》一文，也持這種觀點，認為主觀決定論和客觀決定論，「二

---

81   張東蓀：《讀〈東西文化及其哲學〉》，見《從「西化」到現代化》（羅榮渠編），北京大學出版社，1990年版，第85頁，第91—92頁。
82   嚴既澄：《評〈東西文化及其哲學〉》，見《從「西化」到現代化》，第106頁。

說者，合之兩是，離則兩非」，[83]因而主張調和說。嚴既澄對漱溟所講的「孔子思想」最為欣賞，認為「這才是全書最精到、最有價值處」，「足以洗出二千年來孔家的真面目」。[84]但他也指出了漱溟立論的一些缺失：一是完全依賴直覺，這太危險，應該用理智來輔助直覺；二是講中國人的生活太理想化了，「恭維過分」；三是說物質和社會兩方面時，都是說生活態度，而說到精神方面，「便似乎說到成績品上去了」，違反邏輯的同一律。對於張東蓀稱讚西方文化奮進要求態度、否定中國文化調和持中態度的駁議，嚴既澄站在漱溟的一邊給予了反批評。

　　同期《民鐸》雜誌還刊登了另一哲學家李石岑的文章，這是他在中國公學發表的評論《東西文化及其哲學》的講演。李石岑同樣認為漱溟是由東西哲學去觀察東西文化的，只是在講哲學，而不是在講文化。他引述了德國教育家威爾曼（Willmann）的文化定義，認為文化應包括多方面的內容，而「決不是單靠哲學一種可以成功的」。漱溟將文化偏限於哲學，已是大錯；而「他所舉的哲學，或是僅舉一家，或是僅舉一宗，或是專記純正哲學的」，[85]可以說是錯上加錯了。李石岑分析了文化與文明的不同，上層文化與民間文化的區別，認為講文化應該從全民族著眼，而不是僅靠少數知識人的論斷。他同樣持文化進化論的一元觀，認為文化只有一種，只有快慢的不同，沒有本質的區別。他還特別分析了第三路向的問題，引了歐陽竟無《佛法非宗

83　孤桐：《原化》，見《從「西化」到現代化》，第136頁。
84　嚴既澄：《評〈東西文化及其哲學〉》，見《從「西化」到現代化》，第99頁。
85　李石岑：《評〈東西文化及其哲學〉》，見《五四前後東西文化問題論戰文選》，第517頁。

教亦非哲學而為今時所必需》的演講中的話，認為佛法並不是宗教，亦無所謂出世之義，所以構不成一條路向，它只是一種人生的「正覺」而已。對於漱溟所謂「中國的態度」，李石岑也提出了詰難，指出「中國的態度」，實為「孔子的態度」，而「孔子的態度」究竟若何，梁並沒有講清楚。他稱讚《新青年》的「非孔」態度，認為其在文化建設上有不可磨滅的功績；而梁否定陳獨秀他們的反孔成績，這是不對的。他說：

> 梁君闡明孔家哲學，我認為一定可找出真孔的面目，因他的頭腦清晰，和陳君不相上下。但這是孔子一人之幸，卻是中國之全體不幸。所謂不幸，便是那許多「偽孔」乘機而至……梁君想闡明孔家哲學，無非因特別見到孔家哲學的真價值，所以決定要提倡；但我以為也不必提出孔子，盡可把孔子的精意去宣揚，那便不至於為「偽孔」所利用。[86]

李石岑認為，漱溟頭腦明晰、分析銳利，完全得益於他的唯識學根柢，「假如他沒有唯識學做基礎，也許這部書不容易寫成」。[87]

吳稚暉在《一個新信仰的宇宙觀及人生觀》一文中認為，梁啟超「歐遊心影」的美妙言詞「欺騙了」梁漱溟，使他對西方文化產生了誤解，得出了錯誤的認識。這種評價得到了許多人的附合，認為假如梁漱溟到過西方，對西方文化有深入的瞭解，他就不會反對西化了。

86　同上注，第527頁。
87　李石岑：《評〈東西文化及其哲學〉》，見《五四前後東西文化問題論戰文選》，第528頁。

但也有人完全支持梁的保守態度，認為《東西文化及其哲學》是「繼絕學、開太平的大發明」。如惡石的文章說：「我正替孔子抱著一肚子悶氣，老早想要發洩，可惜沒有得著機會，如今梁先生替我說了，我是何等快活！」[88]他稱讚漱溟以禮樂代宗教的意思，認為這種主張比美育代宗教的主張要好的多。大約《東西文化及其哲學》的尊孔主張，引起了相當一部分舊知識份子的共鳴和歡欣，他們雖大多不在學術界的中心，但無疑構成了更為廣泛的社會基礎，這也是梁著的影響力持續擴散的一個重要的層面。

　　當時的馬克思主義者楊明齋專門寫了《評中西文化觀》一書，對梁漱溟的《東西文化及其哲學》、梁啟超的《先秦政治思想史》、章士釗的《農國辯》等三種著作中的文化觀進行了系統的分析批評。就《東西文化及其哲學》一書，楊明齋主要是從以下三個方面來批評其錯誤的：一是「以人的意欲為文化的根源及意欲方向不同產出文化即異之錯誤」。楊明齋認為，文化是人類物質生活演進的結果，人類社會的演進分為漁獵、畜牧、農業、工業等四個階段，在不同的階段，意欲的含義是不一樣的，文化的形式也是不同的。不存在抽象的意欲，也沒有抽象的文化，而梁漱溟所謂的「意欲」只是一種理念，無法解釋具體的生活。意欲「屬於生理支配」，以物質存在為其基礎，離開了客觀條件，就無所謂意欲。而且「人類的意欲只有前進求榮脫痛苦的一個方向，並無向後走的路向。所謂不同，並不是方向不同，是求生榮與脫痛苦的步驟不等」。[89]由此他否定了梁漱溟從意欲演繹

88　惡石：《評〈東西文化及其哲學〉》，見《五四前後東西文化問題論戰文選》，第487頁。
89　楊明齋：《評中西文化觀》，上海書店，1991年影印版，第11頁。

出來的三路向說，而堅持唯物主義的進化史觀。二是「西洋中國印度生活的理智直覺感覺之運用的公式之錯誤」。楊明齋認為，感官都是生理的工具，因外界刺激而有感覺，由感覺而有記憶經驗等，然後上升為知識。從感覺到理智的抽象概念並不需要梁漱溟所謂的「直覺」。假如直覺是指一種悟性，那麼不論哪個民族都是有的；假如是指生活中的某種機巧，那麼因各民族不同的生活狀態和客觀環境而表現不一。不能說西方人只有理智而無「直覺」，「把農業的家族經濟和工業的社會經濟置之不論，只是埋怨理智，可真屈煞他老人家了」。[90]三是「孔子的人生觀解釋之錯誤」。楊明齋認為，漱溟對孔子的解釋太過主觀，對中國人的人生過於美化。實際上，西方的人生有諸多病痛，中國的人生也存在著許多問題，只是表現不同罷了。他從八個方面詳細分析了中國文化在人生觀方面的缺失。對於漱溟強調孔子的人生態度在歷史上往往被曲解和忽視，儒家倫理的真精神往往受制於禮教而不得彰顯，楊明齋詰問道：「何以數千年自己不能採用自己的意思？數千年既不能採用，那麼焉知不再下去萬年仍是不能採用。試問數千年或數萬年採用不上的一種文化，有甚麼價值？」[91]正像有人指出的：「中國的先進知識份子轉向一種嶄新的世界觀和歷史觀來研究中國與世界的演進歷程，《評中西文化觀》大概是這方面最早的一部系統性論著。」[92]而且在所有評論《東西文化及其哲學》的文字中，它是篇幅最長的著述。

90　楊明齋：《評中西文化觀》，上海書店，1991年影印版，第57頁。
91　同上注，第106頁。
92　羅榮渠：《中國近百年來現代化思潮演變的反思》，《從「西化」到現代化》代序，第11頁。

如果說上述的批評只是單方面的，並沒有引起梁漱溟「作答的興味」，[93]那麼1923年3月胡適發表在《讀書雜誌》上的評論文章卻招致了梁的憤慨，而且衍為一場不大不小的公案。胡適在文章中一再批評梁漱溟見解主觀，態度武斷，「不免犯了籠統的毛病」，認為三種路向的分法錯漏百出，只是一種「主觀化的文化哲學」，這樣的「簡單公式是經不起他自己的反省的」。[94]胡適指出：梁著所謂「調和持中」、「隨遇而安」的中國態度，並非中國人所獨有，而是「世界民族常識裡的一種理想境界」；中國人也並非都是安分知足、寡欲攝生。所以，「梁先生發明的文化公式，只是閉眼的籠統話，全無真知灼見」。[95]正像林毓生說的：「胡適先生對梁氏的批評，雖然聲勢凌人，實際上與梁氏的理論並未碰頭。」[96]他只是按照自己的思路，歷數中國歷史上的「理智態度」、「科學的路」，特別是最近三百年（指清代考據學）的科學精神，指責梁於此「完全閉眼不見」。

對於胡適的批評，梁漱溟起初只是不滿於其「語近刻薄，頗失雅度」的冷嘲熱諷言詞，對內容並未在意。也許他覺得胡適的批評在深度上並沒有超過張東蓀、李石岑他們，所以不值得辯駁。在給胡適的信中，他只寫了「原無嫌怨，曷為如此？願複省之」等數語。[97]胡適回函解釋自己為文「往往喜歡在極莊重的題目上說一兩句滑稽話，有

93　見《東西文化及其哲學》三版自序。
94　胡適：《讀梁漱溟先生的〈東西文化及其哲學〉》，見《五四前後東西文化問題論戰文選》，第543頁。
95　胡適：《讀梁漱溟先生的〈東西文化及其哲學〉》，見《五四前後東西文化問題論戰文選》，第544頁。
96　林毓生：《胡適與梁漱溟關於〈東西文化及其哲學〉的論辯及其歷史涵義》，《中國文化與中國哲學》（第三輯），三聯書店，1990年版，第148頁。
97　《就〈東西文化及其哲學〉致胡適》，見《梁漱溟全集》，第4卷，第727頁。

時不覺流為輕薄，有時流為刻薄」，[98]只是習慣不同，並無不敬之意。漱溟再復函，稱「早在涵容，猶未自知」，「往時態度，深悔之矣」。[99]一場小小的不愉快似就此冰消瓦解了。不料過了半年後，《努力週報》停刊，胡適寫了一篇總結性的文章—《一年半的回顧》，內中稱《努力》因人均是朝著思想革新的方面在努力，同保守思想在作鬥爭，其中最突出的是批評梁漱溟、張君勱的文章，此最有價值者。[100]陳獨秀在《前鋒》創刊號的專欄短文中，說到梁漱溟、張君勱被適之教訓一頓，開口不得，是思想的一線曙光！[101]這下便激怒了梁漱溟，他再也按捺不住了，幾天後就在《北京大學日刊》上登出啟事，準備在校內做一系列的公開演講予以反擊：（一）答胡適之先生評《東西文化及其哲學》，（二）評胡適之先生的人生態度並自述我的人生態度，（三）評所謂玄學科學之爭。[102]10月28日，梁漱溟作了第一個演講。延至12月9日，他又作了第二個演講。第三個演講沒有作成，不久他就忙著張羅曲阜辦學的事去了。

梁漱溟在演講中，對胡適的批評反唇相譏，言詞一點也不客氣，比之胡適的「頗失雅度」，可以說是毫不遜色。他首先對自己被劃到了保守陣營一邊，被視為新思想的敵人而感到憤憤不平：

照這樣說來，然則我是他們的障礙物了！我是障礙他們思想革新

98　胡適：《讀梁漱溟先生的〈東西文化及其哲學〉》，附錄二《答書》。
99　《梁漱溟全集》，第4卷，第727頁。
100　胡適：《一年半的回顧》，見《努力週報》第75期，1923年10月21日。
101　陳獨秀：《思想革命上的聯合戰線》，見《前鋒》創刊號「寸鐵欄」，1923年7月1日。
102　《梁漱溟啟事》，《北京大學日刊》第1323期，1923年10月25日。

運動的了！這我如何當得起？這豈是我願意的？這令我很難過。我不覺得我反對他們的運動！我不覺得我是他們的敵人，他們是我的敵人。我是沒有敵人的！我不看見現在思想不同的幾派——如陳、如胡……有哪一派是與我相衝突的，相阻礙的。他們覺得我是敵人，我卻沒有這種意思。在這時候，天下肯幹的人都是好朋友！我們都是一夥子！[103]

然「一夥子」畢竟只是對「肯幹」、「積極努力」而言；反過來說，梁也承認他與胡、陳的「根本不同」，「我有我的精神，你們有你們的價值」。他認為胡適根本沒有弄清楚他書的意思，「大概都像看北京《晨報》一樣，匆匆五分鐘便看完了」。[104]東方化的提出是一個急迫而現實的問題，並不是在輕鬆悠閒地讀所謂「世界文化」，這是胡文壓根兒就沒有切題的原因。梁漱溟認為，胡適故意曲解了他的「世界文化三期重現說」，對他的詳細論證置之不理，只是一再拿出幾條結論來，奚落他「弄得這般整齊好玩」、「裝入簡單整齊的公式」。他責問道：「如此文章，不太無聊乎！」梁漱溟認為他與胡適的根本區別在於，他主張多元的文化觀，而胡適則堅持文化一元論，所以他的種種歸納和釐正，在胡適看來都不成立，都無分別，人人都有。他說：「原來胡先生說我籠統，說我不該拿三方很複雜的文化納入三個簡單公式裡去；他卻比我更籠統，他卻拿世界種種不同的文化納入一個簡單式子裡去！」[105]他認為，胡適之所以對他的思想誤解，

103　《答胡評〈東西文化及其哲學〉》，見《梁漱溟全集》，第4卷，第738頁。
104　同上注，第740頁。
105　《答胡評〈東西文化及其哲學〉》，見《梁漱溟全集》，第4卷，第753頁。

還在於他們的人生觀根本不同。胡適所秉持的人生態度是西方式的，這種人生態度「是把重心放在外面的」，是「向外找的態度」，所以無法理解他所描繪的那種境界。

《東西文化及其哲學》的出版和隨後所引起的震動，使梁漱溟迅速成為學術界風口浪尖上的人物，備受人們的注目。他應邀到北京各高校作了一系列的講演，風塵僕僕地往來於山西、山東等地，到處發表演說，一時成為大受歡迎的學界名流。連當時駐軍於北京南苑的陸軍檢閱使馮玉祥也慕名把他請到了部隊，一連給所屬官佐講演了三天；而日後成為他在山東從事鄉建運動靠山的韓複榘，此時也畢恭畢敬地坐在下面。[106]頻繁的社會交往活動和名望、境遇的巨大改變，進一步增強了梁漱溟「爭名好勝」心理。書齋斗室已容納不了他的抱負和胸襟，他不再甘於只做一個坐而論道的書生，而要付諸行動，以儒者的理想和情懷去救世濟蒼生。到了1924年，此時身尚在北大的梁漱溟已心不在焉，北大的教書生活對他已沒有任何的吸引力，他要走出校園到更為廣闊的天地裡去馳騁。這年夏天，他辭去了已任職七年的北大教席，帶了一幫志同道合的朋友和學生到山東去了。

106　參閱《梁漱溟先生談山東鄉村建設》一文，見《梁漱溟與山東鄉村建設》第78頁，山東人民出版社，1991年版。

第三章

行動儒者（上）：

梁漱溟與鄉村建設運動

3.1　民族自救運動的覺悟與鄉村建設的初步嘗試

　　1924年夏天，梁漱溟辭去了北京大學的教職。這一年，對梁漱溟來說，有兩個地方是頗有吸引力的。一個是廣東，在那裡，經過孫中山改組並得到蘇聯支持的國民黨正準備通過北伐以武力統一中國。他的朋友李濟深與陳銘樞再三來信來電，邀請他到廣東去，參加革命。另一個是山東，在那裡，他的朋友，當時正熱心於村治運動的王鴻一，則再三來信請他去主持曹州中學，為梁漱溟自己也有份參與籌辦的曲阜大學作準備。[1]

　　由於梁漱溟不贊成以武力統一中國，也不相信能以武力統一中國，同時，他急於想把自己對教育的新認識與新設想付諸實施，因此，他沒有南行，而在這年的秋天去了山東，到曹州中學去辦學。

　　也許是由於他的辦學理想與當時的學校教育相衝突，難以讓人接受；也許是由於他預想中的曲阜大學與山東保守主義者的觀念相距太遠，被他們拒絕，再加上山東政局急變，1925年春，梁漱溟將曹州高中交由其弟子陳亞三接辦，帶著失望與憂鬱，返回了北京。

　　關於這次到山東的詳情，梁漱溟後來從來沒有透露過，我們自然難以得知。但是，他這次去山東辦學遭到挫折與失敗，則是一個明顯的事實。這一點，我們可以從他的《致〈北京大學日刊〉函》（1926年5月12日）看出。梁漱溟在信中寫道：

1　　關於梁漱溟參與籌辦曲阜大學的情況，梁漱溟在《曲阜大學發起和進行的情形並我所懷意見之略述》一文裡面，有較詳盡的記載。見《梁漱溟全集》，第4卷，第721—726頁。

旅曹半年，略知辦學甘苦，歸結所得彌以非決然舍去學校形式無從揭出自家宗旨。學校制度以傳習知識為本，無論招學生聘教員所以示人者如此。而人之投考也應徵也所以應之者何莫非如此。而溟宗旨所存則以在人生路上相提攜為師友結合之本。人生之可哀謂其極易陷落軀殼中而不克自拔，非就焉相提攜固莫能超拯也。此師友所以為人一生所獨貴，而亦即教育意義之所寄也。雖學校制度難於改措，溟初不謂其即茲當廢，抑且溟今後亦未見能不與學校為緣，然溟今後所欲獨任之教育事業則絕不容以自家宗旨摻雜現行學校制度之內，如往昔在曹州之所為也。溟今後所自勉者亦曰舉吾茲所謂師友之道者倡之於天下耳。萬萬不肯再辦學校，此補言者又一事。[2]

　　本來，梁漱溟希望能借助講學、辦學的方式，用孔顏的道德人生來昭蘇中國人的人生態度以全盤承受西方文化，達到復興中國文化、解除中國面臨的困境的目的。但是曹州辦學的失敗，對他顯然是一次沉重的打擊，使他又一次陷於苦悶之中。梁漱溟決定再次歸隱，三年之內停止任何社會活動。但是梁漱溟的這次歸隱生活，過得並不舒適愉快。[3]

　　從曹州回到北京後，梁漱溟先是住在清華園，專心致志地編輯與

2　《梁漱溟全集》，第4卷，第800—801頁。
3　對於這次歸隱生活，梁漱溟在1927年1月8日曾作過這樣的描述：「十三年秋間，一度赴曹州辦學無成，深有所悔，歸來之後，乃為三年不出之計，于各方約聘，概辭不赴，無論什麼事也不擔任。原意是要有點長進，再出來做事的。那裡曉得，一年一年過去，不是什麼長進，而中間迭遭不幸，長時與病人為緣，精神困滯，轉多墮廢；直至於今，依舊是那個樣子。即往年講稿欲行寫定者，亦複旋作旋輟，未就什一。而長年坐食，有債無糧，已到不好再向下延拖時候。」（見《漱溟卅後文錄》第118—119頁，商務印書館，1930年版。）

安排出版他父親的遺稿（《桂林梁先生遺書》），希望能借此排除心裡的不快。睹物思人，遺稿的編輯，更使他心緒不寧，陷於一種懺悔的情緒之中。[4]後因有十多位曹州高中學生追隨而來，於是，梁漱溟在什刹海東煤廠租了一所房子，與他的學生同住共學。

1925年，時值國民黨北伐前夕，南方的革命氣氛極為高漲，這時李濟深、陳銘樞等又來函電，邀請梁漱溟南下參加革命。由於梁漱溟不相信國民黨能以武力統一中國，不相信政黨政治能解決中國問題，而自己這時又沒能拿出一個具體的切實可行的方案來，正如他自己所說：「自己胸中猶豫煩悶無主張，要我跟他們一齊幹，還不甘心；要我勸他們莫幹，更無此決斷與勇氣，則去又何用？」[5]因此，梁漱溟又一次謝絕了他們的邀請。但是，到1926年春天，他還是派了三名得意弟子王平叔、黃艮庸、徐名鴻前往廣東，瞭解改組後的國民黨與南方的局勢。

隨後，梁漱溟便與他的其他弟子由什刹海搬到西郊的大有莊，繼續過著同住共學的生活。這時他們研究的主題是心理學與儒家哲學。5月，梁漱溟開始撰寫《人心與人生》一書，希望能為儒家哲學尤其是儒家的倫理學提供一種真正的心理學的解釋，並糾正自己在《東西文化及其哲學》裡面因沒有把孔子的心理學認清，濫以當時盛談本能的心理學為依據去解釋孔子的觀念與道理所造成的錯誤。但是他的這部著作當時並沒有完成。

4　《思親記》，見《漱溟卅後文錄》，第97—103頁。
5　《主編本刊之自白》，見《梁漱溟全集》，山東人民出版社，1992年版，第5卷，第12頁。

1926年9月，北伐軍到達長江沿線，並很快攻佔華中重鎮武漢。這一勝利，使得全國震動，也引起了一直不相信也不贊成以武力統一中國的梁漱溟的關注。當時，作為北伐先鋒隊統帥的陳銘樞到了武漢，他力勸梁漱溟南下武漢與他會面。為了親眼看看國民黨北伐的實際情況，同時也是為了見到他那兩個去了廣東而又隨師北伐到武漢的弟子王平叔和黃艮庸，梁漱溟決定南下。梁漱溟先是到了上海。10月10日，在上海，梁漱溟無意中遇見中國青年黨的領導人曾慕韓。曾慕韓有意拉梁漱溟入他們的陣營。但是，交談中梁漱溟發現，曾慕韓他們的政綱並沒有什麼比國民黨的政綱更令他滿意的地方。梁說道：「他雖說得天花亂墜，一樣無解於我的煩悶。換言之，我心目中的問題，他們都沒有。」[6]結果可想而知。隨後，梁漱溟到了南京。由於時局急劇變化，武漢反蔣，陳銘樞在武漢地位不保，因此，梁漱溟沒有去武漢，而是很快就返回了北京。

　　梁漱溟回到北京不久，1927年初，他派去南方的王平叔、黃艮庸也先後秘密離開武漢，返回北京。但是，徐名鴻沒有回來，他在南方參加了共產黨。就是回到他身邊的王平叔，也很欣賞共產黨的理論，只有黃艮庸不移不搖。

　　弟子的變化，似乎使梁漱溟意識到，若沒有明確的、堅定的信念與主張，是難以吸引人尤其是年輕人的，也是難以在社會政治改造中產生影響、發揮作用的：共產黨之所以對年輕人具有強大的吸引力，原因之一就在於共產黨人有堅定不移的信念與明確的主張。

6　　《主編本刊之自白》，見《梁漱溟全集》，第5卷，第12頁。

王平叔、黃艮庸他們的返回，給梁漱溟帶來了更多的關於南方革命的消息。這些消息對於正在思考中國民族前途問題，正在找尋中國社會政治問題解決途徑的梁漱溟來說，是十分重要的。

　　不久，梁漱溟就宣稱他找到了解決中國社會政治問題的真正途徑，確立了自己的主張，他覺悟了！

　　悟得了什麼？並不曾悟得什麼多少新鮮的。只是掃除了懷疑的雲翳，透出了坦達的自信；於一向所懷疑而未能遽然否認者，現在斷然地否認他了；於一向之所有見而未敢遽然自信者，現在斷然地相信他了！否認了什麼？否認了一切西洋的把戲，更不沾戀！相信了什麼？相信了我們自有立國之道，更不虛怯！[7]

　　梁漱溟覺悟到了西方的政治制度、教育方式以及都市化道路都是不適合中國的，都解決不了中國的社會政治問題，都沒法使中國擺脫面臨的困境。他相信，要擺脫中國面臨的困境，要解決中國的社會政治問題，必須依賴中國人自己，必須依賴中國文化中固有的東西，必須從中國本身尋求解決問題的辦法與途徑。這解決中國問題的真正途徑，梁漱溟認為，就是「鄉治」。只有「鄉治」，才是中國的真正的立國之道；只有「鄉治」，才能使中華民族得救。

　　梁漱溟把他自己的這種覺悟，稱為「中國民族自救運動之最後覺悟」。據他自己的說法，他的這種覺悟，是他長期思考中國社會政治

7　同上注，第13頁。

問題的結果。我們瞭解一下樑漱溟對這個問題的思考過程，顯然是有意義的。

早年，梁漱溟是極為嚮往西方的社會政治制度，尤其是英國式的君主立憲制的。他以為，只要能將這種制度移植到中國來，便可以實現中國的社會政治改造。但是自清末到民國幾十年間，中國經歷的一次又一次的制憲運動都以失敗告終。這時，梁漱溟只是以為中國沒能把西洋的社會政治制度移植過來，大概是由於中國的國民缺乏與西方政治制度相適應的習慣。

於是，梁漱溟開始將注意力轉移到與西方政治制度相適應的政治習慣的培養上來。而與西方政治制度相適應的習慣，實際上就是團體生活的習慣，國家即是一個團體，國家的生活即為團體生活。梁漱溟認為要養成團體生活的習慣，必須從小範圍入手，從近處小處做起。這使他想到了鄉村自治。因此才有1923年春在山東曹州中學演講時提出的「以農立國」主張。但是由於當時梁漱溟對農村及農民的力量缺乏充分的認識，仍相信西方的政治道路是中國的必由之路，再加上環宇所見，都是資本帝國主義稱霸，農業國家皆為被侵略的對象，因此，那時候，梁漱溟對以農立國並沒有信心。

隨後幾年，通過對中國社會歷史文化的分析考察，梁漱溟漸漸認識到，西方的政治制度是根本不能移植到中國來並在中國生根的，因為我們難以養成與西方政治制度相適應的習慣。我們所以難以養成與西方政治制度相適應的習慣，按梁漱溟的說法，則是：

因為其中有梗阻處，有養不成處。而其梗阻則從中國數千年文化所陶鑄成的民族精神不同於西洋人而來。我所謂民族精神系包含以下兩層：其一是漸漸凝固的傳統習慣，其二是從中國文化開出來的一種較高之精神，這兩層皆為養成西洋式政治制度或政治習慣的梗阻。[8]

因此，中國人必須在西方式政治制度之外別求其解決政治問題的途徑。

但是，這並不足以使梁漱溟確認只有鄉治才是中國民族自救的唯一途徑。在確認鄉治為民族自救的真正途徑這問題上，梁漱溟顯然受到了共產黨領導的農民運動的啟發。我們知道，北伐時期，共產黨領導的農民運動在南方得到了迅猛的發展，並充分顯示了其力量。1927年，在他的弟子回來向他報告了南方的革命情況後，梁漱溟便宣告覺悟，並視鄉治為中國民族自救的唯一途徑，這絕不是偶然的巧合。

1927年4月12日，蔣介石在上海發動「四一二」反革命政變，對共產黨人及其支持者展開大屠殺行動。4月15日，李濟深、陳濟棠等在廣州也開始大捕殺。4月28日，在北京，梁漱溟的朋友、共產黨的領袖之一李大釗被軍閥張作霖的手下殺害。

在幫助料理完李大釗的喪事之後，梁漱溟便帶著他的弟子王平叔、黃艮庸離開北京前往廣州，拜會這時已經是廣東地方實權人物的李濟深。他此次到廣州，主要的目的是想看看能否借助李濟深的影響，試行他的「鄉治」主張。梁漱溟對他這次在廣州與李濟深的會面

8 　《自述》，見《梁漱溟全集》，山東人民出版社，1990年版，第2卷，第22頁。

有這樣的描述：

　　我一見面，就問他，從他看現在中國頂要緊的事是什麼？任潮先生原是「厚重少文」的一位朋友，向不多說話。他很遲重地回答我：「那最要緊是統一，建立得一有力政府。」他又慢慢地申說：「從前廣東是如何碎裂複雜，南路鄧本殷，東江陳炯明，又是滇軍楊希閔，又是桂軍劉震寰，以及湘軍豫軍等等，人民痛苦，一切事無法辦得。待將他們分別打平消滅，廣東統一起來，而後軍令軍制這才亦統一了；財政民政亦逐漸都收回到省裡了；內部整理得有個樣子，乃有力出師北伐。所以就這段經歷而論，統一是最要緊的。現在的廣東，實際上還有不十分統一之處，假使廣東的統一更進步些，那我更可作些事。一省如是，全國亦複如是。」我問他，怎樣才得統一呢？他說：「我是軍人，在我們軍人而言，其責就要軍人都擁護政府。」他更補充一句，「這所謂政府自是黨的政府，非個人的。」我冷然的說道：「國家是不能統一的；黨是沒有前途的；凡你的希望都是做不到的！」他當下默然，許久不作聲；神情間，似是不想請問所以然的樣子。──我們的正經談話就此終止。⁹

　　由此看來，兩人在社會政治問題方面的談話並不投機。

　　梁漱溟在廣州僅停留了一個星期，便到位於廣州附近、他弟子黃艮庸的家鄉新造細墟，閒居讀書，以等待時機。

9　　《主編本刊之自白》，見《梁漱溟全集》，第5卷，第18頁。

在經歷了1927年底在廣州發生的張發奎武裝叛亂、共產黨人的武裝起義等一系列事件之後，李濟深開始回味梁漱溟初到廣州時對他說的那一番怪話，極希望梁漱溟從鄉下返回廣州。於是梁漱溟又返回廣州併入住李濟深的總部。在夜談中，梁漱溟對李濟深說道：「中國在最近的未來，實際上將不能不是些分裂的小局面，每個小局面還都是大權集中在個人之手。此其所以然，是在超個人的『法』，或超個人的『黨』都無從建造得起來（這在中國皆是絕對的造不起，非一時現象）；故爾政治上必然地落到這地步，而不可逃。在每個小局面中握有權力者，下焉的便為禍於地方，上焉的或能作些個建設事業，這都不是我期望於你的。我期望你能替中國民族在政治上、在經濟上，開出一條路來走，方為最上。如何去替民族開出這條路來？則我之所謂鄉治是已。」

對於梁漱溟的分析、論述，李濟深表示贊同，並同意梁漱溟在廣東試辦鄉治。

1928年初，李濟深根據梁漱溟的建議，認定自己的事業在地方，出於鞏固自己的地盤與實力的考慮，同時也希望在廣東有所建設，於是在廣州政治分會內增設了一個「建設委員會」，自任主席，而由梁漱溟代理此職。梁漱溟此時正想在廣東試行其鄉治主張，因此受任不辭。

4月，梁漱溟便在建設委員會提出《請辦鄉治講習所建議書》及試辦計畫大綱。

在《請辦鄉治講習所建議書》中，[10]梁漱溟首先論述了開辦講習所的必要性。按照孫中山的觀點，中國要建設一個新國家，要實施憲政，必須以地方自治為基礎，必須先實現縣自治。梁漱溟認為，若一開始就進行縣自治，範圍未免太大，這對於一個從來沒有過問公眾事業習慣的社會來說，顯然是不太合適的。因此，最好是從鄉村自治，亦即鄉治開始。當然，要達到鄉村自治的目標，並不是只草訂頒佈一些鄉村自治法令，由縣長吏役去執行辦理就可以奏效的。其實社會所真正遵循的是習慣而非法令。要實現鄉村自治，首先要養成的是與此相適應的新習慣。而新習慣的養成，又有待於訓練，且不是一朝一夕就可以辦到的。於是，梁漱溟強調，現在最迫切的是要有經過訓練、考試合格的人員去協助人民籌辦鄉村自治。為了培養協助人民籌辦鄉村自治的合格人員，當務之急就是開辦鄉治講習所。

但是，梁漱溟在建議書中說得更多的，是在鄉治實施過程中可能出現的問題與困難，並強調，在這些問題中，只要有一個沒能處理好或解決好，鄉治就沒有成功的希望。這些問題與困難包括：

（一）人的問題。梁漱溟認為，鄉治是一種新的政治形式，在中國，事屬初創。由於中國人多為安分守己之人，一向過其閉門生活，不願與聞外事，無過問公眾事業的習慣，這對實行鄉治是一種困難。也正由於中國多安分守己，多不願管事，鄉治領導人之職極易落入那些借公益之名營私自肥的土豪劣紳或那些喜出風頭的少年人手中，這樣，實行鄉治不啻為鄉間不良分子創造機會。果真如此，鄉治必失敗

10　見《梁漱溟全集》，第4卷，第825—832頁。

無疑。因為，「鄉間人對於歷來所行新政久失信仰，而對於此兩種人尤鄙視嫌厭之。今自治事複歸其主持，將必存一種厭惡心理，相率引退，不願參預其間。夫所謂自治者，本謂地方人士出而自理其地方之事也。若多數人不願預聞，則尚何有自治可言？」

梁漱溟認為，若要一改鄉間人對鄉治的消極嫌厭態度，而變為積極的參與，除了要養成新習慣，並讓經由鄉治講習所訓練出來的學生充當鄉治的領導者之外，別無他法。但是，新習慣的培養，若與中國固有的習慣心理相衝突，也是難以成功的。在中國鄉間，歷來就有尚德尚齒、尊師敬長的習慣。梁漱溟認為，經由鄉治講習所訓練出來的領導者，對此不可忽視：「在鄉治講習所之學生，應先養成其尊師敬長之風，將來返回鄉間，尤須特別認識此點，自知其少年後進，在鄉信望未孚，務當從眾人心理，別推有齒有德者主領鄉事，而自居於二三等地位為之輔佐，一面以其熱心毅力感召眾人，團結合作，一面以其謙謹知禮，不為父老所嫌棄。」只有這樣，鄉間人積極過問公眾事業的習慣才能逐漸養成。

（二）事的問題。梁漱溟指出，中國農村歷來生活粗簡低陋，加上近數十年來社會經濟的變化以及不斷的兵亂匪禍，種種苛征暴斂，農業之衰殘，鄉村之凋落，是都市中人所難以想像的。對於鄉下人來說，此時是「救死猶恐不瞻，其何暇談自治哉？」。因此，在鄉治中應先辦些什麼事項，是值得認真斟酌的。有許多事項，人們以為是鄉下人急需的，事實上都不是，「例如自治中教育文化一類事項，欲舉辦鄉村小學及半日學校，似非過高之談，而在鄉間人已有力莫能舉之歎。又如交通一類之修橋開路，公共衛生之清潔運動，以至慈善公益

一類之事，在鄉間人視之皆屬不急之務（公共娛樂，更不待言），與其眼前亟待解決之問題毫不相干。他如戶口之編查登記、土地之登記清丈，或其他統計註冊事項，以及地方官府委令執行之各種事項，在鄉間人或則懷疑，或則煩厭，又且不止視為不急而已。」

（三）錢的問題。要辦事，就要錢，而要錢，就意味著要在國稅、省稅、縣市附捐雜課、土匪勒收以外，又有一種抽剝，其為鄉間人所嫌厭怨苦，可想而知。

對於事的問題、錢的問題，梁漱溟認為，其解決方式必須從農村經濟問題入手，因為對於鄉間人來說，目前最急切的就是經濟問題。否則，無論是什麼樣的計畫，無論是什麼樣的作為，都是毫無意義的。而解決農村經濟問題的最佳途徑，梁漱溟認為，就是合作。

《請辦鄉治講習所建議書》是梁漱溟第一次對他的鄉治主張的公開表述。雖然他的論述並不完備，但是他在文中提出的問題表明，他的鄉治主張基本成熟。他在這裡提出的觀點，對其後來的鄉村建設方案有著極重要的影響，而且，他在批評其他地方的鄉村工作時，也都是從他在這裡提到的問題著眼的。

5、6月間，梁漱溟還在建設委員會對地方武裝團體訓練員養成所人員以「鄉治十講」為題作過連續演講。[11]為試辦鄉治講習所第一期，梁漱溟同意出任廣東省立第一中學校長職務並著手對該校進行改革。但是，他的建議書及試辦計畫遲遲得不到批復，這才使他認識

11　參閱鄭天挺：《「鄉治十講」所後記略》，見《梁漱溟全集》，第7卷，附錄，山東人民出版社，1993年版。

到，開辦講習所與實施鄉治的時機還不成熟。於是梁漱溟以到北方考察鄉村工作為由，打算離開廣東。

1929年春天，徵得李濟深同意，梁漱溟將廣東省立第一中學交其弟子黃艮庸接辦後，離開廣東，北上考察鄉村工作實驗情況。梁漱溟先後考察過黃炎培領導的中華職業教育社在江蘇昆山縣徐公橋進行的鄉村改進實驗，晏陽初領導的中華平民教育促進會在河北定縣進行的平民教育實驗，以及軍閥閻錫山在山西主持進行的「村政運動」。

總的說來，對於這些地方的鄉村工作，梁漱溟並不感到滿意，但是，這次考察，顯然加深了他對鄉治實施過程中可能出現的問題與困難的認識。這對於他後來主持山東鄉村建設研究院及其實驗縣區的工作，是有極為重要的借鑑意義的。

考察結束後，梁漱溟沒有返回廣東。原因是1929年桂系的李宗仁、白崇禧公開與蔣介石決裂，並引發了蔣介石與桂系之間的大戰。梁漱溟在廣東的支持者李濟深雖然沒有參與這次反蔣活動，但由於他多少與桂系有些聯繫，而又與蔣介石有矛盾，因此，當他去南京企圖調解桂系與蔣介石的矛盾時，不但沒能調解成功，反而被蔣介石扣押並軟禁湯山。在這種情況下，梁漱溟回到了北京。

在北京，經由王鴻一的介紹，梁漱溟結識了梁仲華、彭禹庭、王柄程等人。當時他們正忙於安排出版由閻錫山資助的《村治》月刊與籌辦得到馮玉祥和韓複榘支持的河南村治學院。[12]由於梁漱溟的鄉治

12　河南村治學院的經費主要由當時任處長的王柄程從河南省教育款產處撥給。正因為這個原因，梁漱溟後來稱王柄程為鄉村建設運動中功不可沒的人物。（參

與他們的村治思想很接近，因此，他們請他主辦《村治》月刊，並擔任籌辦中的村治學院教務長。梁漱溟欣然接受邀請。受村治學院籌辦同仁的委託，梁漱溟起草了《河南村治學院旨趣書》及組織大綱、學則、課程安排等檔，闡明該院的宗旨。

在《河南村治學院旨趣書》中，梁漱溟進一步闡發了他的鄉治（鄉村建設）理論。

梁漱溟認為，中國自古以來就是一個村落社會，與歐洲國家相比，其最突出的特點就是散漫無組織。這樣的社會被西方列強侵略壓迫是勢所難免的。僅數十年時間，中國便被夷為次殖民地。在這種情況下，國人便想方設法謀求民族自救之道，但由於沒能認識中西文化及其社會的不同，盲目照搬西方的東西，以為這樣便可使中國變為一個強大的國家，便可解決面臨的困境。然而學西洋的結果，是中國沒有變為強國，而是遭受了更多的禍害。梁漱溟認為，這是犯了既不知彼又不知己的錯誤所難免的。其實，中國是不必要，也不應當，更不能夠走西方近代資本主義國家道路的。中國之所以不必走西方的路，是因為我們民族自救之道並不在這裡；中國之所以不應走西方的路，是因為西方的路與我們的民族精神不合；中國之所以不能走西方近代資本主義道路，是因為現實條件不允許：

所謂不能求者，吾人今欲取徑于資本主義以發達產業既不能也。資本主義唯宜於工業，而大不便於農。吾今欲發達產業，其從工業以

閱《追悼王柄程先生》，見《梁漱溟全集》，第5卷，第935頁。）

入手歟？是固可取徑資本主義矣。然不平等條約之束縛既扼吭窒息不得動，一也；苦不得資本以為憑藉，二也；環我者皆為工業國，各席其數世或數十年之餘蔭，更無餘地以容我發展，三也；而吾固農國，取徑於大不便於農之資本主義，是自絕生路，四也。是故我之不能從工業入手而從農業，有必然矣。從農業則不能取徑資本主義；不取徑資本主義，固不可得而為近代國家也。[13]

既然中國不必、不應也更不能走西方近代資本主義道路，那麼，中國民族自救的途徑又是什麼呢？是村治。

梁漱溟認為，中國既然是一個村落社會，其特點就在於散漫無組織，那麼中國的當務之急就是求其進於有組織的社會。組織有兩種：一是經濟的組織，一是政治的組織。要使社會在經濟方面有組織，就必須在經濟的生產與分配上實行社會化；要使社會在政治方面有組織，就必須在政治上實行民治化。要使中國進入有組織的社會，除了從鄉村入手、實行村治之外，別無其他辦法。至於經濟組織與政治組織何者為先，梁漱溟主張當以經濟組織為先，並借經濟引入政治。理由是，經濟是政治的基礎，若經濟不發達，教育也難以發達，社會中的成員知識能力必然是幼稚低陋、不足以過問政治的。

在中國要發展經濟，梁漱溟認為，當從農業復興開始，並以合作的方式進行。為此，他指出了一個他自認為是正確而又可行的方案：

13　《河南村治學院旨趣書》，見《梁漱溟全集》，第4卷，第907頁。

竊嘗計之：使吾能一面萃力於農業改良試驗，以新式農業介紹于農民；一面訓練人才提倡合作；一面設為農民銀行，吸收都市資金而轉輸於農村。則三者連環為用：新式農業非合作而貸款莫舉；合作非新式農業之明效與銀行貸款之利莫由促進；而銀行之出貸也，非有新式農業之介紹莫能必其用於生產之途，非有合作組織莫能必其信用保證。苟所介紹于農民者其效不虛，則新式農業必由是促進，合作組織必由是而促進，銀行之吸收而轉輸必暢遂成功；一轉移之間，全域皆活，而農業社會化於焉可望。然要在無與分其勢者。不然，則農業必奪於工業；而資本主義興，由合作以達於社會主義之途難就。[14]

　　顯然，梁漱溟是要將新農業、合作、金融三者聯繫起來，使其變成一個有機的系統，相互制約，相互促進，最終達到農業復興的目的。他的這個方案，後來在山東鄒平實驗縣曾得到初步的實施，並取得了相當好的效果。

　　按照梁漱溟的構想，一旦農業得以復興，工業必伴隨而起，中國所走的道路，應該是由農業引發工業的道路。但是，這種由農業引發的工業必須是「或由合作社以經營之，或由地方自治體以經營之」，只有這樣，中國才不會走上資本主義道路。梁漱溟所謂由農業引發工業的主張，實際上是要中國走自給自足的經濟道路。梁漱溟自己後來也承認這一點。[15]這種發展經濟道路，在世界貿易十分普遍的時代，

14　《河南村治學院旨趣書》，見《梁漱溟全集》，第4卷，第910頁。
15　梁漱溟說道：「中國經濟建設，照鄉建運動的要求，應採取的方針路線就是：散漫的農民，經知識份子領導，逐漸聯合起來，為經濟上的自衛自立；同時從農業引發了工業，完成大社會的自給自足，建立社會化的新經濟構造。」（《鄉村建設理論提綱初編》，見《梁漱溟全集》，第5卷，第1043頁。）

是不利於一個國家的經濟發展的。歷史證明，走這種經濟路線，只能導致閉關鎖國。當然，如果從保護民族經濟發展的角度說，這種主張、這條道路也不是毫無意義的。

梁漱溟認為，若農業得到復興，引發工業，經濟困境得以解除，那麼，中國的政治問題也就有希望解決。梁漱溟說道：「農村產業合作組織既立，自治組織乃緣之以立，是則我所謂村治也。蓋政治意識之養成，以及習慣能力之訓練，必有假於此；自治人才與經費等問題之解決，亦必有待於此。頃所謂借經濟引入政治，實為不易之道，有異於此者，斷知其失敗而已！鄉村自治體既立，乃層累而上，循序以進，中國政治問題於焉解決。」[16]

1930年1月，河南村治學院在輝縣百泉鎮正式開學。當時有學生400人（一說240人）。學院分設農村組織訓練部、農村師範部。梁漱溟在村治學院主要開設「鄉村自治組織」等課程。

不久，中原大戰爆發，河南成為主戰場，村治學院被迫暫遷北京。夏天，中原大戰以馮玉祥、閻錫山失敗告終。村治學院遷回百泉。由於大戰中韓複榘與馮玉祥決裂，投向蔣介石，被蔣介石調任山東省政府主席，而新任河南省政府主席劉峙對村治學院不予支持。經費困難，地方為難，10月，開辦還不到一年的河南村治學院便被迫關閉了。

16　《河南村治學院旨趣書》，見《梁漱溟全集》，第4卷，第911頁。

3.2 中國文化與鄉土社會

雖然在1927年梁漱溟便宣稱他覺悟了，認定只有鄉治（鄉村建設）才是解決中國社會政治經濟問題、使中國擺脫面臨的困境之真正途徑，並先後在廣東、河南等地為實施他的鄉治主張做了一些嘗試性的準備工作，但是，如同他的鄉村建設實驗一樣，其鄉村建設理論的系統而詳盡的研究，是在1930—1937年之間進行的。在這期間梁漱溟先後發表了包括《中國民族自救運動之最後覺悟》（論文集）、《鄉村建設理論》在內的大量文章與著作，企圖從社會歷史文化的角度，說明中國文化及其社會的特殊性，指明無論是西方近代民主政治的路還是俄國共產黨發明的路，在中國都是行不通的，希望借此轉移國人、尤其是青年人「盲目」向西走的方向，打破他們的夢想，與他一起向東走，用中國固有精神去完成民族自救的大業。

在梁漱溟進行鄉村建設理論的系統而詳盡研究的時候，中國思想界正開展一場具有重要影響的論戰，這就是中國社會性質論戰。這場論戰的起因，正如梁漱溟後來所說，是國民革命軍在北伐之後，「革命理論發生爭執，要追問中國社會是什麼社會，方可論定中國革命應該是什麼革命。因為照馬克思派的講法，若是封建社會，便當行資產階級革命；若是資本主義社會，便當行無產階級革命。從乎前者，則資產階級為革命主力；從乎後者，則資產階級為革命對象。」[17]很明顯，這場論戰並非純學術性質的歷史研究，而是與現實社會政治問題有著極為密切關係的。梁漱溟雖然沒有直接參與這場論戰，但是，由

17　《中國文化要義》，學林出版社，1987年版，第10頁。

於鄉村建設實踐的需要，他的鄉村建設理論研究又是與這場論戰息息相關的。他的理論實際上就是他對這場論戰中提出的「中國到底是什麼社會」這個問題的一種解答。

然而，與參加中國社會性質問題論戰的許多人不同，梁漱溟並沒有在中國是封建社會還是資本主義社會這個問題上多費筆墨，他根本否認秦漢以後的中國是一個階級對立社會。他認為中國是一個不同於西方社會的特殊社會，不能也不應用西方的社會形態來加以衡定，即使這樣做，也是於事無補的。梁漱溟指出，假如我們把西方社會看成是個人本位的社會，階級對立的社會，那麼，中國則應被看成是倫理本位的社會，職業分立的社會。

梁漱溟認為，與西方社會相比，中國社會的一個最為明顯的事實就是缺乏建立在自由平等觀念基礎上的團體組織，並因此沒法映現出個人在社會中的價值與地位，但是，在中國人們又特別注重家庭生活，家在中國人的生活中有著在其他國家或民族裡面所沒法比擬的地位。

家為中國人生活之源泉，又為其歸宿地。人生極難安穩得住，有家維繫之乃安。人生恒樂不抵苦，有家其情斯暢乃樂。家之于中國人，慰安而勖勉之，其相當於宗教矣。[18]

由於中國人十分注重家庭生活，因而也十分注重人與人之間的倫

18　《中國民族自救運動之最後覺悟》，見《梁漱溟全集》，第5卷，第86—87頁。

理關係。其實倫理關係就是從家庭產生的，家庭關係是所有的倫理關係中最為根本的。所謂倫理關係，實際上就是人與人相互之間的情誼關係與義務關係。在倫理中以情感為最重要，而在情感中人們又都是互以對方為重的，所以在倫理關係中，是彼此互以對方為重的：一個人似乎不是為自己而存在，而似乎是為他人而存在的。梁漱溟認為，這種情形是中國社會獨有的，所以中國應稱為倫理本位的社會。

倫理關係始於家庭，但又不限於家庭。梁漱溟指出，在中國，幾乎所有其他關係，如一般的社會關係、政治關係都可以看成是家庭關係的放大，或可以家庭關係相比擬。例如，一般社會關係中的師徒、東夥、鄰里，社會上的一切朋友、同儕，或可視為父子，或可比之兄弟，而政治關係中的君臣、官民亦可以父子關係視之。就是經濟生活中的夫婦、父子共財，兄弟乃至宗族間的分財，親戚、朋友間的通財，都可以從家庭倫理關係中得到解釋。

在這裡，梁漱溟揭示了或者說是注意到了中國社會生活中家國同構、天下一家的特點。但是，由於他只強調其中溫情的一面，難免有將中國社會理想化的嫌疑，因而難以令人信服。

由於中國倫理本位社會在經濟上提倡兄弟分財、朋友通財，而且所有金錢多用於消費，這樣勢必難以形成經濟上集中的局面，加上中國土地自由買賣，人人都可得而有之，而蒸汽機、電機等在中國未發明，甚至連較大一點的機械都沒有，這使得中國沒法形成生產工具被一部分人壟斷而另一部分人只能靠替人幹活來謀生的形勢。沒有壟斷就沒有階級。因此，中國並不是一個階級對立的社會。相反，由於各

人都有自己的生產工具，可以自行生產，各人做各人的事，各人吃各人的飯，這就是說，在中國沒有階級對立，但有一行一行的職業，因此，中國可被稱為職業分立的社會。

在職業分立的社會裡，雖不能說沒有富貴貧賤的區別，但是由於土地可以自由買賣，遺產均分，這種富貴貧賤的情況是升沉不定、流轉相通的，一個人能否富貴，關鍵就在於自己是否勤儉。職業分立社會的這種特點，不僅表現在經濟上，同時也反映在政治上。中國很早就發明了官吏制度，官吏大抵都是由士人通過考試而來的。士與農工商並列為四民，士人做官取祿、祿以代耕。士不過職業之一種。在職業分立社會，政權是對所有人開放的，所有人都有參與的機會，當然一個人能否參與，主要看自己是否「要強」。

在這裡，梁漱溟的確注意到了中國人社會地位有較大的可變性，不像西方社會那樣，階級壁壘森嚴，這自然是他獨到的地方。但是如同他在討論倫理本位時一樣，只強調一個方面，同樣有將中國傳統社會理想化的色彩，其有多大的說服力，也就是值得懷疑的。

但是，從他關注到了中國社會形態的特殊性這個方面看，誰也沒法否認他的觀點的價值。

梁漱溟認為，既然中國是一個倫理本位、職業分立的社會，而不是一個個人本位、階級對立的社會，那麼，在這個社會裡就不可能存在一個統治階級，所有的只是由一個統治者—皇帝統治的社會。因此，中國也就不是一個普通意義上的國家。在這樣的社會裡，武力便是不必要的了，即使有武力也用不起來。那麼，中國的社會秩序是靠

什麼來維持的？按照梁漱溟的分析，主要是靠教化、靠禮俗。他說：

從來中國社會秩序所賴以維持者，不在武力統治而寧在教化，不在國家法律而寧在社會禮俗。質言之，不在他力而寧在自力，貫乎其中者，蓋有一種自反的精神，或曰向裡用力的人生。[19]

自反也好，向裡用力的人生也好，所強調的都是修身，「自天子以至於庶人，一是皆以修身為本」。無論是教化、是禮俗，還是自力，其內容都是理或理性。

理或理性，是梁漱溟的一個重要概念，但其含義與我們日常所說的理性一詞的含義並不相同。在梁漱溟那裡，理或理性是情理的意思，與道德判斷中的是非觀念或道德良心有著極為密切的關係。梁漱溟曾對他的理性或理這個概念作過多次描述：

人類有其一極強要求，時時互以責于人，有時亦內以訟諸己；從之則坦然泰然，怡然自得而殊不見其所得；違之則歉恨不安，仿佛若有所失而殊不見其所失─這便是所謂理。[20]

所謂理性，是指吾人所有平靜通達的心理。吾人心裡平平靜靜沒有什麼事，這個時候，彼此之間無論說什麼話，頂容易說得通。[21]

19　《鄉村建設理論》，見《梁漱溟全集》第2卷，第179頁。
20　《我們政治上的第一個不通的路─歐洲近代民主政治的路》，見《梁漱溟全集》，第5卷，第169頁。
21　《鄉村建設理論》，見《梁漱溟全集》，第2卷，第181頁。

梁漱溟認為，表面看來，理或理性是很尋常、很淺顯的，但實際上，它是宇宙當中最可寶貴的東西，人之所以為人，人與動物的區別，就在於人有理性。中國人或中國文化的特點與優長，就在於能發揮人類的理性：中國文化的早熟，就是由於中國人理性開發得早的緣故。正因為中國人理性早啟，才造成了中國人幾乎沒有宗教的人生。[22]

　　中國人理性得以早啟，並表現為禮俗、教化與向裡用力的人生，梁漱溟認為，古時的儒家起著舉足輕重的作用，其中尤以周公、孔子的作用為最大。他們：

　　苦心孤詣，努力一偉大運動，想將宗教化為禮，將法律、制度化為禮，將政治（包含軍事、外交、內政）化為禮，乃至人生的一切公私生活悉化為禮；而言「禮」必「本乎人情」。將這些生活行事裡面愚蔽的成分、強暴的氣息，陰為化除，而使進於理性……雖然後來「禮崩樂壞」，然中國人社會生活的進行，始終要靠禮俗。禮之一物，非宗教、非政治，亦宗教、亦政治，為中國人所特有，居其文化之最重要部分。[23]

　　梁漱溟並不否認，儒家所致力的禮樂運動並沒有完全成功，但他認為，其成就已經不算小了，它一方面種下了中國人的和平根性，另

22　參閱《中國民族自救運動之最後覺悟》、《中國文化的特徵在哪裡？》兩文，見《梁漱溟全集》，第5卷，第44—118頁，第697—711頁。
23　《鄉村建設理論》，見《梁漱溟全集》，第2卷，第183—184頁。

一方面擴大並延續民族生命至今。

中國人的愛和平，中國人的恥於用暴、勇於服善是世所共知的。在生存競爭的世界裡面，和平並不是一個優勝的條件。在歷史上，中國很少使用武力，相反，倒是一次又一次地被外族武力征服。就是現代在國際上的屈辱，大概都是吃了愛和平的虧。中國雖少用武力、武力也不強大，但是其疆土卻一天天擴充，文化的傳播是越來越廣遠，終於成為世界上少有的一個廣土民眾的國家。梁說道：

> 此民族生命的擴大果由何而來？又，外族武力的征服雖不免，結果外族總同化於我們；以遠古獨創的文化，維持著三四千年不斷的歷史，此其民族生命延續力之強韌，更屬絕無僅有。其故又安在？無他，中國人僅可失敗，理性則總要勝利的。此根於人類理性而發育的文化，任何人類遇著都像是尋到了自己的家，如水歸壑，不求自至，尤其從理性來的「天下一家」的精神，不存狹隘的種族意識、國家意識，自一面說，也許是中國人失敗的緣由，然而畢竟從這裡不費力地融合進來許多外邦異族。因理性的偉大，而中華民族偉大─然而皆禮俗之效也。[24]

梁漱溟在他的論述中，一次又一次地提及中國歷史上多次同化包括那些曾在武力上征服過中國的外來民族的事實，目的是想說明，中國在武力上可以是失敗者，但在文化上始終是勝利者。很明顯，這是一種中國文化優勝論。這當中，梁漱溟似乎在暗示，既然歷史上的中

24　《鄉村建設理論》，見《梁漱溟全集》，第2卷，第185頁。

國能在文化上一次又一次同化外來民族，在文化上始終是一個勝利者，那麼，今後的中國還能這樣做，中國在文化上還將繼續是勝利者，中國一定能以其獨特的文化征服世界。梁漱溟相信，過去是今後的序幕，「歷史暗示了前途」。[25]

梁漱溟一再強調，中國社會秩序的維持不是靠武力，而是靠教化、靠禮俗，從根本上說是靠理性。但是，怎樣才能使理性經常地把活力表現出來，以盡其維持社會秩序的功能呢？梁漱溟認為，這主要靠讀書明理、代表理性的士人（知識份子）。我們知道，梁漱溟雖不承認中國有統治階級，但他並不否認中國有統治者。歷史上的中國社會，實際上是君主統治的社會。他認為，在這樣的社會裡面，士人所能起的作用，就是調和君主與眾庶之間的矛盾，他們：

一面常提醒規諫君主，要他們約束自己，薄賦斂，少興作，而偃武修文；一面常教訓老百姓，要忠孝和睦，各盡其分，而永不造反。[26]

通過這種方式，對君、對百姓都曉之以理，要他們自己約束自己，使社會秩序得以維持。中國歷史上的治世就是這樣來的。

但是，這並不能保證天下不發生大亂。為什麼會出現亂世呢？梁漱溟認為，這是人心放肆的結果。雖然在中國極為強調自反，強調向

25　《中國政治問題研究》，見《梁漱溟全集》，第6卷，山東人民出版社，1993年版，第763頁。

26　《鄉村建設理論》，見《梁漱溟全集》，第2卷，第187頁。

裡用力的人生，強調「自天子以至於庶人，一是皆以修身為本」，但是，無論是君主還是百姓，甚至連代表理性的士人都有可能不知自反而向外用力，人心放肆。對於導致人心放肆的原因，梁漱溟分析道：

其所以流於放肆，殆有從乎事實所不得不然者，試分別言之：

（一）君主一面──凡創業之主，多半來自田間，知道民間疾苦，自己又很聰明，知道如何自處，如何處人，故能安眾庶。及至傳了幾代下來，天資浸已平庸，又生於深宮，長於婦人女子之手，於外邊的問題一切隔膜，甚至如晉惠帝問告歉歲者曰「胡不食肉糜？」之類。這時雖有諫官、講官，也無所用。昏淫暴虐，重刑恣殺，橫征苛斂，一味向外用力而不知自反。試檢史乘，幾乎成一定之例。

（二）眾庶一面──天下承平日久，眾庶的子孫漸漸繁殖起來，人口加多，而生產技術無進步，生產不能增加（這在中國文化裡面是一定的），一遭天災（這是農業社會所最怕的），吃飯成了大問題。此時絕不能再向裡用力了！再向裡用力，為生理所不許。若上面君主昏暴，官逼民反，下面有野心家煽動，則饑民變為流寇，殆也為歷史定例。

（三）士人一面──不獨君主、眾庶到一定時候各要有問題發生。即在士人亦然，承平日久，爵祿彌覺可羨，熟軟側媚者日進，而高介之士沉隱於下。士風士習浸浸偷敝，于君主不能諫諍，所謂教化也虛應故事。他們方貪慕于外，一心作官，不自檢束，如何能盡其指點旁人向裡用力的職分？驗之歷史，例不可逃。[27]

---

27 《鄉村建設理論》，見《梁漱溟全集》，第2卷，第188頁。

人心放肆，都向外用力，社會秩序便難維持，天下大亂便成必然。亂久歸治，治久又亂，週期性的一治一亂，幾乎成了中國歷史的發展規律。

梁漱溟認為，這一治一亂並不就是革命。革命就意味著社會舊秩序的推翻，新社會秩序的建立。而在過去的中國，只有社會秩序的不斷破壞與規復，並沒有從根本上推翻過舊秩序，更談不到新秩序的建立。梁漱溟認為，中國歷史發展的這一特點，與中國倫理本位、職業分立的社會結構是密切相關的。梁漱溟顯然已經注意到了中國社會結構本身具有高度的穩定性與極強的自我調適能力。

從梁漱溟注意到了中國社會結構的特殊以及這種結構本身具有高度的穩定性與自我調適能力，並力圖以此為基礎對中國的社會歷史作出解釋的角度看，他的觀點是頗為深刻的，也是有價值的。

中國社會結構的特殊，使得中國以其特有的形態存在了幾千年，並在歷史上一次又一次同化了包括那些在武力上征服過中國的外來民族，在文化上始終是一個勝利者。但是，這一切畢竟都是過去的事情，都是歷史。

近代以來，中國社會已經發生了前所未有的變化，並陷入了難以自拔的困境。這是中國社會的現實。

怎樣才能使中國擺脫其面臨的困境，成了幾乎是所有關心中國民族前途與命運的人所思考的也是想解決的問題。

要解決問題，首先得認識問題；要使中國擺脫困境，首先得弄清

楚是什麼原因陷中國於困境。可是，就在「中國的問題是什麼」、「是什麼原因使中國陷入困境」這問題上，人們的觀點就存在著很大的分歧。有人認為，中國的問題在於帝國主義的侵略；有人認為，中國的問題在於國內軍閥的擾亂；有人認為，中國的問題在於中國國民的「貧、愚、弱、私」。對於這些說法，梁漱溟很不以為然。

梁漱溟並不否認中國存在被帝國主義侵略，軍閥的擾亂與國民普遍的貧、愚、弱、私等事實。但是，梁漱溟指出，若中國有能力應付國際環境，帝國主義便難以侵入中國，即使侵入了，也會很快被驅逐出去；若中國社會有秩序，軍閥便沒法進行擾亂；若中國有辦法，中國的國民便不會這樣的貧，這樣的愚，這樣的弱，這樣的私！梁漱溟說道：

> 外國侵略雖為患，而所患不在外國侵略；使有秩序，則社會生活順利進行，自身有力量可以禦外也。民窮財盡雖可憂，而所憂不在民窮財盡；使有秩序，則社會生活順利進行，生息長養不難日起有功也。[28]

這就是說，中國的問題肯定出在其社會內部而別無所在。帝國主義的侵略，軍閥的擾亂，國民的貧、愚、弱、私，都不過是中國社會問題的結果與表現。

很明顯，梁漱溟想把握的是事情背後的更為本質性的東西。其思

28　《鄉村建設是什麼？》，見《梁漱溟全集》，第5卷，第375頁。

考問題的方式與角度，都與其同時代的許多人有很大的區別，其對問題的思考、分析，也比同時代的許多人深刻。

既然中國的問題主要出在中國社會的內部，那麼，問題到底是什麼呢？梁漱溟認為，這就是中國社會內部的極其嚴重的文化失調，及由此引致的社會無秩序與混亂。至於為什麼近代以來，中國社會會出現極其嚴重的文化失調，梁漱溟認為，主要是因為西方文化的衝擊。梁漱溟一再強調，中國的問題是內部問題，但它又是由外部引發的。所謂外部引發，包括這幾個方面的意思：

一、受外面的壓迫打擊，激起自己內部整頓改造的要求；二、領會了外來的新理想，發動其對固有文化革命的要求；三、外面勢力及外面文化實際地改變了中國社會，將其卷到外面世界的漩渦來，強迫地構生一全新的中國問題。[29]

梁漱溟認為，若沒有外來勢力的衝擊，中國便不會出現文化失調，便不會出現舊的社會組織結構崩潰，新的社會組織結構無法建立這種情況，中國將依照其既定的歷史軌跡，長存千古。

問題在於，中國在歷史上也曾多次受到過外來勢力的衝擊，但都承受住了，為什麼現在面對來自西方的衝擊，卻出現了嚴重的文化失調？梁漱溟認為，這一方面是因為西方文化已經發展到了一個較高的水準，而且與中國文化有很大的不同。若西方文化發展水準不高，則

29　《中國問題之解決》，見《梁漱溟全集》，第5卷，第211頁。

不可能對中國文化發生影響，或者不是與中國文化不同的，也不會對中國文化發生作用。另一方面，則是因為中國文化本身也存在著嚴重的缺欠。若不是中國文化本身有缺欠，當中西文化相遇時，中國也不會出現這樣的變化。

中國文化的缺欠，在梁漱溟看來，主要是散漫、消極、和平、無力，是科學技術不發達與缺乏團體組織，是中國人在自己的人生理想上的不健全。這些缺欠，在西方文化的比照之下，表現得特別突出，因此使中國人對於自己固有的文化、固有的人生理想深感不滿，加以厭棄與反抗。由西方文化引起的對固有文化的厭棄與反抗，是造成中國文化失調的真正原因。

梁漱溟承認西方文化已經發展到了較高水準，而中國文化本身則有種種缺欠，是明智的，也是理智的。但是梁漱溟在承認中國文化的缺欠的同時，更強調中國文化的優長之處，而且認為這些缺欠就是從中國文化的優長而來。[30]梁並不承認中國文化是失敗的。在情感上，他對傳統文化依然十分留戀。梁漱溟的這種心態，其實也不過是許許多多的中國人在傳統文化問題上的矛盾心理的反映。

西方文化的啟發，引起了中國人對自己固有文化的厭棄與反抗，中國原有的社會組織結構崩潰了，倫理本位、職業分立社會的優良風氣也都消失殆盡了。

本來在倫理本位的社會裡，人們都是尚禮讓的，是以他人為重

30　《鄉村建設理論》，見《梁漱溟全集》，第2卷，第196—197頁。

的，是注重義務的，是尊師敬長的，是親族和睦的，但是，現在這一切都蕩然無存了。現在人們崇尚的不再是讓而是爭，不再是以他人為重而是以自己為重，不再注重義務而注重權利，師長也不尊敬了，親族也不和睦了。像兄妹打官司爭財產，軍隊倒戈、政局變幻，信義無存，諸如此類事情，原來都是少有的，現在也變得司空見慣了。

西方近代文化的衝擊，對中國社會的破壞就已經是不小的了，但事情並不到此為止。在西方近代文化輸入之後，又傳入了反西方近代文化的思潮（即來自蘇聯的社會主義），這再次對中國文化產生了強烈的衝擊。

傳統的、西方的、反西方的思想與理論在中國的並存，使得現在的中國人在理論上、思想上處於矛盾之中，無所適從。梁漱溟認為，現代的中國人，思想是不統一的，各有各的理。我可以站在倫理本位上講理，你可以站在西方近代思想上講理，他可以站在反西方近代思想的潮流上講理，左也有理，右也有理，甚至同一個人可以講三種道理。這是理與理的衝突。

此外還有理與事的矛盾。如子弟與家庭的衝突。本來在倫理本位的社會裡，財產是屬於家庭的，子弟受家庭保護，同時家庭可以對子弟的思想行為加以干預。但是現在，子弟之在家庭，一方面根據來自西方的新道理，不讓家庭干預其思想行為，而另一方面又根據傳統的舊道理，要求家庭供給。又如一般的官僚，動不動就自稱為公僕，話講得很好聽，事實卻不然。梁漱溟尖銳地說道：

以多數的老百姓那樣子窮苦，如果讓南京的院長、部長、主席，站在鄉下人中間，說這是大家的公僕，主僕之間，未免有些不像；實實在在的說，仍然他是老爺。所以，與其理論上說他是公僕，倒不如從前的倫理社會稱為父母官者尚比較切近。這都是理與事的衝突。[31]

梁漱溟認為，現在的中國，處處都是矛盾，時時都有衝突，人們根本找不到準則，也沒方法相安：為父者不知應如何為父，為子者不知應如何為子，為婆為媳者，不知應如何為婆為媳；在學校裡先生也不好當，學生也不好當。因而家庭父子之間，學校師生之間，朋友同儕之間，乃至政府與人民、上級與下級，統統都不能相安，彼此找不出一個妥帖點來。這就是受到西方文化衝擊之後已經崩潰了的中國社會，這就是文化失調的中國社會。

而在職業分立社會，本來是沒有壟斷的，是機會均等的，士、農、工、商幾種職業，誰都可以選擇其中一種，農工商可以入仕，士也可以為農為工為商，只要有本事、有品德、有毅力，總會有所成。但是，自從西方文化進來之後，職業分立的社會也發生了很大的變化。

在這方面，梁漱溟首先注意到了壟斷情況的出現，尤其是受教育機會方面的壟斷。梁漱溟認為，從前人們受教育的機會是很容易得到的，破廟裡面，一樣苦讀；尋常書房，貧寒子弟，束脩可拿可不拿或少拿。現在，讀書必進學校，學校是大規模的團體，章程律則，限制

31　《鄉村建設理論》，見《梁漱溟全集》，第2卷，第207頁。

極嚴，學費須照章繳納，不得有情面的融通。上學費用，亦非昔日所敢比，供一人讀中學，便須是有很多田產的人家；間有窮苦學生，也是很少的例外。大學、留洋，更不是一般窮苦人家所敢妄想的。

在現代社會裡，政治、經濟方面的利益又多是與受教育機會密切相關的。一般說來，在受教育機會上優越的人，同時在政治上的機會也優越，易於得權；在經濟上的機會也優越，易於得財。有權有財的人，其子弟也愈得受高等教育，愈得掌權，愈得營利。如此輾轉相連逐漸走向壟斷裡去。本來，若按這種情形發展下去，中國也有可能成為階級對立的社會。可惜天公不作美，偏偏不讓她往壟斷裡去，偏不讓她往階級對立裡去。因為，壟斷要成功，有一個條件，這就是社會要有秩序，而現在的中國社會正好是沒有秩序。無秩序便沒有保障，無保障，壟斷便成為不可能，階級對立也就不能出現。梁漱溟說道：

照現在的情形看，中國是一面往壟斷的方向去，而一面又有一個岔道，破壞了壟斷。如，由於近幾十年的社會不安定，許多人走僥倖的路，竟也得上去，並不如剛才所講的一樣，沒有受教育的機會，便政治上、經濟上也都沒有機會。就是一個最苦的人，一字不識，也可以由土匪做到督軍、省長，一個人上去，親戚、鄰里也都跟著上去。中國現在的情形，類此者正多，這就是前邊所說的岔道，也好像一個泄水的口子，破壞了壟斷。[32]

總之，梁漱溟認為，自從西方文化輸入中國之後，中國原來的倫

32　《鄉村建設理論》，見《梁漱溟全集》，第2卷，第212頁。

理本位社會被破壞了，而個人本位或社會本位的社會又未能成功；職業分立的社會崩潰了，而階級對立的社會也沒有出現。現在的中國正處於一種東不成，西不就，左衝右突的混亂之中，其問題就出在社會內部的文化失調及因此導致的社會無秩序。

既然中國的問題就在於其社會內部的文化失調及因此而出現的社會無秩序，那麼，問題的解決也就只能從其社會內部入手。梁漱溟認為，中國是一個農業社會，中國文化的根本就在鄉村，中國現在被破壞得最厲害的也是鄉村。因此，中國問題的解決，必須從鄉村入手，進行鄉村建設。

但是，在梁漱溟宣稱覺悟並全力投入鄉村建設運動之前，中國就已經存在著兩種強有力的思潮：一是來自歐洲的西方近代民主政治思潮，一是來自蘇聯的共產主義思潮。當時許多人不是主張以西方近代民主政治的方式救國，就是主張以蘇聯共產黨的方式救國。要證明只有鄉村建設才是中國民族自救的唯一正確道路，梁漱溟就必須對這些思潮、道路加以考察、分析，說明它們在中國都是行不通的。梁漱溟深知這一點。

對於其早年曾一度傾心的西方近代民主政治，梁漱溟承認其中民主的精神與自由的風氣（即公眾的事，大家有參與做主的權，而個人的事若非涉及他人利害，人們都沒權過問）是很合理的，其立法、司法、行政三權分立，相互制衡的政治架構（它能使人為善有餘，為惡不足，能使人才各盡其用）是很巧妙的。但是，梁漱溟認為，由於種

種原因，西方近代民主政治道路在中國是行不通的。[33]

　　首先，中國缺乏實施這種政治的人力。梁漱溟指出，按照西方近代民主制度，政權是由多數人把持的，因此，西方近代民主政治又可稱為多數政治。在中國，倡行這種政治的只是占全國人口中之極少數的知識份子，對於大多數的國民來說，是沒有這方面要求的。沒有多數人的參與，這種政治是不可能在中國成功的。不僅如此，就連倡行這種政治的那些知識份子，也不是真有民主、自由的要求。

　　其次，中國缺乏實施這種政治的物質條件。這主要表現在中國的經濟不發達，人民生活簡陋，文化知識水準低下，人民不僅無能力參政，也無閒暇參政。此外，國土太大，交通不發達，消息閉塞，對人民參政也不利。更為重要的是工商業不發達，沒能形成一個近代民主政治所需要的強有力的中間階級。

　　最後，也是最主要的，是這種政治與中國固有的民族精神不相適合。這表現在西方近代民主政治所體現的人生態度與中國民族歷來的人生態度（安分守己）不合；西方民主制度的競選方式與中國歷來強調的謙德君子之風不合；公眾多數表決，少數服從多數的方式與中國的尊師敬長、尊賢使能的傳統不合；三權分立，相互牽制，實際上是以人性惡為前提的，與中國以人性為善、對人信任的精神不合。還有私事不得干涉，與中國歷來重視道德倫理的風氣不合，為了說明這一點，梁漱溟一再引證清末立法上曾發生過的男女合奸無罪但有礙道德

33　《我們政治上的第一個不通的路─歐洲近代民主政治的路》，見《梁漱溟全集》，第5卷，第133─173頁。

教化的爭論。[34]很明顯，梁漱溟所說的西方近代民主政治與中國固有民族精神不合，主要是道德倫理方面的。

對於來自蘇聯的共產主義道路，梁漱溟認為，無論是為了解決中國的政治問題、經濟問題，還是為了組織起來，打倒帝國主義，取消不平等條約，掃除軍閥統治，維護社會安定，中國都有取法的必要。但是，梁漱溟認為，中國不可能取法蘇聯。[35]因為，要走蘇聯共產黨發明的道路，必須具備兩個條件，一是要有好辦法團結成一大力量，一是要有好辦法保證此一大力量用得正當，不致走入歧途。這就是說，要走蘇聯的路，必須有牢固的階級基礎，有明確的革命對象，有統一的理論主張，並在此基礎上建立一個強有力的政黨。在這些方面，中國都是不具備的。

按梁漱溟的分析，無論是中國的產業工人，還是中國的農民、小資產階級（小市民，包括學生、知識份子），由於本身的弱點與缺點，都不可能成為真正的革命階級。至於資產階級，由於他們與買辦、官僚、軍閥有著種種聯繫，那就更不用說了。這就是說，中國缺乏走蘇聯共產黨發明的道路的階級基礎。說到革命對象問題，梁漱溟認為，無論是帝國主義還是軍閥都不是真正的革命對象，在中國很難確定誰是真正的革命對象。至於在革命的理論方面，更是莫衷一是，甚至連中國是什麼性質的社會都說不清，根本沒法認定中國應當有一

---

34 《我們政治上的第一個不通的路—歐洲近代民主政治的路》，見《梁漱溟全集》，第5卷，第167頁；又《鄉村建設大意》，見《梁漱溟全集》，第1卷，第658頁，山東人民出版社，1989年版。

35 《我們政治上的第二個不通的路—俄國共產黨發明的路》，見《梁漱溟全集》，第5卷，第261—294頁。

種什麼革命。在這種情況下，要組織一個強有力的政黨是不可能的，更不用說取法蘇聯共產黨的道路了。

梁漱溟認為，中國之所以不能有一個強有力的政黨，還有一個更為重要的原因，這就是黨治的精神與中國固有的民族精神極為不相符合。如，共同信奉一種主義，要許多人結合起來往前走，這是中國從來沒有過的事情，尤其與中國士人的風氣習慣不相符合；中國士人個性發達，樂於自尊，不樂於依附，對於強權或大勢力易生反感；更重要的是，中國是一個尚和平的民族，最寬容而有理性，鬥爭非其所屑，以鬥爭救中國人，是悖乎其精神的。此外，中國人歷來散漫無組織，團體生活的兩個條件—組織能力與紀律訓練，她都沒有，這也是與黨治相悖的。

既然中國的國情與西方和蘇聯都不同，而且西方近代民主政治的路和蘇聯共產黨發明的路又都是與中國固有的文化傳統、民族精神相悖的，那麼，無論是西方近代民主政治的路、還是蘇聯共產黨發明的路，在中國都是行不通的。中國只能走符合自己國情與文化傳統、民族精神的路。政治上是如此，經濟上也是如此。這符合中國國情與文化傳統、民族精神的路，只能是鄉村建設。

不可否認，梁漱溟為了說明西方近代民主政治的路與蘇聯共產黨發明的路，在中國都行不通，而過分強調中國文化的特殊性，中西、中蘇國情的差異性，並忽略了為走西方近代民主政治道路或蘇聯共產黨發明的道路而改變中國本身情況與改造中國文化的必要性和可能性，不免失之偏頗。但是，從他強調不能盲目模仿外國的政治模式，

不能照搬照抄外國的經驗，在探索民族自救道路時必須考慮到自己國家的實際情況與文化傳統這個角度看，梁漱溟的觀點又是正確的，是可取的。正如有的學者所說，梁漱溟在這個問題上的看法，「雖偶失偏頗，然瑕不掩瑜，在許多地方閃爍著哲人的智慧與睿思」。[36]

按梁漱溟的觀點，中國的問題主要是由於西方文化的衝擊壓迫而導致的文化失調，中國的問題是由外部引發的。

　　問題雖如此具有外部性，然而語其問題之如何解決，乃又重在內部。外面迫害所以有不可抗之勢，及新理想為什麼使中國人對固有文化起革命，乃至中國為什麼不能改變推動外面世界而被改變於外面被捲到世界上來，胥由自家文化的特殊性與其很大缺欠而來。唯有將內部文化補充增高，使其物質與其人漸得躋身外面世界水平線的程度，是其問題解決所必要的功夫，而斷不是以排開外面迫害為解決的……本身的缺欠由外面相形而益見。中國人于其固有政治固有經濟，初未必到了不能安不能忍的分際，其所以成為問題，實有文化改良文化提高之意義與其不得不然之勢在。[37]

這就是說，中國的問題是文化問題，無論是民族問題，還是政治問題、經濟問題，都可以看成文化問題。因此，中國問題的解決，並不是要對誰革命或者推翻誰，而是要改造文化，提高民族的文化水準。文化水準的提高，絕不是僅讓人多識幾個字就可以算數的，而是

36　馬勇：《梁漱溟評傳》，安徽人民出版社，1992年版，第161頁。
37　《中國問題之解決》，見《梁漱溟全集》，第5卷，第211頁。

其國民素質的提高，生活水準的提高，政治生活能力的提高，即在政治、經濟、教育各個方面都有進步。這樣，才能達到民族自救的目的。這樣，就確定了無論是西方式的，還是蘇聯式的道路，對中國問題的解決都是不適用的。中國問題的解決，只能是依靠中國的知識份子與鄉村居民相結合，走鄉村建設的道路。

梁漱溟注意到中國近代歷史上存在的兩種為謀求中國問題的解決而採取的不同革命：一種是由通習外面世界情勢的知識份子發動的，如歷來的各種維新運動，各種革命運動都屬此例；一種是由不通外面情勢的內地農民發動的，如同治光緒年間鬧的無數教案，1900年義和團的扶清滅洋，以及北方各省的紅槍會、天門會，四川的神兵等等都屬這一類。但是由於知識份子、農民各自的缺點，他們的革命都沒有真正成功，甚至是完全失敗了。

雖然如此，梁漱溟認為，中國問題的解決還是必須依賴知識份子與鄉村居民。

梁漱溟指出，無論是從對中國問題的認識瞭解，還是從中國問題的解決，或者中國革命的完成（在梁漱溟那裡，中國問題的解決就是革命）來看，都離不開中國的知識份子，尤其是那些最先與外面的世界接觸的知識份子，甚至可以說只能依靠知識份子。梁漱溟認為，在中國，革命的並不是多數被壓迫剝削的勞力生產者，而是那些可以壓迫剝削他人的知識份子。這是由中國問題的特殊性決定的。當然，梁漱溟也深知，雖然中國的革命必出於知識份子，但是並不能因此說知識份子一定革命。而且，僅憑知識份子也是沒法最終解決中國問題、

完成中國革命的，因為，中國知識份子的人數本來就不多，而熱心於革命的更少，僅靠這少數熱心於革命的知識份子，「又何能幹旋得全個社會，成此遠業？」[38]要使中國問題得到根本解決，使中國革命能順利完成，知識份子必須與中國社會的一大潛在力量—鄉村居民相結合。

梁漱溟斷言：「中國問題之解決，其發動主動以至於完成，全在其社會中知識份子與鄉村居民打並一起，所構成之一力量。」[39]若知識份子不能回到鄉村去，與鄉村居民相結合，並將鄉村居民拖引上來，那麼，中國問題是不可能得到解決的。

綜觀梁漱溟的觀點，我們就不難發現，梁漱溟實際上是希望知識份子回到鄉村去，充當鄉村建設的領導者，指導與幫助鄉村居民進行鄉村建設，參與鄉村建設，並通過鄉村建設這一途徑，謀求中國問題的解決。

但是，在知識份子問題上，梁漱溟的心理是頗矛盾的，他對知識份子並不是很信任的，認為他們對事情的看法，不是太過理想就是太過悲觀，不切實際，甚至會背叛民眾。對於從西式學校教育出來的知識份子，梁漱溟更是沒有什麼好感。然而，作為一個現實主義者，梁漱溟深知，對於80%以上的人口都是文盲的中國來說，不管是什麼樣的知識份子，對於中國問題的解決，都是有價值的。梁漱溟說道：

38　《中國問題之解決》，見《梁漱溟全集》，第5卷，第215頁。
39　同上注，第210頁。

在教育發達的國家，受過教育的人或者是不稀罕的，在中國社會則雲何不足珍貴？無論如何要算一社會中有力量的分子；民族自救的大任，除了我們更將靠誰？須知民族的興亡，系於鄉村的破壞或建設；而其關鍵正在自家身上。只看腳步所向，一轉移之間，局面可為之一變的。大家一齊回鄉，駢力作廣義的促興農業工夫—鄉村建設工夫，開出鄉村建設的風氣，造成鄉村運動的潮流，則數十年來鄉村破壞之一大方向，又何難扭轉過來？[40]

因此，他號召那些因中國工商業不發達而在都市里出現「過剩」的知識份子回到鄉村去，或教鄉下人識字（這好比為鄉村增了耳目），或替鄉下人呼籲（這好比為鄉村添了喉舌），或為鄉間謀劃一切建設事宜（這好比為鄉村添了腦筋）。

總之，梁漱溟雖然對知識份子並不都是信任的，但是他還是希望他們與自己一起回到鄉村去，宣導並進行鄉村建設。

鄉村建設所包括的事項很多，但歸納起來無非是政治、經濟、教育這幾個方面的事情。梁漱溟認為，這幾個方面的事情是密切相關的，無論從哪一個方面入手，結果都可以達於另外兩個方面。但是，從鄉村的實際情況看，應先從經濟入手。經濟問題解決後，才有政治、教育方面問題改進的可能。

要使政治、經濟、教育等方面的問題得到真正的、徹底的解決，

40　《山東鄉村建設研究院設立旨趣及辦法概要》，見《梁漱溟全集》，第5卷，第226—227頁。

必須以合作的方式，通過團結組織來進行。但是，中國歷來都是散漫無組織的。因此，鄉村建設的一個重要任務，就是在解決政治、經濟、教育等方面問題的同時，從鄉村培養起一種團結組織以及過團結組織生活的能力與習慣。

梁漱溟認為，西方文化的優長之處，就是具有建立在人人自由平等觀念基礎上的團體組織，而這正好是中國人最缺乏的。[41]中國在近代之所以失敗，就與中國缺乏團體組織有關。因此，要改造中國、建設中國，使中國問題得到真正解決，就必須從養成中國人的團體合作精神與自由平等觀念開始。中國是一個農業國家，其最基本的單位是鄉村，每一個鄉村就可以說是一個團體，若團體合作精神與自由平等觀念，能從鄉村培養起來，進而推廣到全國，中國的問題就有解決的希望。

但是，梁漱溟強調，團體組織的培養，絕不能是對西方那種團體組織形式的生搬硬套，而必須是在符合中國文化傳統與民族精神前提下的創新。說得具體點，就是中國固有精神與西方文化長處的融合。梁漱溟說道：

中國如果有一個團體組織出現，那就是一個中西具體事實的融和，可以說，是以中國固有精神為主而吸收了西洋人的長處。[42]

在這裡，梁漱溟的主張與張之洞以來盛行的中體西用論是沒有什

41　《鄉村建設理論》，見《梁漱溟全集》，第2卷，第309頁。
42　同上注，第308頁。

麼區別了。問題還不止於此。更為重要的是，中西文化是可以融合的嗎？極為強調中國文化特殊性，曾強烈反對過中西文化融合論的梁漱溟，這時毫不猶疑地認為中西文化是可以融合的。其理由是：（1）中國人西洋人同是人類，同具理性，彼此之間到底是說得通的，我們的理他們承認，他們的理我們承認。中國與西方之所以有隔閡，主要是習慣不同。但是習慣是可以改變的，雖然這並不容易。（2）事實的變遷也使融合成為可能。所謂事實的變遷，梁漱溟認為，一方面是指事實迫使中國人要由無組織變為有團體組織；另一方面是指西洋人的組織之道要變，實際上也已經變了，他們開始由多數政治變為專家政治、技術行政，即崇尚智者，這與中國固有的尚賢精神是很相近的。我們可以很容易看出，梁漱溟的論證方式，與他早年論證不遠的將來是中國文化的復興是極為相似的。

中國要在現在的世界裡面生存下去，便必須向西方轉，必須有團體組織，這是毫無疑義的。但是，中國向西方轉，追求團體組織，會不會與中國固有精神相衝突、相背離呢？梁漱溟認為，根本的衝突不會發生，因為，中國歷來雖然缺乏團體組織，可是中國人並不反對團體組織。當然，一般的衝突肯定存在。

例如，在團體組織裡面，成員都是自動的，而且要少數服從多數。梁漱溟認為，這成員的自動與少數服從多數，便與中國固有的「尚賢尊師」精神相衝突。梁漱溟說道：

中國於群的生活中，隨處都很容易見出這種「尚賢尊師」的精神。從這種精神發揮去，將是少數人領導多數人，支配多數人，然則

如此多數人就是被動了……再看中國從來政治上都是政教合一，政教合一又與民治主義衝突。從政教合一則尚賢尊師；于此可見中國人從來是相信人治主義者。而人治與法治是衝突的。政教合與政教分，關係於民治者很不相同：政教分，民治才有可能；政教合，則民治不可能。所以然者，就是，如果政教分則團體只是為大家辦事的，舉凡關於團體的事情，都是大家出主意，由多數表決來辦。[43]

在這種衝突中，梁漱溟認為，甯取「尚賢尊師」而不取多數表決、少數服從多數的原則。因為，多數派的意見並不見得就是正確的，尤其是涉及學理與人格問題時更是如此。多數表決、少數服從多數的原則，不過是一個圖省事的辦法。既如此，多數表決、少數服從多數的原則並不足法。相反，尚賢尊師則是可取的。因為，「智愚、賢不肖在人群裡是天然存在的，而且從人生向上的角度說，人們都應該把自己看做不如別人，必須時時求教於人，此時天然的就要走入少數領導的路，而非多數表決的路」。[44]梁漱溟強調，人是理性的動物，其最後的要求是科學上的真、道德上的善。人類的理性一天天開發，他們的這種要求便越來越強，不十分合理性的辦法他就不要。很明顯，梁漱溟在這裡想說的就是，多數表決、少數服從多數的原則，並不一定是合乎理性的，而尚賢尊師的精神則更合乎理性。梁漱溟推測，中國今後可能出現的團體組織，大概就是一個尚賢尊師的組織，它不必取決多數，但又不違背多數。這樣的組織是民治的進步，而非民治的退步。

43　《鄉村建設理論》，見《梁漱溟全集》，第2卷，第282—283頁。
44　《鄉村建設理論》，見《梁漱溟全集》，第2卷，第283頁。

梁漱溟深知，在這種尚賢尊師的組織裡面，很有可能出現獨裁，但是，即使是這樣，梁漱溟也不喜歡多數表決、少數服從多數的組織原則。他曾明確表示，他不喜歡說民治這兩個字，而愛說在一個團體中，多數分子對於團體生活應作有力參加。梁漱溟自認為，他的這種說法，既不違背民治精神但又不是法治。為此他還提出了一個新術語，即「人治的多數政治」，或「多數政治的人治」。在梁漱溟看來，法治與人治的區別，就在於一以死板的法為最高，一以活的高明的人為最高。梁漱溟申述說，在政治裡面，法為最高，是因為它是大家所同意承認的東西，是團體意思的表示。譬如國家的憲法所以為最高者，就是由於它為人們所同意，所公認。法既可以因大家同意承認而為最高，那麼一個人也未嘗不可因大家同意承認而為最高，大家都同意承認這麼一個人，因而此人取得最高地位，這也像法之被大家同意承認而得為最高者一樣。[45]梁漱溟認為，他的這種說法如若說得通，那麼這裡所說的實質上就是多數政治的人治或人治的多數政治。這是最符合中國人精神、最符合中國古人理想的政治。古代儒家認為，只有作師的人才可以作君。

梁漱溟寧願取尚賢尊師而不取多數表決、少數服從多數的原則，寧取人治而不取法治，這種主張，雖與他的要以中國固有精神為主而吸收西方文化的長處這種中體西用論是相符合的，但是，梁漱溟可能沒有意識到，他的這種主張，無論是與他早年的憲政思想，還是與他在五四學生運動時發表的聲明中表現出來的法治精神都是相矛盾的，而且，與他一貫的自由主義政治主張也有明顯的衝突。或者，這也是

45　同上注，第292、293頁。

梁漱溟覺悟的表現？

梁漱溟在強調中國缺乏團體組織的同時，也關注到了中國人同樣缺乏自由平等觀念，而這正好是團體組織的基礎。因此，對於中國來說，有把團體組織與自由平等觀念同時培養起來的必要。但是，這都不是容易的事情。因為團體組織與個人的自由平等本身就是一對矛盾，團體組織是要約束人的，而自由平等是不要約束的。對於中國來說，如果只著重自由平等的一面而極力去發展補充這一面的缺欠，那就很難照顧到團體結合的一面，其結果將使中國更加散漫；如果只著重團體組織一面而不顧個人的自由平等，則自由平等一面又發揮不出來。而且，我們的歷史上從沒有過牢固的團體組織，也沒有個人的自由平等，因而，用強制的手段來達到團體化和用反抗爭取的手段來取得個人的自由平等這樣的方法，在中國都行不通。這的確是一個困難。怎樣才能解決這樣一個困難呢？

梁漱溟認為，要解決這個困難，最好的辦法是相對論的倫理主義或倫理主義的相對論。在梁漱溟眼裡，相對論的最大特點就是隨機應變，與絕對論是極為不同的，相對論可說是天下最通達的真理。梁漱溟認為，中國的倫理思想就是一種相對論的倫理主義。它所主張的主要是相互謙讓，互以對方為重。把這種倫理主義的相對論或相對論的倫理主義應用到處理團體組織與個人的自由平等關係問題上，就是：個人一定要尊重團體，盡其應盡之義務；團體也一定要尊重個人，使得其所應得的自由平等。這樣，既不呆板地以團體為重，也不呆板地以個人為重，靈活運用，伸屈自由，於必要時隨其所需而伸縮。通過這種相對論的倫理主義，團體組織與個人的自由平等之間的矛盾與困

難就可得到順利解決。[46]

　　梁漱溟指出，當我們用中國固有的倫理思想把中國在培養團體組織時遇到的難題解決之後，我們就可以發現一個新的、不同於西方的社會組織，這個組織是以倫理情誼為本源，以教學相長為手段，以人生向上為目的的。這個新組織很可以稱之為情誼化的組織或教育化的組織，或理性的組織。梁漱溟並不否認這個新組織與中國傳統社會中的「鄉約」的聯繫，他承認，這個新組織，實際上就是對中國古代的「鄉約」的補充與改造。[47]

　　鄉約，最初是由北宋的呂大鈞兄弟創立的，規定同約人要「德業相助」、「過失相規」、「社俗相交」、「患難相恤」。後來，南宋的朱熹曾加以修訂，明代的王陽明則加以仿行，清代的陸桴亭也曾作過改造。

　　梁漱溟認為，這種作為對傳統鄉約的補充改造的情誼化組織，只能在鄉村建立起來。這不僅由於中國是農業社會，大多數人都在鄉村，中國要有組織，當然不能忽略這占全國人口之大多數的農民；而且由於中國這個國家，仿佛是集家而成鄉，集鄉而成國的，我們求組織，若從家開始則嫌其範圍太小，若一上來就從國開始，則範圍又太大，只有鄉最適合。更為重要的是，從鄉村入手，最合乎理性的發展。在鄉村，農民那寬舒自然的性情，因整天對付的都是生物而引發的活趣，由其從容不迫而領略到的藝術味道的文化與人生，那培養人

46　《鄉村建設理論》，見《梁漱溟全集》，第2卷，第306—308頁。
47　《鄉村建設理論》，見《梁漱溟全集》，第2卷，第320頁。

的感情的家庭生活，那鄰里間的親切情誼，以及那雖被西方風氣摧殘但多少還存在著的倫理社會的精神，都是最適合於理性發展的。即使是僅僅為了培養新的政治習慣，也應該從鄉村入手。[48]

梁漱溟認為，一旦鄉村有了組織，鄉村被破壞的情況便會得到改變。因為有了組織，便可以引進科學技術，便可以發展經濟，便可以興辦教育，便可以提高人們的文化水準，便可以養成團體生活的能力與習慣，便可以實施鄉村自治。因此，梁漱溟將團體組織的培養視為鄉村建設的一個重要目標，並在他的鄉村建設實踐中，把鄉村團體組織—鄉學村學（或鄉農學校）的建設放在第一位。

鄉村問題解決了，中國的問題也就能跟著得到解決，中國就能擺脫其困境。梁漱溟說道：

只有鄉村安定，乃可以安輯流亡；只有鄉村產業興起，可以廣收過剩的勞力；只有農產增加，可以增進國富；只有鄉村自治當真樹立，中國的政治才算有基礎；只有鄉村一般的文化提高，才算中國社會有進步。總之，只有鄉村有辦法，中國才算有辦法，無論在政治上、經濟上、教育上都是如此。[49]

正是基於這種考慮，梁漱溟一再宣導知識份子回到鄉村去，走與鄉村居民相結合的道路，謀求中國問題的解決；正是在這個意義上，

48　同上注，第313—320頁。
49　《山東鄉村建設研究院設立旨趣及辦法概要》，見《梁漱溟全集》，第5卷，第225頁。

梁漱溟一再強調只有鄉村建設才是解決中國問題，使中國擺脫困境，使中國民族得以自救的唯一途徑；正是因為抱有這種想法，梁漱溟才會全力投身山東的鄉村建設運動。

3.3　山東鄉村建設運動

　　河南村治學院在1930年10月被迫關閉，並不標誌著梁漱溟他們的鄉村建設運動的終結。韓複榘一到山東就任省政府主席職，便打算在山東也進行鄉村建設方面的實驗，因此，他再三致電梁漱溟他們，請他們到濟南去商議有關事宜。梁漱溟他們欣然前往。他們在濟南逗留了十多天，初步擬訂出一個在山東開設一所鄉村建設研究院的計畫。他們的計畫很快便得到韓複榘的批准與山東省政務會議議決通過，並將院址選在離濟南不遠的鄒平縣。

　　1931年初，梁漱溟他們開始進行山東鄉村建設研究院的籌辦工作。6月15日，山東鄉村建設研究院正式成立。梁仲華任院長，孫則讓任副院長。研究院內設有：鄉村建設研究部，由梁漱溟任主任；鄉村服務人員訓練部，由陳亞三任主任；實施鄉村建設的實驗縣區（鄒平縣），第一任縣長及實驗縣區主任由梁秉錕擔任。

　　鄉村建設研究部的設立，主要目的有兩個：一是希望提倡鄉村建設研究，為學術界開一新風氣；二是具體地研究山東各地的鄉村建設方案，為鄉村建設服務。到1937年，研究部招收過三屆學生，共有

50—60人畢業，[50]學生畢業後，多留研究院或實驗縣區工作。

而鄉村服務人員訓練部的設立，則主要是培訓鄉村建設的基層幹部。到1937年，訓練部也招收過三屆學生，共有1000多人畢業，加上短期培訓及以其他方式訓練的人員，則可能超過4000人。這些經過訓練的人，主要分配到各鄉村去充任鄉學村學的教員或鄉農學校的幹部。

在成立鄉村建設研究院的同時，梁漱溟他們還請得山東省政府批准，把鄒平縣作為鄉村建設研究院的實驗縣區。這一方面是想為學生提供一個實地練習試做的場所，而不是僅在口頭上給學生傳授一些空洞的理論。另一方面是想以此作為山東省鄉村建設的起點，為各縣鄉村建設作示範。

此外，研究院還設有一個實驗農場，從事農業技術的改良與推廣工作。後來還先後設立了社會調查部、鄉村服務指導處、合作指導處、鄉村書店，還出版有《鄉村建設》旬刊。

研究院成立不久，7月，梁漱溟他們便嘗試開展鄉村建設的實驗工作。他們先後舉辦了「鄉村教育暑假講習班」與「農產品展覽會」，為鄉村建設做宣傳。

在做了宣傳準備工作之後，梁漱溟他們便開始派研究院的學生到鄉下去實習，建立鄉學村學。按梁漱溟的設想，鄉學村學是由鄉紳、

50　萬永光：《梁漱溟先生及其在山東從事鄉村建設的活動》，見《梁漱溟與山東鄉村建設》，山東人民出版社，1991年版，第29頁。

鄉村居民與鄉村建設工作者所組成的一個初步性的鄉村組織。

但是，據當時參與這種活動的學生說，在鄉村建設研究院成立的頭兩年，無論是實習時還是在畢業之後，所建立的鄉學村學實際上只是一些民眾學校（夜校），而不是梁漱溟所設想的那種鄉村組織。[51]梁漱溟也承認在這頭兩年，在實驗工作方面成績有限。原因就在於人手太少，能力不強，缺乏經費，更重要的是，由於中央及地方法規的限制，不能自由實驗，亦即沒有實驗權。[52]

不久，情況就有了很大的變化。1932年12月，國民黨政府在南京召開了第二次全國內政會議，會議通過了各省設立縣政建設實驗區辦法30條，以及「縣政改革案」、「地方自治改革案」等檔。梁漱溟以山東省地方自治指導員的身份，也出席了這次會議。

1933年6月至7月間，山東省政府依據這次會議通過的設立縣政建設實驗區辦法，決定在山東進行縣政建設實驗，並劃定鄒平縣、菏澤縣為實驗縣區，在行政上完全歸鄉村建設研究院管轄。根據省政府的決定，鄉村建設研究院擁有下列職權：

一、實驗區內各縣政府直接受本院指揮監督，縣長由院向省府薦委，縣長以下各項行政人員以院令委任。

二、實驗區內縣政府以次各行政機關，得本研究實驗態度加以改組或擴充，不必與他縣同。即地方自治組織，亦得根據本院研究所得

51　劉溥齋：《我在研究院訓練部學習和從事鄉建活動的經過》，見《梁漱溟與山東鄉村建設》，第59—61頁。
52　《山東鄉村建設研究院工作報告》，見《梁漱溟全集》，第5卷，第391頁。

而變更之，以從事於一種實驗。

三、實驗區一切工作計畫，經呈奉省政府核准備案後，即照案進行，所有通行各縣之各項法令，如有與此項計畫有窒礙時，得不受其拘束。[53]

這就是說，在實驗區內，研究院有舉薦縣長、改組縣政府機關、任用縣政府機關人員，以及實驗計畫可以不受中央及地方法令限制的權力。在鄒平實驗區，還有一個與眾不同的地方，「就是不僅有行政權，且有立法權」。[54]

這些，對於梁漱溟他們的鄉村建設實驗來說，都是極為有利的。

梁漱溟雖然不是很想依賴官府去推行他們的鄉村建設工作，但是，他也知道，在當時的情況下，要進行鄉村建設，要改進鄉村社會，離開行政力量是行不通的，鄉村建設研究院頭兩年的經驗已經清楚地告訴他這一事實。因此，根據省政府對研究院的授權，梁漱溟首先推舉了王柄程擔任鄒平縣縣長，孫則讓擔任菏澤縣縣長，並對縣政府各機關進行改組與擴充。在鄒平，對縣政府機關，梁漱溟他們的第一個改革就是裁局設科，科長多由研究院中研究部畢業的學生充任。此外，還增設了戶籍室、農村金融流通處等機構。還在縣政府機關實行合署辦公，以提高工作效率。

對縣以下組織機構的改革，則使梁漱溟關於鄉學村學或鄉農學校

53　《山東鄉村建設研究院最近工作概述》，見《梁漱溟全集》，第5卷，第489頁。
54　《山東鄉村建設研究院及鄒平實驗縣工作報告》，見《梁漱溟全集》，第5卷，第582頁。

的構想得以付諸實驗。

在鄒平，梁漱溟他們撤銷了原來劃分的7個區、157個鄉鎮以及各區、鄉鎮公所、監督委員會、調解委員會，而根據自然地勢、社會習慣以及戶口數，除縣城外，將全縣劃分為14個鄉、336個村。鄉有鄉學，村有村學，以替代原來的區、鄉鎮公所。但是，梁漱溟強調，鄉學村學主要是一種教育機關，而不是一個行政機關。鄉學村學的設立，目的在於以教育工夫引進自治。而在菏澤，梁漱溟他們撤銷了原來的10個區，而劃分為21個鄉，每鄉設立一所鄉農學校，以替代原來的區公所。與鄒平的鄉學村學不同，菏澤的鄉農學校帶有濃厚的行政機關色彩。菏澤設立鄉農學校的目的，是要借行政力量作教育工夫。很明顯，鄒平與菏澤的鄉村建設（或縣政建設）在實施途徑上是不完全相同的。[55]這是兩種模式。

在鄒平模式與菏澤模式中，梁漱溟更傾向於鄒平模式。這一點，我們可以從他主持的鄒平實驗清楚地看出來。

在鄒平，鄉村建設實驗中十分注重鄉學村學的建立。在梁漱溟的心目中，鄉學村學是一個教育機關，但又不僅僅是一個教育機關。它還是一種團體組織形式。

雖然梁漱溟十分明白，要進行鄉村建設或鄉村建設實驗，離開政府的支持是行不通的，但是他們又不是很願意依賴政府。因此，當梁漱溟企圖以鄉學村學去組織鄉村的時候，又竭力淡化鄉學村學的行政

55　《山東鄉村建設研究院最近工作概述》，見《梁漱溟全集》，第5卷，第489頁。

色彩，儘量避免以行政的力量與手段達到目的。這是因為梁漱溟深知，中國的國民，由於世代被官府壓迫與剝削，根本不相信官府會為他們做什麼好事。他們對官府提倡的新事物、新花樣深懷疑慮，在他們的經驗中，新事物、新花樣，都不過是官府敲詐的藉口。基於這種認識，梁漱溟在《鄒平實驗縣區設立鄉學村學辦法》中，所提出的各條文都很含蓄且富有彈性，甚至對於鄉學村學的設立頗有商量的餘地：

鄉學村學之設立，以政府辦法，地方樂於接受，地方自動，政府善為接引為原則；無事強迫進行。除鄉學因關係地方行政較多須於本實驗工作開始後三個月內一律成立，以應行政之需要外，其村學應逐漸推廣設立，不定期限。[56]

村學作為一種最基本的組織形式，按梁漱溟的構想，是由三部分人組成的。

一是村裡的領袖。梁漱溟主張，在設立村學的時候，先要從村裡有威信、有資望，為人明白會辦事的人當中選出5—10人作為學董組成學董會，並從中選出一個年富力強的人作為常務學董報縣政府聘為村理事（相當於村長）來負責村裡的行政事務。然後由學董會從村裡父老中推舉一德齒並茂、有品有學的人，報縣政府禮聘為學長。學長為村裡民眾的師長，主持教育，不負事務責任。學長在村學中，主要是調解眾人矛盾，監督村理事。無論是學董還是學長，都有責任敦促

56　《鄒平實驗縣區設立鄉學村學辦法》，見《梁漱溟全集》，第5卷，第385頁。

村民參與村學的活動。

二是村裡的其他人，包括男女老少在內。他們都是村學裡的學眾。學眾作為村學這種組織的一分子，梁漱溟要求他們，以團體為重，村裡開會，都應參加，並且要將論討的問題在心裡好好想一想，不明白的地方要勤問，有意見要當眾提出來，但又不要固執己見，要尊重多數，但也要顧全少數，彼此遷就；要關心團體事務，要勇於負責，出頭做事；要養成遵規約、守秩序的好習慣；要敬長睦鄰，尊敬學長，信任理事，對理事不要過於挑剔，又不要放縱。

三是鄉村建設工作者。在村學裡面，主要是指從鄉村建設研究院鄉村服務人員訓練部培養出來的充當村學教員的學生。作為教員，其責任是對學眾進行教育。但是這種教育是廣義的，因此，「教員責任不以教書為足，且不以能教校內學生為足。1.應時常與村眾接頭，作隨意之親切談話，隨地盡其教育工夫。2.應注重實際社會活動，向著一個預定目標進行（此目標或為村學公議要進行之一項社會改良運動，或一項社會建設事業，或教員自己心中想做之事亦可）。3.更要緊的是吸引合村人眾喜於來村學內聚談。如能將村學作成村眾有事無事相聚會的地方，此教員即算有頭一步的成功」。[57]這就是說，鄉村建設工作者在村學當中，除了從事學校式教育工作以外，更重要的是指導村民進行社會改良運動或社會建設事業。

鄉學作為村學的上層，除了包括的範圍更廣、層次更高之外，其結構與村學並沒有什麼區別。鄉學也有學董會，其成員多由所屬各村

57　《村學鄉學須知》，見《梁漱溟全集》，第5卷，第459頁。

村學的村理事作為當然學董充任；也有學長，也有常務學董即鄉理事（相當於區長，負責一鄉的行政事務）；一鄉所屬各村的村學學眾都是鄉學學眾。至於鄉學裡的鄉村建設工作者，除了教員以外，還有教導主任與輔導員一至二人，這是村學沒有的。輔導員一職，多由研究部畢業的學生充任，由縣政府派遣。輔導員作為縣政府與鄉村之間的仲介，其主要責任是「輔導」。

鄉學學長、學董、理事、教員，及這一鄉所屬村學學長、學董、理事、教員等俱在其輔導之列。但他對於這些學長、學董固無權可以命令他們如何如何。[58]

其實，把輔導員的責任說成是「監察」可能會更為準確，對此，我們不難從「輔導員須知」中看出。[59]

梁漱溟一再強調，無論是村學還是鄉學，雖然能行使一定的行政權力，但它們都不是行政機關，最多只能說其中一人（理事）為行政人員；雖然寓有自治組織的意思，但至多只能說是自治組織的一種預備，而不是正式的自治組織。鄉學村學主要是一個教育機關，至少也是一個教育機關化了的行政機關，成立此機關的目的，是為了進行社會改進運動與社會建設事業。梁漱溟這樣強調鄉學村學的非行政機關色彩，一方面是想淡化鄉村建設運動的官辦色彩，增加人們對鄉村建設運動的好感，消除人們對鄉村建設的疑慮；另一方面，也反映了梁

58　同上注，第463頁。
59　同上注，第465頁。

漱溟對以行政方式或手段進行鄉村建設運動結果的憂慮，反映出梁漱溟在鄉村建設作為只應由知識份子宣導的社會運動，但又不得不借助官府的力量，不能完全擺脫行政的方式與手段這個問題上的矛盾心理。

梁漱溟認為，通過村學鄉學這樣的組織，便可以進行一系列的社會改進工作，與社會建設事業，如「產業振興、經濟進展、民智開發、風俗改善」等等。[60]

按照梁漱溟的觀點，在當時的中國，要振興產業，發展經濟，只能走以農業引發工業的道路。而農業的促興，「須把握三個要點：一、流通金融；二、引入科學技術；三、促進合作組織」。[61]如同他在《河南村治學院旨趣書》所說，梁漱溟依然認為這三個方面是相互聯繫，相互促進的。[62]

基於這種認識，在鄒平的實驗中，為振興產業，發展經濟，梁漱溟他們成立了合作指導委員會，農村金融流通處，連同原有的實驗農場，藉以說明村學鄉學組織合作社，引入科學技術。

在組織合作社方面，梁漱溟他們在鄒平的成績是相當可觀的。據記載：

鄒平的合作事業創始於民國二十一年（1932年）……屆至二十五

60　《山東鄉村建設研究院最近工作概述》，見《梁漱溟全集》，第5卷，第489頁。
61　《鄉村建設理論》，見《梁漱溟全集》，第2卷，第520頁。
62　同上注，第524—525頁。

年（1936年）底止，合作社種類計有棉運、蠶業產銷、林業生產、信用、信用莊倉、購買等六種，社數總計307所，社員則有8828戶，已繳納股金總數為12422.93元。[63]

其中，以棉運合作社辦得最好，尤其是其中的梁鄒美棉運銷合作社。正如有的學者所說，「當批評者攻擊其鄉村建設沒能改變一般農民生活境況的時候，梁與他的同仁總是以此來作辯護」。[64]其次是信用合作社。信用合作事業能這樣成功，是梁漱溟他們的一項政策導致的。1933年8月，鄒平實驗縣農村金融流通處成立時，梁漱溟他們便規定，金融流通處的放款，「以農村信用合作社為唯一對象」，不參加信用社的不給貸款；信用社社員貸款，以信用社為單位列名冊，集體貸，集體還。[65]而金融流通處的貸款利息遠較高利貸為低。農民為避免高利貸剝削，紛紛加入信用合作社。

另外，金融流通處在放款時，還有一個規定，就是所借款項主要是用於引進新的品種或新的農業生產技術。這一措施，使得鄒平實驗縣在引進推廣新品種、新技術方面也取得了一些成績。

但是，無論是合作組織，還是新品種、新技術的引進，得益者多為地主、富農或富裕中農，當年曾當過鄒平實驗縣縣長的徐樹人在回

63　轉引自成學炎：《從鄒平的實踐析梁漱溟的鄉村建設運動——一個文史工作者的觀點》，見梁漱溟鄉村建設研究會編：《鄉村：中國文化之本》，山東大學出版社，1989年版，第231頁。

64　艾愷：《最後一個儒家》，鄭大華等中文譯本，湖南人民出版社，1988年版，第263頁。

65　《一年來的山東工作》，見《梁漱溟全集》，第5卷，第773—774頁；又夏文祿、柴向清：《鄒平鄉村建設的金融業及其成就》，見《鄉村：中國文化之本》，第289頁。

憶中就曾以引進與推廣新棉種為例，指明這一點。[66]而信用合作社，有時也被地主與富農控制，成為他們謀利的一種工具。[67]

在開發民智方面，梁漱溟他們通過鄉學村學，以多種方式，對鄒平鄉村中的男女老少進行了不同程度的教育。據說，到1937年，鄒平實驗縣已接近普及教育的邊緣。[68]但是，也有資料表明，鄒平實驗縣在這方面的成效並不是太大。[69]

在改良風俗方面，梁漱溟他們除了提倡傳統的道德風尚，如敬老、慈幼、禮賢、恤貧、睦鄰、揚善、抑惡、勤勞、儉樸等等之外，還花了相當多的精力去反對販毒、吸毒、賭博、纏足、早婚等不良風習。在反對販毒、吸毒、賭博、纏足方面，梁漱溟他們是有成績的，但是，在戒早婚方面，雖然梁漱溟他們採取了各種手段，甚至包括梁漱溟不太贊同使用的行政手段，結果還是徒勞無功，收效甚微。[70]

而在地方治安、民眾自衛訓練這比較敏感的問題上，梁漱溟他們也做了一些工作，進行了一些改革。這使得鄒平縣的治安狀況大為好轉。據說，梁漱溟他們在鄒平進行鄉村建設實驗期間，是「解放前鄒平縣最安定的一個時期」。[71]

---

66 徐樹人：《我擔任鄒平實驗縣縣長的前前後後》，見《梁漱溟與山東鄉村建設》，第103—104頁。
67 參閱艾愷：《最後一個儒家》，鄭大華等中文譯本，第262頁；曲延慶：《試從鄒平農民的反映看鄉村建設運動》，見《鄉村：中國文化之本》，第273頁。
68 艾愷：《最後一個儒家》，第261頁。
69 曲延慶：《試從鄒平農民的反映看鄉村建設運動》，見《鄉村：中國文化之本》，第272—274頁。
70 田慕周：《我參加鄒平實驗縣戶籍工作的情況》，見《梁漱溟與山東鄉村建設》，第166頁。
71 曲延慶：《試從鄒平農民的反映看鄉村建設運動》，見《鄉村：中國文化之本》，第277頁。

與鄒平實驗縣的村學鄉學不同，菏澤實驗縣的鄉農學校，具有十分明顯的行政機關色彩。梁漱溟自己就說：「這個鄉農學校，好像是一個小縣政府，凡是縣政府的命令，都是經過鄉農學校傳達到鄉村，所以含著啟發地方自治的意思少，而是憑藉著行政的力量去作社會改進。」[72]

　　雖然菏澤實驗縣的鄉農學校也注重農村小學教育，也成立了一些農民識字班，也抓過舊風習的改良工作，也提倡引進優良品種，組織合作社，發展農村經濟，但是，在菏澤的鄉農學校，最重視、辦得最有特色、也是最有成績的是民眾自衛訓練。這很有可能與菏澤地區歷來多土匪、地方治安狀況不好、極需要改變的實際情況有關；也可能與主持菏澤實驗縣工作的領導者有一定的聯繫。菏澤被劃為實驗縣後主要是由孫則讓、陳亞三主持的。

　　菏澤實驗區鄉農學校的民眾自衛訓練，「其辦法是按地畝抽人出槍，集中到鄉農學校所在地，學習訓練。開始舉辦時，規定凡有百畝以上土地者，抽青壯年一人，帶槍一枝，到鄉農學校受訓。辦了幾期以後，又改為凡有地50畝以上，百畝以下者，抽青壯年一人，帶槍一枝受訓。最後，不足50畝土地者，兩戶或三戶合併一起，抽一人一槍受訓。還規定，入自衛訓練班者，必須是男性，年齡為18—30周歲，有無文化皆可。凡被抽人出槍的人家，均是農村中的富戶，他們當中大部分能夠帶槍支參加訓練。個別的富戶，因怕受訓或擔心被抽去當兵打仗，則出錢雇人參加訓練」。[73]

72　《我們在山東的工作》，見《梁漱溟全集》，第5卷，第1016頁。
73　傳理軒：《回憶菏澤實驗縣的鄉農學校》，見《梁漱溟與山東鄉村建設》，第258

民眾自衛訓練是分期分批進行的，每期四個月。訓練內容無非是由軍事教練人員教些步兵操練、刺槍等軍事常識，有條件的鄉農學校則還可能請些拳師教授武功，如打拳劈刀等等。也有少量的文化教育課。這種民眾自衛訓練在菏澤各鄉農學校大概辦了七八期，全縣受訓練的人估計在1萬人以上。

民眾自衛訓練對地方治安狀況好轉的作用，是人所共見的，也是梁漱溟他們所樂道的。1934年，梁漱溟在向外界宣傳菏澤實驗縣的成績時，所強調的就是民眾自衛訓練給地方帶來的治安狀況的好轉。他說道：

菏澤自民國以來，遭過六次黃河水災，每當水災後，無不土匪蜂起。去年遭大水後，地方人士又想起匪亂的恐怖，但竟以各鄉校自衛訓練班的維持，幸得平安，其效已見。本年劉匪桂堂由河南竄擾魯西，各縣無不受其蹂躪，但他圍著菏澤轉了一圈，竟不入菏澤境內，獨得保存（只有一處鄉校，因為那鄉孤懸在曹縣境內，陣亡三人）。這是他看見菏澤有辦法，不願自尋麻煩，實非抵抗之力。然而鄉村自衛之當講求，固於此可見。[74]

也許是由於菏澤實驗縣鄉農學校的極濃厚的行政機關色彩使其工作能迅速見到成效，也許是由於韓復榘對鄉農學校能在短時間內訓練大批的壯丁感興趣，山東省政府很快就決定將菏澤模式在全省推行。

　　頁。

74　《山東鄉村建設研究院最近工作概況》，見《梁漱溟全集》，第5卷，第490頁。

1935年初，增劃濟寧等13個縣為縣政建設實驗區，推行鄉農學校。為此還設立了一個縣政建設實驗區長官公署，由鄉村建設研究院副院長王紹常擔任實驗區長官公署長官。年底，由於日本策動「華北五省三市自治」，華北局勢緊張，在梁漱溟他們的鼓動敦促下，韓複榘同意在山東實施一個三年計畫，以應付日益緊張的局勢。這標誌著鄉村建設運動進入備戰階段。這個三年計畫，就是準備用三年時間，在山東全省各縣普遍設立鄉農學校，推行菏澤模式。

由於倉促之間作出這樣一個決定，人員的短缺是十分明顯的。於是省政府決定將山東省分為幾個行政區，分期分批來進行鄉農學校的建立工作。另一方面，則是加緊培訓人員。

1936年4月，梁漱溟他們徵得省政府同意，將省裡12個師範學校800—900名快要畢業的學生徵調過來，集中訓練半年，實習兩個月，便分配到各鄉農學校工作，擔負下級行政的責任。同時，又對研究院作了些改組，將原來的鄉村服務人員訓練部改組為鄉村建設師範學校。此外，還在濟南成立了一所鄉村建設專科學校，以培養較高級的技術人才；在濟甯，則成立了一個鄉村服務人員訓練處，由韓複榘兼任處長，梁仲華任副處長。這個訓練處計畫在1937年6月，招收1200人來加以訓練，以便能在1938年3月為山東省另外30多個縣普遍設立鄉農學校作準備，但是，這個計畫終因抗日戰爭爆發而流產。

隨著抗日戰爭的爆發，梁漱溟他們的整個鄉村建設運動，也只好告一段落。梁漱溟的鄉村建設運動失敗了。

梁漱溟鄉村建設運動失敗的原因，除了日本的入侵之外，最直接

而顯而易見的是，韓復榘及其部下不積極抗日，反而在撤退之前利用鄉農學校拉丁派款搶槍，由此使鄉農學校招致民怨，而致鄉村建設運動於死地。

雖然梁漱溟在1937年3月出版的《鄉村建設理論》一書的開頭，還十分自信地宣稱他的鄉村建設決不會因為韓復榘的倒臺而告終，[75] 但是，一年之後，梁漱溟在他的另一篇文章裡面，卻又不得不承認，由於韓復榘，其苦心經營多年的鄉村建設遭到了毀滅性的打擊。梁漱溟慘切地說道：

當局急切退離山東，遂以毀滅吾儕工作。吾儕工作主要在鄉農學校。鄉農學校一面為社會教育、民眾訓練機關；一面又為下級行政機關。以其為下級行政機關，一切政令均藉此而執行，當初將藉以推動各項建設者，今則以當局要壯丁、要槍支，派差派款，執行其一切苛虐命令。凡當局一切所為之結怨於民者，鄉農學校首為怨府。更以其為民眾訓練機關，平素之集合訓練在此，召集調遣在此，壯丁槍支皆甚現成；於是每每整批帶走。假使無此民眾訓練，或不兼為訓練機關，則當局雖要壯丁要槍支不能如此方便；鄉間亦自有許多通融挪移回避之餘地。然今皆以鄉農學校而不能，其為怨府滋甚。更有怨毒最深者，則以欺騙手段收取槍支帶走壯丁之事屢屢發生。例如，始而只說集中訓練，多日以後，一道命令忽然幾十人整批帶走。事前鄉農學校固未料到，而曾向鄉民以「絕不帶走」為擔保式之聲明者，至此毫無辦法，自己落於欺騙民眾地位。甚至有時鄉農學校亦在被騙之列，

75　見《梁漱溟全集》，第2卷，第149頁。

而鄉民仍認為鄉農學校行騙。怨毒之極，致有砸毀鄉校，打死校長之事。我同學之死于此者竟有數人之多，曷勝痛吊！其實不顧信用，為此巧取豪奪者，除省當局外，或系專員，或屬縣長，或為軍隊；與一鄉校校長何預？以建設鄉村之機構，轉而用為破壞鄉村之工具，吾儕工作至此，真乃毀滅無餘矣！吾同人同學幾乎不能在社會立足，幾乎無顏見人矣！言念及此，真堪痛哭！[76]

韓複榘在武漢被殺後，新任山東政府主席沈鴻烈便以「違背法令及為社會詬病」為理由，將山東各縣的鄉農學校全部撤銷，恢復原來的區、鄉建制。鄉村建設研究院重蹈了河南村治學院的覆轍。

梁漱溟他們的鄉村建設會被韓複榘利用，是早就註定了的。因為梁漱溟他們的鄉村建設缺乏獨立性。雖然梁漱溟自己一直希望能獨立地進行他曾寄予厚望的鄉村建設運動，從事社會改進事業，為中華民族的自救闖出一條新路，但是，由於他沒有一個強有力的團體組織作為基礎，由於他缺乏從事鄉村建設的經濟實力，由於他僅靠自己而沒有政府的授權就根本沒法開展工作，因此，他想獨立進行鄉村建設，進行社會改進運動，只能是一種願望。高談社會改造而不免依賴政府，是梁漱溟所難免的結局。依賴於人，就難免為人所左右，所利用。對此，梁漱溟也不是不知道。但是，他卻夢想，自己是不會因為與政府合作而失掉自己，不會因為依賴政府而被政府利用。事實證明，梁漱溟的夢想破滅了。

76　《告山東鄉村工作同人同學書》，見《梁漱溟全集》，第6卷，第12—13頁。

其實，日本的入侵與韓複榘的變節行為，只不過是加速了梁漱溟他們的鄉村建設運動失敗的進程。即使沒有日本的入侵與韓複榘的變節，梁漱溟他們的鄉村建設運動也難保不失敗。因為，正如梁漱溟自己所說，他們的鄉村建設運動並沒有得到鄉村居民的普遍支持。梁漱溟他們的鄉村建設運動所以得不到鄉村居民的普遍支持，最主要的原因是他們沒能真正解決絕大多數鄉村居民的實際問題。對此，梁漱溟也十分明白：

> 例如農民為苛捐雜稅所苦，而我們不能馬上替他減輕負擔；農民沒有土地，我們不能分給他土地。他所要求的有好多事，需要從政治上解決，而在我們開頭下鄉工作時，還沒有解決政治問題的力量。那麼，當然抓不住他的痛癢，就抓不住他的心。[77]

梁漱溟他們之所以沒能夠為鄉村居民解決實際問題，又是與他們所依據的理論密切相關的。說得具體點，是與梁漱溟對中國社會歷史文化以及中國社會政治現實的認識密切相關的。梁漱溟一再強調，中國是一個倫理本位、職業分立的社會，在這樣一個社會裡是沒有階級分化、階級對立現象存在的，這個社會的特點就是散漫無組織。中國近現代出現的問題，主要是由外部引發的文化失調。既然如此，問題的解決，絕不能採取鬥爭或對抗的方式進行，而只能走聯合的道路。要聯合，就不能分彼此，更不能推翻誰。這就決定了梁漱溟他們所走的只能是一條改良主義道路。在當時的中國，改良主義是不可能解決

77　《我們的兩大難處》，見《梁漱溟全集》，第2卷，第581頁。

人們所希望解決的諸如土地等實際問題的。另外，既然不主張推翻誰，就不可能取得政權。梁漱溟甚至強調，作為鄉村建設工作者，不應該擁有政權。而要進行社會改造，又需要政權。最終難免依附政權。

由此可見，梁漱溟他們的失敗是不可避免的。

梁漱溟是失敗了。但是，我們不應以成敗論英雄。梁漱溟能秉持自己的理論並力圖付諸實踐，這種精神是值得稱頌的。他企圖通過鄉村建設，復興中國文化，使儒學走向現代化，或者說，他企圖借用傳統的形式，來容納現代社會的內涵，企求鄉村社會的改進，謀求中國問題的解決，這一探索與嘗試，是值得深思的，也可能是有啟發意義的。此外，梁漱溟能以身作則，宣導知識份子回鄉，走與鄉村居民相結合的道路，也值得稱道，也常為人稱道。就連當時猛烈批判鄉村建設運動的人，也都說：

對於從事建設鄉村運動的人們之肯深入到鄉間去，我們實深致其敬仰，而且認為這是知識份子之一種新覺悟。[78]

78　千家駒：《中國的歧路─評鄒平鄉村建設運動兼論中國工業化問題》，見羅榮渠主編：《從西化到現代化：五四以來有關中國的文化趨向和發展道路論爭文選》，北京大學出版社，1990年版，第787頁。

第四章

行動儒者（下）：
梁漱溟與中國現代政治

4.1 為團結抗日而奔忙

戰爭改變一切。由於抗日戰爭的爆發，梁漱溟苦心經營多年的鄉村建設事業受到了毀滅性的打擊，被迫宣告結束。但是，也正由於抗日戰爭的爆發，梁漱溟得以參與中國高層的政治活動。

抗日戰爭一爆發，梁漱溟便意識到這是一場決定中華民族生死存亡的持久性全面戰爭。抗戰爆發不久，梁漱溟便發表文章，告誡國人「要放開眼，沉住氣，運用全副精神，好生應付」。[1]並開始為民族團結抗戰而盡力。

1937年8月13日，日本發動了對上海的進攻，這打破了人們以為中日戰爭有可能不會全面爆發的幻想。在這種情況下，國民黨政府邀請各黨各派及在野負時望者十多人，組成最高國防會議參議會，作為戰時的最高諮詢機構。梁漱溟也在被邀之列。

作為參議員，在隨後的一段時間裡面，梁漱溟除了出席有關的參議會會議之外，主要是陪同蔣百里到山東視察防務。1937年12月9日，梁漱溟返回武漢，這時，國民黨政府已由南京遷至此地。梁漱溟在武漢只逗留了二十多天，便又奉命到自己選擇的陝西與河南視察。梁漱溟這次選擇到陝西去視察，目的是想去延安，希望能借此機會對中共作一番考察：考察共產黨是否真的放棄了對內戰爭；同時，也是有些意見要與中共負責人交換：由於抗戰的爆發，中國已經得到了初步的統一，但是怎樣才能求得國家的進一步統一？

1　《怎樣應付當前的大戰？》，見《梁漱溟全集》，第5卷，第1033頁。

1938年元旦，梁漱溟由武漢乘坐飛機到達西安。隨後，乘坐由八路軍西安辦事處安排的一輛軍用大卡車，到達延安。

梁漱溟在延安逗留了將近20天。在那裡，他參觀了當地中共的政府機關，學校與鄉村，並與中共的高層領導人作了廣泛的交談。梁漱溟認為，中共在延安的事業是成功的。「在極苦的物質環境中，那裡的氣象確是活潑，精神確是發揚。」[2]顯然，延安給梁漱溟的印象極好。經過考察，尤其是與中共高層領導人的會談，梁漱溟發現，中共近年來的確已經有了很大的轉變，而且這種轉變是真誠的，只是轉變不深：

因為他們的頭腦思想沒有變。他們仍以階級眼光來看中國社會，以階級鬥爭來解決問題。換句話說，根本上沒有變。似乎只是環境事實要他變，他自己情緒亦在變，而根本認識上所變甚少。[3]

不可否認，梁漱溟的觀察是十分敏銳的，其結論也是符合事實的。從梁漱溟的話語之中，字裡行間，我們也可以感覺到，對於中共沒有放棄以階級眼光來看待社會，沒有放棄以階級鬥爭手段來解決中國問題，梁漱溟顯然感到不滿意。

與中共領導人交談時，梁漱溟表現出來的直率性格，實在令人感到難堪。例如，在一次交談中，梁漱溟問當時的中共總書記張聞天：「你們都說團結禦侮，是否不禦侮即不團結呢？明白地說，對內鬥爭

---

2   《我努力的是什麼》，見《梁漱溟全集》，第6卷，第194頁。
3   同上注，第197—198頁。

是一時放棄呢，抑永久放棄？」張聞天答道：「我們原來是與國民黨合在一起北伐的，但中途被排斥，十年苦鬥非我們所願，今得重合，將永久合作下去，共同抗戰，共同建國。」梁漱溟又問：「過去的分裂絕不能單責國民黨，就令責任完全在國民黨，而如何陷於錯誤亦必有所由。況如此大黨得廣泛支持，以壓共產黨，時間互續十年之久，斷非偶然。究竟所由造成此大分裂大鬥爭之客觀因素是什麼？這些因素到今天是否已經轉變不存在？請一一分析言之。」據梁漱溟說，對此問題，張聞天沒能給他一個很好的答覆。接著，梁漱溟又問張聞天：「照一般之例，為完成革命，革命黨當必須自操政權施行其有方針、有計劃的建設才行，那麼今後中國共產黨是否必要取得政權呢？」張聞天答道：「我們將幫助國民黨完成其革命，不一定要自操政權。」梁漱溟追問道：「你們不一定自操政權，那麼你們將如何去完成共產革命呢？願聞其詳！」[4]

在延安，與梁漱溟交談得最多的是毛澤東，共有八次之多，重要的也有六次。

在與毛澤東交談的時候，梁漱溟再次提出他曾向張聞天提過的問題。毛澤東也有明確的回答。對於造成1927年國共分裂的客觀因素問題，毛澤東從當時的國內外情況作了分析；對於中共是否要取得政權問題，毛澤東的回答很直率：「我們不是已經有一部分政權了嗎？假如國民黨邀我們參加到中央政府去，我們亦可以參加。他如不邀，我亦不強求，即使他來邀，而我們亦待考量大局相宜否。倘于國際情勢

4　《我努力的是什麼》，見《梁漱溟全集》，第6卷，第196—197頁。

有所不便時，我們還是不參加的。但往長遠裡看，國共必是長期合作，長期合作中，少不了參預政權。」[5]對於毛澤東的回答，梁漱溟頗感滿意。對於梁漱溟提出的中共過去的最大錯誤是否政治路線上的錯誤這個問題，毛澤東則笑而不答。

在與毛澤東的交談中，梁漱溟更想瞭解的是中共對於國家統一的看法。梁漱溟一直希望中國能統一，但是他並不相信中國的統一是可以武力達成的。他認為，國家的統一，必須建立在國人意志集中、意見統一的基礎上。現在由於抗戰的需要，中國出現了前所未有的統一，但這種統一是外來因素促成的，這樣的統一有可能難以持久，若要有永久的統一，必須從中國社會內部去奠定基礎，說得具體點，要從建設新中國入手，才能求得永久的統一。從梁漱溟記錄下來的他與毛澤東的談話看，在如何求得國家的團結統一這個問題上，兩人的觀點是很相近的，「彼此多半相合，沒有相乖之處」。[6]

但是，一談到中國前途問題時，兩人的意見便不同了。同許多其他中國共產黨人一樣，毛澤東主張要在抗戰中實現民主，由民主進步和平轉變到社會主義，最後進入共產主義。這是三階段論。而梁漱溟則認為：「中國政治上趨於民主化，和經濟上趨於社會化，是同時的。其前進是同時前進，互相推動著前進，相攜並進，以抵于成。因為分不開，所以他們的前兩段，在我就是一段。又因為我只相信社會主義，而不大相信共產主義，又少卻他們的第三段，於是我便成了

5　同上注，第199—200頁。
6　《我努力的是什麼》，見《梁漱溟全集》，第6卷，第201—203頁。

『一段論』了。」[7]至於如何達到社會主義，他們的分歧就更大了。

梁漱溟與毛澤東對中國前途的認識以及在完成社會主義的途徑方面，有很大的分歧，正如梁漱溟所說，是因為他們對中國老社會的認識不同，從而對近百年中國所起變化的理解也不相同，進而對中國前途的估計以及對中國問題的解決方式也不一樣。

在梁漱溟與毛澤東的幾次交談中，他們通宵達旦，談之不盡的問題就是中國社會歷史文化問題。在這個問題上，梁漱溟一如既往，依然堅持這樣一個觀點：「中國老社會有其特殊構造，與歐洲中古或近代社會均非同物。中國革命是從外面引發的，不是內部自發的，此其特殊性即由老社會之特殊構造來。」在一定程度上，毛澤東贊同梁漱溟的觀點，但是毛澤東指出：「中國社會亦還有其一般性，中國問題亦還有其一般性，你太重視其特殊性而忽視其一般性了。」對毛澤東的說法，梁漱溟回答道：「中國之所以為中國，在其特殊之處，你太重視其一般性，而忽視其特殊性，豈可行呢？」梁漱溟與毛澤東的意見交換就在這個誰也說服不了對方的問題論爭中結束。[8]

在交往中，毛澤東給梁漱溟留下了一個極好的印象。對於毛澤東，梁漱溟有這樣一個評價：

此番會晤，在我印象上甚好。古時諸葛公稱關美髯曰逸群絕倫，我今亦有此歎。他不落俗套，沒有矯飾，從容自然而親切。彼此雖有

7　同上注，第204頁。
8　同上注，第205頁。

爭辯，而心裡沒有不舒服之感。大致每次都可以讓你很舒服的回去。[9]

至於梁漱溟在毛澤東心目中的形象如何，由於沒有文獻記載，那只能靠猜測了。正如有的研究者所說，毛澤東肯為梁漱溟花費這麼多時間（遠遠多於其他任何類似的訪問者），和他進行這樣認真的討論，可以肯定，毛澤東對梁漱溟及其思想極感興趣。[10]

1月25日，梁漱溟離開延安返回西安。然後途經開封、曹州、徐州等地，於3月初回到武漢。

7月，由國防參議會改組而成的國民參政會在武漢召開第一次大會。梁漱溟以參政員身份出席了這次大會並在會上提出了三個詢問案和一個建議案，促請政府召開戰時農村問題會議。由於局勢進一步緊張，武漢難守，因此，國民參政會在舉行了第一次大會後，便決定隨同政府其他機關西遷重慶。

本來，梁漱溟很希望留在武漢，以便招呼滯留在武漢的鄉村建設同人同學回山東抗敵，但由於被選為國民參政會駐會委員而又力辭不脫，只好隨參政會入川。梁漱溟到四川後，滯留武漢的鄉村建設同人同學便出發到豫北與山東去了。由於相隔太遠，消息不通，對於前方難以盡力，梁漱溟決定在西南大後方選擇一個最緊迫的問題盡力，他選擇了當時最難辦、最令人頭疼的兵役問題。

9　《我努力的是什麼》，見《梁漱溟全集》，第6卷，第198頁。
10　艾愷：《最後一個儒家》，第300頁，鄭大華等中文譯本。

但是梁漱溟奔忙了好幾個月的改善兵役工作，以徒勞無功告終。

1938年底，梁漱溟將注意力轉向謀求黨派問題的解決。梁漱溟早就關注到，黨派問題若不能解決好，對於民族的團結抗戰和戰後的和平建國都是極為不利的。年初訪問延安時，在與中共領導人的交談中，梁漱溟就提到過黨派問題，只是當時還沒有想出具體的解決辦法。剛好在1938年11月，張君勱針對毛澤東在中共六次全會上的報告，在《再生》雜誌上發表了《一封公開給毛澤東的信》，引人注目，致使黨派問題一時為人騰說。受時論刺激，梁漱溟寫了一篇題為《抗戰建國中的黨派問題》的文章，提出了他對中國黨派問題的看法與解決辦法。

基於對中國社會歷史文化及中國當時局勢的認識，梁漱溟指出，在中國，無論是歐美的多黨互競，還是蘇聯、德國、義大利一黨排他方式都不能解決黨派衝突問題。中國黨派問題的解決，只能走一條「從聯合中求統一」的中間道路。說得具體點，就是要採用「二重組織」的形式：各別黨派為第一重組織，全國許多黨派的聯合體為第二重組織。梁漱溟認為，之所以要有第一重組織，要有各派黨派，是因為在廣大散漫的中國社會，雖沒有西方意義上的階級，但也有各種不同的行業與民族，他們的痛癢要求是各不相同的；即使是同一個行業，同一個民族，人們的理想信念也是各不相同的，既然這樣，我們就不能也不應該強不同以為同，而應該允許有各別的黨派存在。要有第二重組織，要有各黨派之聯合體，是因為，只有各黨派的聯合體能擔負中國民族抗戰建國的大任，而各別的黨派是沒法擔負如此重任的。梁漱溟說道：

總起來說，這種方式既非多黨制，亦非一黨制，而是「一多相融」。一中有多，多上有一。這種方式既非有分無合，亦非合而不分；乃是合中有分，分而後合。為了切合中國社會形勢，適應中國問題需要，非此不可。[11]

梁漱溟還提出了實施他設想的組織形式的具體方案。他認為，若要將這種二重組織加以實施，可以把國民黨列為第二重組織，即黨上之黨，而把國民黨以外之各黨派以及國民黨內部的各個派系列為第一重組織，即各小單位。其理由是：

第一，按道理而論，國民黨之三民主義原可以為解決中國問題之最高指導原則。

第二，事實上，國民黨之三民主義或得他黨之接受擁護，或得他黨表示意見相合，在國內大致已不生異議。

第三，國民黨素來包羅甚廣，內部早有許多不同（傾左傾右）之理論主張門戶派系，亦應當痛痛快快表露出來，不必勉強作一個單位。[12]

梁漱溟強調，要實施這一方案，必須具備兩個條件：一是在改組成功二重組織之前，必須先確定國是國策，否則，一切都是假的，聯合必不長久；二是在改組為二重組織之後，必須將政權治權劃開。

11　《我努力的是什麼》，見《梁漱溟全集》，第6卷，第224頁。
12　《我努力的是什麼》，見《梁漱溟全集》，第6卷，第224頁。

所謂政權治權劃開，就是全國性的大國民黨，代表國民行使政權，而國民政府則代表國家行使治權。兩面不使相混……政府必須不著黨派顏色，而應為一無色透明體。凡政黨中人而服務于政府者，都要聲明脫離其原來黨派關係。軍隊和員警，都是國家所有，而為政府行使治權的工具，與黨派無關──這是最必要的一點。[13]

梁漱溟認為，若政權與治權不能分開，則難免黨派爭權，或以黨策攙入國策而生大糾紛。

這就是說，梁漱溟提出的解決黨派問題的辦法是：在成立黨派聯合體之前，先由各別黨派共同商定國是國策，作為共同綱領；然後，根據此綱領，將各別黨派改組為黨派聯合體；在各黨派改組為黨派聯合體之後，為了使這個聯合體中的各黨派不致因為利害衝突而分裂，必須將政權與治權劃開，政府行使治權而不看黨派顏色，黨派聯合體擁有政權而永遠在野。

梁漱溟的文章寫出來後，想在重慶《大公報》上發表，但在新聞檢查方面被扣。為此梁漱溟還專門去找了當時國民黨政府宣傳部長葉楚傖，葉楚傖表示，他很同情梁漱溟的主張，但不同意梁漱溟的文章公開發表，理由是：恐文章發表後，引起討論，不能俾問題解決，反增不愉快情緒。又說，黨派現狀固不能令人滿意，但如無好轉的把握，而有惡化的可能時，仍以少談為好。其實，梁漱溟的文章之所以不能發表，更重要的原因在於，梁漱溟在文章中提出的某些主張，與

13　同上注，第225─226頁。

中共提出的以國民黨為民族聯盟，各黨派都加入，但又各保持其獨立性的觀點極為相似，而被視為替中共張目。梁漱溟的這篇文章，最終只能分送各黨派領導人看一看，如此而已。

其實，即使梁漱溟的主張沒有受到國民黨的阻礙而得以發表，但是，這樣的主張能否為各黨派的普遍接受，尤其是國民黨與共產黨的接受，也是值得懷疑的。然而，不管怎麼說，梁在這問題上的主張，在這裡所表達的觀念，卻是他後來謀求國共合作、團結抗戰、和平建國的主要指導思想。

梁漱溟欲致力於兵役改善而不能盡力，欲提出解決黨派問題的主張而又得不到公開發表，他感到留在西南大後方是沒有什麼意義的，因此，他決定到華北戰地去看看。經蔣介石批准，梁漱溟在1939年2月開始到華北敵後根據地作了為期8個月的視察。戰地所見，使梁漱溟更強烈地感受到了黨派問題的嚴重性與解決黨派衝突的迫切性。他打算一回去，便將其解決黨派問題的想法提出來，與國民黨、共產黨以及兩黨以外的各黨派和無黨派人士洽談。

10月初，梁漱溟回到成都，隨即向當時正在成都的蔣介石彙報山東方面的敵情、山東省政府情況及八路軍的情形，由於時間關係，他特別想提出來的黨派衝突問題卻沒有談及，只好另約時間回重慶再談。這時，黃炎培、晏陽初、李璜等人正好在成都，因此，梁漱溟向他們報告了他所見到的黨派問題的尖銳嚴重情形，並向他們談了自己的想法。他指出，黨派問題若不解決，「近則妨礙抗戰，遠則重演內戰，非想解決辦法不可。第三者于此，無所逃責。而零零散散，誰亦

盡不上力量。故第三者聯合起來，共同努力，為當前第一事」。[14]對於梁漱溟的主張，黃炎培他們表示贊成，相約回到重慶後再多找些人來商量進行。

10月23日，梁漱溟回到重慶，由於這個時候蔣介石不在重慶，梁漱溟便先把自己的想法跟中共方面談了。梁漱溟先從戰地見聞談起，然後談到黨派問題的嚴重性與解決辦法。在談到解決辦法時，梁漱溟特別強調，軍隊必須脫離黨派而統一於國家。對梁漱溟的看法，中共方面參與洽談的秦邦憲、陳紹禹、董必武、吳玉章、林祖涵等回答說：「你的理論和我們的理論是有出入的，但你的結論都和我們的結論頗相合。至於軍隊統一於國家，在道理上自是如此，周恩來同志在廿五年雙十二時節，且曾對外說出過這個話。不過事實上，必要國民黨同樣辦理，我們方可照辦。」[15]

隨後，梁漱溟也與國民黨方面談過這方面的問題，交談者主要是張群。當梁漱溟談到軍隊必須脫離黨派而統一於國家時，張群問道：「你向共產黨談過沒有？他們如何表示？」梁漱溟答道：「他們表示國民黨實行，共產黨就照辦。」張群拍手笑道：「他們深知國民黨不會實行，所以不必從他們口裡來拒絕你的提議，而只須說一句要看國民黨便盡夠了。老實對你說，國民黨的生命就在它的軍隊，蔣先生的生命就在他的黃埔系。像我這樣一個地道軍人而從不想抓軍隊，是絕無僅有的。你向誰要軍隊就是要誰的命！誰能把命給你？你真是書呆

14　《我努力的是什麼》，見《梁漱溟全集》，第6卷，第249頁。
15　同上注。

子！」[16]張群的這一席話對梁漱溟來說如冷水澆背。梁漱溟也不是不知道，要有實力才能解決問題，但他並不認為，只有軍隊才是實力，他認為，若能代表人民的要求，能得到人們的支持，那也是實力，是更強大的實力。

由於熱衷於黨派問題的解決，梁漱溟對當時人們頗為熱心的憲政運動漠不關心。他認為當時人們熱心於憲政運動，有點本末倒置。梁漱溟相信，對於中國來說，只有先團結統一，才能到達憲政，絕不能由憲政達到統一。而在當時，又必須先解決黨派問題，才能使中國團結統一。而要解決黨派問題，則必須先謀協力廠商面的聯合，以形成一種力量，一種實力。

梁漱溟為黨派問題的解決而謀求協力廠商面聯合的初步結果，就是1939年11月底成立的「統一建國同志會」。

但是，「統一建國同志會」並不是一個正式的組織，因此，在政治上並沒有也不可能產生什麼影響。梁漱溟本人的經歷便證明了這一點。1940年3月，梁漱溟根據何應欽關於國共衝突的報告以及自己對這個問題的認識與主張，寫出了一份題為《請匡定黨派關係，求得進一步團結，絕對避免內戰，以維國本案》的提案，準備在1940年4月初召開的國民參政會上提交。當他在「統一建國同志會」中找參政員連署時，許多人就怕惹是生非而不敢簽名。最後還是在一些老熟人與一些老先生的幫助下，才使提案湊足二十人連署，得以在會上提出。此事尚且如此，若遇更重大的事情，「統一建國同志會」能起什麼樣

16　同上注，第961頁。

的作用，就是不言而喻的了。

　　1940年12月24日，梁漱溟讀報，看到第二屆參政會參政員名單公佈，他發現參政員的名額增加了，但是國民黨黨外人士卻減少了，如章伯鈞、陶行知、沈鈞儒等第一屆參政員都榜上無名，而增加的都是國民黨方面的人。他為此感到氣悶，出門散步，走到張君勸家，碰巧黃炎培、左舜生也先後來到。四人聚談，同聲致慨。黃炎培說道，我們不應該妄自菲薄，而應自覺地負起大局責任來才對。在互相敦勉的氣氛中，張君勸說道，統一建國同志會不中用，必須另行組織。並主張，先秘密進行組織，佈置一切，還必須在國民黨所控制不到但又極接近內地的香港建立起自己的言論機關來，然後以獨立姿態出現，不必向國民黨政府當局取得同意。張君勸的意見得到了梁漱溟他們的一致贊同。梁漱溟他們自晨至暮，討論整日，多所決定。第二天，黃炎培又約來冷禦秋、江問漁同談。這天，他們決定將組織定名為「中國民主政團同盟」。不久，因各人都有事要離開重慶，此事的商議只得暫時擱置。

　　1941年2月，梁漱溟他們先後回到重慶。他們本以為回重慶後便可以從容商議同盟的事，但是由於1月6日發生皖南事變，17日國民黨政府更發佈命令取消新四軍番號，中共對此提出強烈抗議，並書面通知說在他們提出的善後辦法「十二條」得到政府裁奪之前，他們的參政員不出席即將召開的參政會。梁漱溟他們為了不使國內裂痕暴露於外，更為了民族的團結抗戰而奔走雙方。後來中共方面作了些讓步，提出了新的善後辦法十二條，但是，國民黨沒有接受，中共代表最終也沒有出席參政會第二屆大會。梁漱溟他們的調停徒勞無功。

在調停的同時，梁漱溟他們組織同盟的事也穿插在調停中間秘密進行著，而且還加快了有關的工作。到3月底，同盟的綱領及組織章則都確定下來了，還推定執行委員會13人，其中包括常委5人，他們是黃炎培、左舜生、張君勱、章伯鈞和梁漱溟，並由黃炎培任主席，左舜生任總書記，梁漱溟被指派赴香港去成立言論機關。至此，同盟正式成立，只是對外還秘而不宣。

為了籌辦同盟的機關刊物，梁漱溟很快就動身去香港。1941年3月底，梁漱溟離開重慶經貴陽到達桂林，也許是為了避人耳目，梁漱溟在桂林逗留了近兩個月，其間，應邀在廣西大學講學，所講題目為《中國文化要義》。後在李濟深幫助下，梁漱溟購得一張機票，於5月20日由桂林飛往香港。

在中共的幫助下，經過一段時間的籌備工作，由梁漱溟擔任社長的同盟機關報《光明報》於1941年9月18日在香港創刊。10月10日，《光明報》同時刊出了《中國民主政團同盟對時局主張綱領》與由梁漱溟起草的《中國民主政團同盟成立宣言》，正式向外界宣告中國民主政團同盟在重慶成立。《中國民主政團同盟對時局主張綱領》共有十條：

一、貫徹抗日主張，恢復領土主權之完整，反對中途妥協。

二、實踐民主精神，結束黨治，在憲政實施以前，設置各黨派國事協議機關。

三、加強國內團結，所有黨派間最近不協調之點，亟應根本調整，使進于正常關係。

四、督促並協助中國國民黨切實執行抗戰建國綱領。

五、確立國權統一，反對地方分裂，但中央與地方許可權，須為適當之劃分。

六、軍隊屬於國家，軍人忠於國家，反對軍隊中之黨團組織，並反對以武力從事黨爭。

七、厲行法治，保障人民生命財產及身體之自由，反對一切非法之特殊處置。

八、尊重思想學術之自由，保護合法之言論出版集會結社。

九、在黨治結束下，應注意下列各點：（一）嚴行避免任何黨派利用政權在學校及其他文化機關推行黨務。（二）政府一切機關，實行選賢與能之原則，嚴行避免為一黨壟斷及利用政權吸收黨員。（三）不得以國家收入或地方收入，支付黨費。（四）取消縣參議會及鄉鎮代表考試條例。

十、在當前政務上亟應注意下列各項：（一）厲行後方節約運動，切實改善前方待遇。（二）糾正各種行政上妨礙生產之措施，以蘇民困，並力謀民生之改善。（三）健全監察機關，切實為各種行政上弊端之澄清。[17]

如同《光明報》的創刊一樣，宣言與綱領發表並不順利。國民黨通過香港當局的新聞檢查機構對《光明報》言論的嚴密管制，為了避免被檢扣，梁漱溟他們不得不把宣言與綱領以廣告的形式發表。但是，這還是小事，更大的問題是同盟籌辦人的內訌與不團結，或主要

17　《梁漱溟全集》，第6卷，第156—157頁。

負責人的臨陣脫逃。

例如作為同盟發起人之一並被推為主席的黃炎培，先是在3月份提議將綱領分別先後發表（也就是把直接指向國民黨之有力條文暫付保留）。後是在8月19、20日，在宣言與綱領發表前不久，突然表示環境不容其出面參加同盟，而希望留在其同盟之外，並不告而辭去同盟主席一職。黃炎培的所作所為，使得曾慕韓得以提出在宣言與綱領發表時不具名的主張，並最終導致宣言與綱領發表時，因未署同盟負責人姓名，被人懷疑其可信性，而未能引起有力的同情與重要的影響，更使國民黨找到藉口對同盟肆意攻擊，加以誹謗。因此，梁漱溟對黃炎培的怨恨，幾十年後也沒能完全消除。這可以梁漱溟在1973年12月29日寫的一段文字為證：

最可恨者，更在民盟內部成員之間。首先黃炎培老猾無恥，貪戀戰時公債勸募委員會秘書長職位，與蔣孔權勢為緣，不敢露面抗爭，臨陣脫逃，使民盟主任委員陷於空蕩無人之境，使我受窘。[18]

其他如左舜生之不肯以同盟主席一職讓予張君勱而欲自謀[19]，曾慕韓之要求改綱領中較溫和之條文為激進條文等等，就更不用說了。

但是，不管怎麼說，同盟的宣言與綱領還是發表了。宣言與綱領所提出的「軍隊國家化，政治民主化」的主張，基本上反映了梁漱溟這些年來的政治觀點與政治構想。宣言與綱領總的說來，就是要求國

18　《記中國民主政團同盟》，見《梁漱溟全集》，第6卷，第362頁。
19　同上注，第360頁。

民黨在政治上加以改革，並放棄其對政權的壟斷。

由於宣言與綱領對國民黨有明顯的批評色彩，因此，它們剛發表，便引起了國民黨方面的強烈反應，對同盟及其宣言、綱領肆意攻擊，甚至連當時的立法院院長孫科也親自出馬，發表講話，一面說，同盟是屬於烏有的組織，絕無其事，「在公在私俱絕無所聞」；一面又指責同盟是有意要變更現政權，破壞抗日，甚至以「第五縱隊」相誣。而香港的親國民黨報刊，也連篇累牘發表文章，對梁漱溟與同盟進行了尖刻的攻擊。

1941年12月，太平洋戰爭爆發，日軍進攻香港，《光明報》在創刊後不到三個月，便被迫停刊。由於香港局勢日益緊張，《光明報》復刊無望，梁漱溟決定離開香港返回內地。

1942年1月10日，梁漱溟與范長江夫婦等人乘小船，偷渡到澳門，然後途經臺山、三埠、肇慶、梧州等地，於2月5日返抵桂林。

如同1939年到華北敵後根據地去視察一樣，這一次梁漱溟也是有驚無險。即使在極惡劣的境況下，梁漱溟也保持神色自若，如同無事。他相信他的「安危自有天命」，在他的重大歷史使命完成之前，他相信，他還不會有生命危險。

孔孟之學，現在晦塞不明。或許有人能明白其旨趣，卻無人能深見其系基於人類生命的認識而來，並為之先建立他的心理學而後乃闡明其倫理思想。此事唯我能作。又必於人類生命有認識，乃有眼光可以判明中國文化在人類文化史上的位置，而指證其得失。此除我外，

當世亦無人能作。前人云「為往聖繼絕學，為萬世開太平」，此正是我一生的使命。《人心與人生》等三本書要寫成，我乃可以死得；現在則不能死。又今後的中國大局以至建國工作，亦正需要我；我不能死。我若死，天地將為之變色，歷史將為之改轍，那是不可想像的。乃不會有的事！[20]

可見，梁漱溟在險境中的心態，與孔子當年被拘禁於匡地時的心態可能是極為相似的。（據《論語·子罕篇》記載：「子畏于匡，曰：『文王既沒，文不在茲乎？天之將喪斯文也，後死者不得與于斯文也；天之未喪斯文也，匡人其如予何？』」）

梁漱溟在桂林一住就是三年。三年中也並沒有閒著，而是不斷地同一些朋友，如李濟深、李任仁等，商討如何改造政局以利抗戰；在與一些美國人接觸聯繫後，甚至還設想過在沿海一帶配合美軍登陸；當桂林危急，則策劃過在廣西、廣東、湖南三省交界的八步鎮開展戰時民眾動員工作。不過所有這一切，終歸徒勞無功。

值得一提的是，在桂林這段時間裡面，梁漱溟嚴守其中立立場，既不願偏向中共，也不願偏向國民黨。如1942年，中共方面的周恩來托張雲川給梁漱溟帶來一封密信，勸他到蘇北或任何由中共控制的地區，建立鄉村建設或民盟據點，並表示中共願幫助他開創一個局面，對此，梁漱溟毫不猶豫，一口拒絕。1943年，當國民黨政府以憲政實

20　《香港脫險寄寬恕兩兒》，見《我的努力與反省》（文集），灕江出版社，1987年版，第290頁。

施協進會事見召時，梁漱溟也敬謝不赴，加以拒絕。[21]梁漱溟以為，若不能嚴守中立而偏向於一方，就會失去或削弱他對廣大中國社會說話的力量，而且，對於他要廣泛團結全國各方面來說，也是不合適的。

雖然梁漱溟在桂林的這幾年各方面都勞而無功，但是，在個人生活方面，卻發生了一些重要變化。這就是他的第二次婚姻。

梁漱溟的原配夫人黃靖賢女士是在1935年8月20日因難產而病逝于鄒平的。黃女士與梁漱溟共同生活了14年，生養有兩個兒子。梁漱溟承認，結婚的頭幾年，由於自己的要求太過理想及婚後對擇婚時沒有注重到對方的後天條件有點後悔，加上兩人在興趣與學識方面的差異，「彼此感情都不算頂好」。但是，後來兩人的感情卻是十分融洽的，黃女士對梁漱溟「總是愛惜照護」，梁漱溟則認為，「只有她配作自己的妻子」。[22]在黃女士剛過世的時候，梁漱溟曾決定不再續娶，以報答黃女士為他作出的犧牲及留給他的為社會服務的機會：

我轉回來想，在天安排我兩人的關係上，亦許靖賢是純粹落在犧牲地位以成全我的吧！她最先成全我的，是到我年近三十才來我家，給我很大的機會為思想上創造努力（不必多，假令早結婚三五年，《東西文化及其哲學》未必能成）。婚後的十四年間，使我藉以瞭解人生，體會人生。並從她的勤儉，得以過著極簡易的生活，俾我在社會上能進退自如，不用討錢養家，而專心幹我的社會運動。在這中國

21　《答政府見召書》，見《梁漱溟全集》，第6卷，第447—450頁。
22　《悼亡室黃靖賢夫人》，見《梁漱溟全集》，第5卷，第752、754頁。

問題極度嚴重的時際，她又早早離開我，給我以爽利的身子，容我以全副的精神，對付大局問題，為社會服務──我此後決不續娶，不在紀念她的恩義，表見我的忠貞；而在不應該糟蹋她留給我的這個機會。我將有以用我這機會，改變我的生活。所以我今後為社會的努力，任何一分的努力，我將使知交諸友都認識這是出於我靖賢的成全。這或者是我於萬分對不住靖賢之中，求得一個補贖的路吧！[23]

由此看來，對於黃女士的逝世，並非如人們所說的那樣，「梁漱溟不僅不感到悲傷，反而認為對雙方都是一種解脫」。[24]顯然，梁漱溟與其原配夫人的感情也並非如人們所想像、所傳說的那樣糟糕。在黃女士過世了幾十年之後，梁漱溟還為她寫了一篇紀念文章，其中不乏悲傷與讚美之辭；[25]還對一些來訪者說他的第一位妻子是真正的賢內助，絕對忠於丈夫；又說，自己一生中有什麼真正痛苦的話，那就是第一位妻子的去世。[26]

雖然梁漱溟曾許諾過絕不續娶，但是在1944年1月23日，由他的朋友李濟深作為主婚人，他還是和僅比他小三歲的、由北京女子師範大學畢業的中學教師陳樹棻女士結了婚。可是，這第二次婚姻，並不像人們所說的那樣幸福。後來，梁漱溟自己也說這「第二次婚姻是個錯誤」。[27]梁漱溟的第二位妻子於1979年9月在北京病逝。

23　同上注，第754—755頁。
24　馬勇：《梁漱溟評傳》，第285頁。
25　《紀念先妻黃靖賢》，見《梁漱溟全集》，第7卷，第430—433頁。
26　艾愷：《梁漱溟傳》，鄭大華等中文譯本，湖南出版社，1992年版，第350頁。（此書實際上是鄭大華等譯的《最後一個儒家》的增訂版。）
27　艾愷：《梁漱溟傳》，第350頁，鄭大華等中文譯本。

婚後不久，由於桂林局勢危急，梁漱溟來到廣西賀縣八步鎮，住了將近一年。在八步，梁漱溟曾試圖開展戰時民眾動員工作，苦心孤詣，終於還是一事無成。梁漱溟就是在八步鎮獲悉抗日戰爭勝利消息的。

4.2　為和平建國而努力

　　1945年8月，梁漱溟在廣西賀縣八步鎮得知抗日戰爭勝利的消息，隨後又聽說國共雙方的領袖蔣介石與毛澤東在重慶展開兩黨談判，他以為中國的政治局勢已有好轉，今後的事情主要是如何建國的問題，於是，便打算退出現實政治活動，回到文化研究工作上來，致力於中國傳統文化的研究工作，為和平建國出力。

　　蔣介石與毛澤東的和談，似乎使梁漱溟認為他在抗戰時期一直擔心的事情，即由黨派衝突而引發的內戰，已不會發生，因而對時局作了過分樂觀的估計。但是，當他離開八步到達廣州時，他才發現，國內的政治局勢並不容樂觀。11月，他到達重慶之後，才真正意識到問題的嚴重性。

　　梁漱溟到達重慶時，正好趕上國民黨接收東北遇到困難。東北資源豐富，工業發達，交通便利，戰略地位十分重要。國共雙方都想佔有東北。當時東北正控制在蘇軍手中。對於中共軍隊進入東北，蘇軍提供了種種方便，對於國民黨軍隊進入東北，蘇軍則設置了種種障礙。蘇軍之所以這樣做，顯然是不願意將東北完全讓國民黨佔據，因為國民黨的親美傾向是十分明顯的，一旦國民黨完全佔有東北，那麼

美國便能在東北謀得對蘇聯極為不利的利益，這是蘇聯所不願意的。這也說明，當時的東北問題是極為複雜的，其所涉及的並不僅僅是國共雙方。對此，梁漱溟也看得很清楚。對於東北問題，梁漱溟有過這樣的評論：「當時的東北要是弄不好，很有成為西班牙第二，爆發有國際背景的內戰的可能。」[28]

　　一向反對內戰，希望能在和平環境中建設新中國的梁漱溟，對於國共雙方的衝突，當然不會坐視，於是開始全力投入調停國共雙方衝突的工作。

　　就在梁漱溟他們開始進行調停工作不久，由於擔心國共雙方矛盾的惡化會影響到美國在華的利益，當時的美國總統杜魯門決定派馬歇爾來華，以調解國共雙方的衝突。1945年12月20日，馬歇爾飛抵中國。

　　在馬歇爾的協助下，國共雙方經過談判，於1946年1月10日簽訂了一份停戰協定。根據協定，國共雙方從1月13日午夜起停止一切戰鬥行動，停止中國境內的軍事調動，停止破壞與阻礙交通線的行動，並決定在北平成立一個由國民黨、共產黨、美國三方人員組成的軍事調處執行部，以確保停戰協定的實施。但是在這個協定中，停戰的範圍並不把東北包括在內。這是因為當時國共雙方還沒有在東北打起來。這就為後來的衝突與內戰埋下了一條導火線。

　　就在國共雙方簽訂停戰協定的同一天，政治協商會議也在重慶召

28　《我參加國共和談的經過》，見《梁漱溟全集》，第6卷，第894頁。

第四章・行動儒者（下）：梁漱溟與中國現代政治　　185

開。出席這次會議的代表共有38人，梁漱溟作為民盟方面的代表，出席了這次會議。

這次政治協商會議的目標與任務，主要是由各黨派協商如何結束國民黨的一黨統治，實行憲政。而要實行憲政，就必須做到政治民主化與軍隊國家化。只有這樣，才能奠定國家的和平統一，使中國走上民主憲政的道路。

政協會議開幕式過後，便開始討論各項議案。列入會議日程表的，主要有憲法草案、國民大會、政府組織、施政綱領與軍事問題等五個議案。根據會議議程的規定，38名代表共分為五個小組，分別對五大議案加以審議。分組的理由，據梁漱溟的說法，是這樣的：

> 政治協商會議的目標與任務既在實行憲政，那就必須先起草憲法，然後提交國民大會通過，所以設憲草小組和國民大會小組。而國民大會之召集不能由國民黨一黨包辦，須由各方共同召集，因此就須改組國民政府，容納各黨派參加政府，這樣就設立了政府組織小組，協商政府改組事宜。政府改組後，憲政實施前，這一段時間如何施政，須要有一個共同綱領，所以又設立了施政綱領小組。此外，由停戰會議而產生的停戰執行小組，只管調處停戰，而兩黨軍隊如何變成國家的軍隊，如何實現軍隊國家化，如何裁軍整軍，還需要協商解決，所以又設立了軍事小組。政治協商會議五個小組的來歷大略如此。[29]

29　《我參加國共和談的經過》，見《梁漱溟全集》，第6卷，第897頁。

在這些小組中，梁漱溟拒絕參加憲草小組，而要求參加軍事小組，一心要為整軍問題出力以實現軍隊國家化。

1月16日，在政協大會上，梁漱溟以民盟代表團的名義，提出了一個《中國民主同盟關於軍事問題的提案》，並對提案作了口頭說明。[30]在提案中，梁漱溟針對軍事問題提出了兩個原則：「（一）全國所有軍隊應立即脫離任何黨派關係，而歸屬於國家，達到軍令政令之完全統一（現役軍人脫離黨籍）。（二）大量裁減常備軍額，而積極從事科學研究、工業建設，而一面普及國民軍訓，以為現代國防根本之圖。」為實現這兩個原則，梁漱溟還建議立即成立一個整軍計畫委員會，並對委員會的組成及其工作提出了一些具體意見。

1月21日，在軍事小組會議上，梁漱溟又提出現役軍人都要脫離黨派，不論任何黨派都不能有軍人黨員的問題來討論。梁漱溟花了很大的力氣說明這樣做的必要性，最後，他的意見在小組會上得到通過。當時中共方面的周恩來因去接廖承志出獄而不在場。在通過的時候，邵力子說道：「梁先生意思很好，事實上是做不到的。」梁漱溟拍案而起，說道：「做不到也得做！」第二天，軍事小組再開會時，周恩來一入會場就說：「昨天通過的統統不算，讓我們的軍人脫黨是做不到的。所以昨天通過的根本不能算。」梁漱溟花了九牛二虎之力才讓人接受的意見，就這樣被推翻了。不過，在軍事小組會議上通過了兩個原則：軍黨分離與軍政分離。「所謂軍黨分離，就是在軍隊中不得有黨團組織，軍人只許有黨籍，但不許在軍隊中有黨組織，也不

30　《梁漱溟全集》，第6卷，第610—613頁。

許軍人在駐地有黨派活動。這就算軍黨分離了。所謂軍政分離，就是軍隊在駐地只能進行訓練，既不負地方防務，也不得就地補給而由中央另行統一籌畫。軍隊跟當地政治不發生任何關係。這叫做軍政分離。」[31]但是，這兩個原則後來都被證明是一紙空言。

雖然梁漱溟個人的主張在政協會議上沒能被接受。但是，總的說來，政協會議開得還算順利，到1月底，五個小組協商的問題都有了眉目，差不多都可以取得協議，梁漱溟認為，「和平交易可以成交了」。[32]

梁漱溟再次決定退出現實政治活動以從事言論工作，尤其是文化研究工作。因此，政協會議一結束，他便想創辦一個研究機構，從世界文化的比較研究上作些認識老中國的功夫。為此，他在1946年2月，飛到成都，拜訪葉石蓀、李浚清等人，請求相助；3月，飛到北平，亦是為這事而奔走諮訪。

在飛到北平後，3月13日，梁漱溟由北平出發，飛往延安。梁漱溟這次去延安的目的，據他自己說，是由於擔心毛澤東與中共對他退出現實政治活動不理解、不諒解，而特地去向他們作當面解釋的。但是，在訪問中，梁漱溟更多的時間是用在與中共領導人商談政治問題和建國方略。

梁漱溟到達延安的第一天，與中共領袖談論的就是政治問題。參與座談的有毛澤東、朱德、彭德懷、林祖涵、王明、任弼時等人。話

31　《我參加國共和談的經過》，見《梁漱溟全集》，第6卷，第918—919頁。
32　同上注，第902頁。

題由前不久剛結束的政協會議開始。交談中，梁漱溟說道，雖然他與其他人一樣對根據政協協定所擬定的憲法草案寄予厚望，但是他又懷疑這部憲法是否可以行之久遠，他覺得「這部憲法不能充分符合中國當前的需要，不能充分符合社會改革完成之前的今日之中國的需要」。[33]因為這部憲法體現的是多黨制，而多黨制在他看來在中國是難以行得通的。隨後，梁漱溟提出了他自己構想出來的、自認為是符合中國實際需要的一個政治方案。這個方案的實質內容就是他在抗戰時期為解決黨派問題而提出的建立黨派聯合體的主張，即多黨合作。梁漱溟在提出他的方案時曾暗示，這個方案的實施有一個前提，那就是蔣介石死去或者失勢下臺，否則這個方案是沒法施行的，因為「蔣是任何形式合作的死敵」。[34]對此，梁漱溟又不好明說，但這還是被任弼時覺察出來了。梁漱溟還申述了他的方案所必須遵循的幾個原則，並強調，在他構想的方案中，黨派綜合體是不負行政責任的，而是居於監察政府執行政策的地位。梁漱溟說道：

　　我于此竊取了孫中山先生政權、治權分開之說。政權在民，黨派綜合體是代表人民，站在全國人民立場執掌政權者，而以治權付之行政部門。行政部門即通俗所稱政府，則忠實於政策之貫徹實施（在實施中如有意見可隨時反映給黨派綜合體）。如此兩下分開是萬分必要的，是黨派綜合體自身恒保持在一致立場上所必要的一大前提。否則將導致黨派間的鬧意見而動搖根本。[35]

33　《延安歸來》，見《梁漱溟全集》，第6卷，第626頁。
34　《再訪延安》，見《我的努力與反省》（文集），第309頁。
35　同上注，第312頁。

毛澤東與朱德等都很用心聽梁漱溟的發言，當聽到梁漱溟這個觀點時，朱德說道：「這大概是30年以後的事吧。」毛澤東與其他人則沒有什麼表示。

第二天，毛澤東又約集了幾個人來與梁漱溟交談，所談還是時政問題。這時，正好有國民黨、蔣介石不尊重政協協議之憲草原則而多所改動的消息傳來。

要暸解國民黨修改憲草原則的事，還得從政協會議對憲草的討論說起。當時，關於憲政有三種藍本，一是英美等資本主義國家的憲政，一是根據孫中山五權憲法的憲政，一是以蘇聯為首的社會主義國家所實行的憲政。國民黨標榜五權憲法，民盟及社會賢達中的大多數人傾向英美式憲政，而中共雖嚮往蘇聯式憲政，但由於在當時是不現實的，因而也傾向於英美式憲政。這樣一來，如何折衷五權憲法與英美憲法便成了憲政討論的問題之所在。這時，張君勱的把戲便應運而生：

張君勱根據孫中山直接民權的學說批評「五五」憲草的國民大會制只是間接民權而非直接民權，所以他主張應把國民大會化有形為無形，公民投票運用四權（選擇、罷免、創制、複決）就是國民大會，不必另開國民大會。這樣就把妨礙英美憲政民主的東西去掉。此外，張君勱主張監察院作為英國式的上議院，把立法院作為英國式的下議院，而把行政院作為英國式的內閣；行政院須對立法院負責，立法院對行政院可以有不信任投票，推翻內閣，另組新閣；行政院如有自信，也可以拒絕立法院的信任而把它解散，實行大選，產生新的立法

院。一方有不信任內閣之權，一方有解散議會之權。張君勱就這樣用偷樑換柱的巧手段，保存五權憲法之名，運入英法憲政之實。[36]

在張君勱的設計中，還規定各省得制定省憲。這樣的憲法，對執政的國民黨，對蔣介石都是最為不利而有利於在野各黨派的，因此，對於張君勱的設計，在野的各方面莫不欣然色喜，一致贊成。尤其難得的是，「五五」憲草的主持人孫科，蓄意自己當行政院長，竟放棄了其父親孫中山一生奔走號召的五權憲法實質，也點頭承認了張君勱的設計，而且不把情況向蔣介石當面彙報。就這樣，張君勱設計的這個憲草原則，在政協會議上得到表決通過。

隨後就是國民黨方面要求修改政協通過的憲草原則。開始，中共與民盟都不同意修改。但是，在3月15日的憲草審議會上，周恩來出於大局考慮，同意並勸民盟也同意在這個問題上作些讓步。所作的讓步有三點：「第一，國民大會從無形還回到有形，其組織與權力再行商定；第二，同意取消立法院對行政院的不信任投票權和行政院對立法院的解散權，但行政院仍須對立法院負責，至於行政院對立法院如何負責和立法院對行政院如何監督，具體辦法再行商定；第三，省憲可以改為省自治法，具體內容再行研究。」[37]

但是，由於國民黨中央社的報導失實，消息傳到延安，中共方面感到震驚。

36　《我參加國共和談的經過》，見《梁漱溟全集》，第6卷，第900頁。
37　《我參加國共和談的經過》，見《梁漱溟全集》，第6卷，第904頁。

因此，在交談中，毛澤東向梁漱溟打聽有關情況。梁漱溟對此也說不清。

於是毛澤東急電周恩來回延安。3月21日，周恩來回到延安，向中共中央彙報了有關情況。彙報情況時，梁漱溟在場。當時中共方面對此並沒有討論，只有毛澤東說了這幾句話：「他們（指國民黨）要制定他們所要的憲法，十個、八個，由他們自己制定去吧！必須制定共同遵守的憲法，我才接受。我只接受第十一個憲法！」[38]

3月25日，梁漱溟搭乘送周恩來的飛機離開延安，返回重慶。

梁漱溟回到重慶後不久，4月，又飛往昆明。他這次去昆明的目的，一方面是想到那裡去看看，能否把擬想中的文化研究機構設在昆明，另一方面是想找當時的雲南省政府主席龍雲出錢資助他籌辦文化研究機構。這時的梁漱溟，正如他自己所說，一心想搞「自己的事情，有關大局的事情差不多等於不過問了」。[39]

但是，由於國內政治局勢的急劇惡化，梁漱溟退出現實政治活動以專致力於文化研究工作的願望又一次落空了。

1946年4月18日，中共軍隊攻佔長春。蔣介石宣稱，中共必須退出長春，否則他將以武力攻取長春，並一再強調長春問題是時局關鍵的唯一問題。國共雙方的衝突已發展到了大打特打的關頭。這時，馬歇爾派人來找民盟，請求協助調停，希望雙方衝突能通過和談解決。

38　同上注。
39　同上注，第907頁。

在這種情況下，梁漱溟當然難以置身事外。5月初，梁漱溟便出任了民盟秘書長一職。隨後，民盟總部隨國民黨政府還都南京也遷到南京，由於民盟主席張瀾不願離開四川，自此，民盟主要由梁漱溟負責。

後來，長春問題以中共軍隊在5月19日撤離而得到解決。在長春問題解決後，蔣介石又先後提出了「美方最後決定權問題」與「蘇北地方政權問題」，且都稱為時局關鍵的唯一問題。美方最後決定權問題，經民盟勸說，中共讓步而得解決。在蘇北地方政權問題上，梁漱溟他們找到周恩來，也希望中共能作些讓步。但是，由於蔣介石在蘇北地方政權問題上所提出的要求有違政協通過的「軍政分離原則」，與「華中華北解放區政權問題由改組後的國民政府來解決的原則」，因而，周恩來沒有接受梁漱溟他們的意見。到7月中旬，在蘇北地方政權問題上，仍無任何解決的跡象。於是，蔣介石便以此為藉口，向中共發動全面的進攻。

就在蔣介石向中共發動全面進攻的前後，民盟成員李公朴、聞一多於7月11日、15日在昆明相繼被國民黨特務暗殺。李、聞被暗殺案一發生，梁漱溟便以民盟總部秘書長的名義發表一份書面談話，對國民黨特務暗殺李公朴、聞一多提出強烈的抗議，正告國民黨當局，要求取消特務，否則，民盟將不參加政府。梁漱溟說道：

我個人極想退出現實政治，致力文化工作，這是各方朋友所知道的。但是，像今天這樣，我卻無法退出了。我不能躲避這顆槍彈。我要連喊一百聲：「取消特務。」我倒要看看國民黨特務能不能把要求

民主的人都殺光。我在這裡等待著他。[40]

8月3日，梁漱溟與周新民離開南京，一起到昆明去調查李、聞被暗殺案，並寫出了詳盡的調查報告，直到8月20日才返回到上海。

就在梁漱溟前往昆明調查李、聞被暗殺案期間，蔣介石又進一步為和談設置障礙。8月11日，蔣介石提出他的停戰條件，這就是：（1）中共必須從蘇北皖北撤退；（2）熱河境內中共應撤出朝陽；（3）中共應從膠濟鐵路全線撤退；（4）6月7日以後中共在山東、山西所攻佔各地退出；（5）10月10日以前東北中共應向興安省撤退，黑龍江、吉林兩省撤出一半，齊齊哈爾、延吉、哈爾濱均在內。很明顯，這是中共不能接受的。實際上，這不過是蔣介石要對中共發動更大規模進攻的藉口。

由於國民黨缺乏和談誠意，周恩來在9月16日離開南京去了上海。這實際上意味著雙方和談中斷。

在國民黨軍隊的猛烈進攻下，中共方面一時戰鬥失利，其中以張家口情勢最為危急。9月29日，周恩來從上海送給馬歇爾一份緊急備忘錄，請他轉交蔣介石，要求蔣介石立即命令國民黨軍隊停止進攻張家口，否則，中共即認為從此全面破裂，不再和談，一切責任由國民黨方面承擔。當馬歇爾將周恩來的緊急備忘錄交給蔣介石時，蔣介石大怒，不僅沒有停止對張家口的進攻，反而在10月2日發表了兩點聲明：第一關於國府委員問題，提出中共可占8名，民盟可占4名，在無

40　《特務不取消，民盟不參加政府》，見《梁漱溟全集》，第6卷，第631頁。

黨無派名額中，中共可推薦1名，共13名；第二關於整軍問題，須規定中共18師駐地，並照規定期限開入駐地。蔣介石聲稱，中共若能同意這兩點，並付諸實施，他可以宣佈停戰。這實際上是在停戰和談上又加上了兩個條件。對此，中共方面表示不能接受。

在得知中共方面不接受他的聲明之後，蔣介石立即命令他的軍隊加緊對張家口的進攻。10月11月，國民黨軍隊佔領張家口。為此，蔣介石高興萬分，並當即宣佈，定於11月12日召開國民大會。

就在國民黨軍隊攻佔張家口的前一天，10月10日，梁漱溟獨自一人到了上海。11日，他會見了周恩來，與周恩來商談，希望周恩來回南京，周恩來表示回南京的事可以考慮。梁漱溟得此消息，感到十分高興，以為和談可以重開，和平還有一線希望，因此，當天晚上，即坐夜車回南京，準備與國民黨方面接洽。不料，天明下車，在車站讀報，得知國民黨軍隊已經攻佔張家口，心裡涼了半截，知道一切都完了。當許多記者向他湧來，問他對國民黨軍隊攻佔張家口有何評論時，梁漱溟只說了一句話：「一覺醒來，和平已經死了。」[41]

蔣介石攻佔了張家口，在軍事上算是已經取得勝利了，但他還想取得政治上的勝利，這就是說，他宣佈召開的國民大會若能按期召開，而且各方面都出席國民大會，他的這個目的就算達到了。為了達到這個目的，蔣介石又唱出了和談的把戲，展開和平攻勢。由於中共方面在10月上旬拒絕了馬歇爾與司徒雷登他們的調解，實際上標誌著

41　羅隆基：《從參加舊政協到參加南京和談的一些回憶》，見《文史資料選輯》第20輯，中國文史出版社，第259頁。

他們作為調停人的使命已經結束。因此,蔣介石主動邀請協力廠商面出來擔當調解國共衝突的重任。一向不把協力廠商面放在眼裡的蔣介石,突然委以他們如此重任,一方面無非是想借協力廠商面為他的和談攻勢搖旗吶喊,對中共施加壓力;另一方面也是想借此拉攏協力廠商面,誘其出席自己宣佈召開的國民大會,在政治上孤立中共。

當蔣介石又唱出和談的把戲時,梁漱溟已知道馬歇爾他們作為調停人的使命已經結束,這時調解的重任非協力廠商面莫屬;而且對於蔣介石的意圖也看得一清二楚。正因為這樣,他才會認為這時的協力廠商面,「很有舉足輕重之勢,很可以作一下」。梁漱溟知道,當時國民大會會期緊迫,但在野各黨派的代表名單都還沒有交出,國民黨迫切希望國民大會如期召開,希望各方面都出席大會,而共產黨則希望各方面都不出席大會,使國民黨宣佈召開的國民大會根本開不成。顯然,「國民大會大家都不來,是國民黨在政治上的大失敗;反之,各黨派如果參加國大而共產黨不參加,共產黨頓形孤立,也是他政治上的大失敗」。[42]梁漱溟當時就是想利用這一點,去改變國內的政治形勢,使他自己認為已死的和平起死回生。

因此,梁漱溟又開始為和談奔走起來。他首先把無黨無派的胡政之、青年黨的李璜與民盟的張君勱找來,跟他們說了自己的想法。張君勱他們表示同意梁漱溟的想法。於是,他們立即行動起來,派人去上海,敦促周恩來回南京,與國民黨和談。

為了拆穿蔣介石的和談把戲,打破協力廠商面裡面一些人對國民

42　《我參加國共和談的經過》,見《梁漱溟全集》,第6卷,第937頁。

黨蔣介石會真正和談的幻想，周恩來答應返回南京，與國民黨作這最後一次和談，並於10月21日返回到南京。

既然要和談，國共雙方都提出了自己的和談要求與條件。早在10月16日，蔣介石就發表了一份聲明，提出了國民黨方面的談判條件。聲明共有8點，[43]但核心內容只有兩條：一是在華北華中就地停戰；一是在蔣介石下令停戰的同時，中共必須宣佈參加國民大會，並提出其代表名單。這些條件，實際上就是要推翻停戰協定與政協協議。

在蔣介石的聲明發表之後兩天，中共也發表了一份聲明，提出了自己的和談條件。聲明只有兩點：「第一，政府須承認恢復本年1月13日停戰生效時雙方軍隊駐守之位置，為一切軍事商談之原則；第二，政府須承認政協所有協議，為一切政治商談之原則。」[44]這兩個條件，實際上是要國民黨遵守停戰協定與政協的所有協議。

一方要推翻停戰協定與政協協議，一方要維護停戰協定與政協協議，而且雙方都強調對方必須同意接受其提出的條件才行，但實際上誰也不願意也不可能接受對方的條件。這可真是給作為調解人的協力廠商面出了一道難題。作為調解人，梁漱溟他們絞盡腦汁，多方瞭解情況，遊說雙方，希望能提出一套新的折中的國共雙方都能接受的方案來。

梁漱溟他們忙乎了好些天，還是沒能擬出一個恰當的方案來，調解工作毫無進展。可是，國民黨的軍事進攻卻不像他們的調解那樣毫

43　《我參加國共和談的經過》，見《梁漱溟全集》，第6卷，第940頁。
44　同上注，第941頁。

無進展。10月25日，國民黨軍隊又攻佔了東北的安東。這天晚上，梁漱溟與黃炎培等人去梅園新村拜訪周恩來，當梁漱溟他們把國民黨軍隊已經攻佔安東的消息告訴周恩來時，周恩來正喝茶，把茶杯一摔，憤怒地說：「從此以後，再不談了，我們要回延安了。蔣介石一點也不暸解共產黨，殊不知共產黨是不怕壓的，共產黨是從無到有，從最底層翻上來，如果怕壓，當初就沒有這回事了。」[45]但是，梁漱溟他們力勸周恩來暫時不要回延安，以免不明真相的人誤解。周恩來接受了他們的勸告，同時又與梁漱溟他們相約，今後中共、民盟如有新的打算要相互通知關照，以免蔣介石利用協力廠商面孤立中共、欺騙人民。

經過多次討論，10月28日，梁漱溟他們終於擬出了一套方案來。這套方案的內容主要有三點：

（一）雙方即日下令全國軍隊各就現地一律停戰。關於停戰之執行調處及恢復交通辦法，由軍調部及其執行小組依據軍事三人小組已有之協議處理之，對方軍隊應依軍隊整編統編方案辦理，其駐地分配，由三人小組協議定之。

（二）全國地方政權問題，一律由改組後之國民政府委員會依據政協決議、和平建國綱領之規定解決之。其有爭執之地方，並依軍民分治之原則，儘先解決。

（三）依據政協決議及其程式，首先召集綜合小組，商決政府改組問題，一致參加政府；並商決關於國大問題，一致參加國大。同

45　《我參加國共和談的經過》，見《梁漱溟全集》，第6卷，第946頁。

時，盡速召開憲草審議委員會，完成憲草修正案。[46]

很明顯，這樣一個方案是對國民黨有利而不利於共產黨的，但是梁漱溟自己卻認為這個方案是公道的、妥當的。對於這個經過多次商談才擬訂出來的方案，梁漱溟感到相當滿意。

梁漱溟對這個方案唯一不滿意的地方，是這個方案對某些爭執沒有作出具體解決，仍留待軍事三人小組和政協綜合小組去協商。梁漱溟擔心，這樣很有可能會留下病根，不足以息爭，因此，他提議把某些爭執性問題予以具體決定，加到方案裡面去。他的提議得到大家同意。經過研究，梁漱溟他們在方案中加入了兩條補充規定：一是規定中共在東北的駐軍地點為齊齊哈爾、北安與佳木斯；二是規定國民黨政府得派縣長帶員警接收東北各鐵路沿線中共所控制的二十個縣的政權，以求全線行政的統一。[47]正如有的研究者所說，這兩條補充規定不僅有失公允，而且實際上等於幫助蔣介石取得他在戰場上都得不到的東西。[48]

由於求和心切，再加上國大眼看就要開會，在國民黨政府的高漲聲勢下，人心焦躁不寧，因此，梁漱溟他們便忘了10月25日晚與中共的信約，在沒有知會中共的情況下，便把方案清繕三份，分別給中共、國民黨與馬歇爾送去。

46　《我參加國共和談的經過》，見《梁漱溟全集》，第6卷，第941—942頁；羅隆基：《從參加舊政協到參加南京和談的一些回憶》，見《文史資料選輯》第20輯，第268頁。
47　《我參加國共和談的經過》，見《梁漱溟全集》，第6卷，第943頁。
48　劉其明：《和談、內戰交響曲》，上海人民出版社1992年版，第421頁。

中共的那份是由梁漱溟與李璜、莫德惠三人送去的。梁漱溟他們來到梅園新村，把檔交給周恩來，並聲明這是他們擬出的最後的折中方案。然後由梁漱溟對方案逐條加以說明。梁漱溟對第二條剛說了兩句，周恩來臉色驟變，阻止梁漱溟道：「不用再往下講了！我的心都碎了！怎麼國民黨壓迫我們還不算，你們協力廠商面也一同壓迫我們？今天和平破裂，即先對你們破裂。十年交情從此算完。今天國民黨是我的敵人，你們也是我的敵人！」當時，周恩來的態度憤激，淚落聲嘶，說完用力摔門而出，取來一份他向中共中央報告10月25日晚與梁漱溟他們相約，今後中共、民盟如有新的打算要相互通知關照的電報稿，說道：「我是信任你們的，你們為什麼不在事先關照？」[49]這時梁漱溟才記起前約，自覺理短，茫然不知如何是好。

　　好在李璜提醒說：「不要緊，趕緊把文件從各方收回再說。」這時梁漱溟還發愁，這份文件是協力廠商面全體同人簽過名的，兩三個人怎麼有權將其收回？李璜說，青年黨方面由他負責。隨後，梁漱溟他們將交給馬歇爾與國民黨的那兩份檔都收了回來，請周恩來過目，聲明作廢。這時，周恩來才收淚息怒。梁漱溟也如釋重負，對李璜感激不已。梁漱溟對李璜這樣感激，是因為當時青年黨已經偏附國民黨政府，若他不肯收回這份檔，弄成僵局，後果可想而知。

　　由於檔得以及時收回，事情總算沒有鬧大，但事情也就到此為止，協力廠商面作為調解人的使命也結束了。

　　周恩來對梁漱溟他們的這個方案如此不滿，其中因由，他並沒有

49　《我參加國共和談的經過》，見《梁漱溟全集》，第6卷，第944—945頁。

對梁漱溟作過解釋，梁漱溟也始終沒有問過周恩來。梁漱溟自己推測，問題可能出在：

（一）第一條加入東北共軍駐地，既然規定了關外的駐地，關內駐地也應該規定下來；再則既然規定了共軍駐地，國軍駐地也應該一同規定下來，而我們卻沒有這樣做。要知道不規定國軍駐地，它就可以隨便調動，威脅共方；還有關內關外是相互牽連的，關外規定駐地，關內就再無法交換了。

（二）第二條加入政府派縣長員警接受共方二十個縣，於共方大不利，這是因為國方新編有一種保護鐵路的交通警察，為戴笠手下忠義救國軍所改編，那對於共方比較正式軍隊還更受不了，而我們卻沒有料想到。[50]

梁漱溟似乎認為，他們的這個方案之所以失敗，之所以沒能為中共方面接受，是加入了那兩條補充規定。

當然，梁漱溟他們的方案加入了兩條補充規定，是使中共不能接受他們的方案的一個原因。其實，即使梁漱溟他們沒有加入這兩條補充規定，中共方面也不會接受他們的方案，因為整個方案總的說來是對國民黨有利而對共產黨有害的。別的不說，僅說其方案中第一條要求「雙方即日下令全國軍隊各就現地一律停戰」這一點，中共方面就難以接受。因為當時國民黨軍隊在一連串的攻勢下，從中共手中搶佔了長春、張家口、安東等重要城市，以及蘇北、山東的大片解放區，

50　《我參加國共和談的經過》，見《梁漱溟全集》，第6卷，第945—946頁。

就現地一律停戰，實際上就是承認這些事實。這正好是蔣介石所期望的。蔣介石在他的聲明中，一個核心內容就是「華北華中之共軍與國軍暫住現地」，即關內就地停戰。梁漱溟他們連這一點都沒有注意到，失敗就是難免的了。

事實證明，梁漱溟是不適合從事現實政治活動的，他缺乏從事現實政治活動所必須的那種資質，更缺乏從事現實政治活動所必須的知識。經過這次挫折，梁漱溟自己也認識到了這一點，知道自己的不行。[51]因此，他決心退出現實政治活動。

4.3　傳統文化與中國現實政治

1946年10月底在國共和談中的調停失敗，梁漱溟終於退出了現實政治活動。11月14日，他辭去民盟總部秘書長一職，隨後便離開南京取道北京，返回到重慶附近的北碚，得償所願，專致於《中國文化要義》一書的寫作。

如同此前出版的《東西文化及其哲學》、《中國民族自救運動之最後覺悟》（文集）、《鄉村建設理論》一樣，在《中國文化要義》裡面，梁漱溟所強調的，還是中國文化的特殊性問題，所想要揭示的，還是中國文化的價值之所在。但是，與《東西文化及其哲學》不同，在《中國文化要義》裡面，梁漱溟在分析中國文化的特殊性及其價值的時候，已從思想層面深入到了中國社會的歷史與現實層面；而與

51　《我參加國共和談的經過》，見《梁漱溟全集》，第6卷，第946頁。

《中國民族自救運動之最後覺悟》和《鄉村建設理論》相比，《中國文化要義》的一個最明顯的特點，就是梁漱溟並沒有像在《中國民族自救運動之最後覺悟》和《鄉村建設理論》那樣，為中國的社會現實問題提出一個具體的解決方案，這個問題梁漱溟打算在他將寫的《現代中國政治問題研究》一書中加以討論。梁漱溟承認，他的《中國文化要義》一書，是《鄉村建設理論》一書「講老中國社會的特徵之放大，或加詳」。[52]

在《中國文化要義》裡面，梁漱溟主要是從社會結構入手，通過與西方的比較，來揭示中國文化的特點與價值的。梁漱溟認為：「一時一地之社會構造，實即其時其地全部文化之骨幹，此外都不過是皮肉附麗於骨幹的。若在社會構造上彼此兩方差不多，則其文化必定大致相近；反之，若社會構造彼此不同，則其他便也不能不兩樣了。此並非說，其他都是被決定的，不過指出這裡是文化要領所在。」[53]基於這種認識，梁漱溟在《中國文化要義》裡面，著重分析了中國社會結構的特殊性及其對中國文化的影響。

梁漱溟通過對中西文化生活的考察，指出中西方社會生活有很大的區別，這主要表現在：中國人特別注重家庭及家庭生活，而缺乏集團生活，並因此無從映現出個人問題；相反，西方人則富於集團生活而且個人的地位得以顯現，但家庭則不被看重，形同虛設。梁漱溟認為，中西方社會生活的這種區別，實際反映了中西方社會結構的不同。

52　《中國文化要義》自序，學林出版社，1987年版。
53　《中國文化要義》，第44頁。

按照梁漱溟的觀點，社會結構可以分為家族本位、倫理本位、個人本位與社會本位四種不同的類型。梁漱溟認為，如果我們把西方近代社會看成是個人本位的社會（英美為其典型），把西方最近的趨向稱為社會本位的社會（蘇聯為其典型），那麼，我們就應該說中國是一個倫理本位的社會。[54]

何以見得中國是一個倫理本位的社會？針對這個問題，梁漱溟對人類的社會關係作了簡單的考察。他認為，人們是不能脫離社會而孤立存在的，人們或多或少都要與社會中的其他人有所聯繫，並因此形成種種關係。這是人類社會共同的地方。但是，在不同的民族，不同的國家，不同的社會，人們對這些社會關係的重視程度，人們對這些社會關係的理解，則又是有區別的，是不相同的。

在中國，人們特別注意的是家庭關係、倫理關係，而且往往是以家庭關係、倫理關係去理解其他社會關係，甚至化其他社會關係為家庭關係、倫理關係的。

所謂倫理關係，即是情誼關係，亦即是人與人相互之間的一種義務關係。倫理所注重的就是人與人之間的情誼與義務。梁漱溟認為，人在情感之中，在盡義務的時候，常常是只見對方而忘了自己的；相反，人在欲望中，在追求權利的時候，則是只知為我而不顧對方的。因此，所謂倫理，實際上「就是要人認清楚人生相關係之理，而於彼此相關係中，互以對方為重而已」。[55]

54　梁漱溟反對把中國視為家族本位的社會，理由是只有宗法社會才可以說是家族本位的，而中國早就不是宗法社會了。（《中國文化要義》，第79—80頁）

55　《中國文化要義》，第89頁。

倫理始於家庭，又不止於家庭。梁漱溟認為，在中國有一個極為普遍的現象，這個現象與其他社會相比又是極為特殊的，這就是：

舉整個社會各種關係而一概家庭化之，務使其情益親，其義益重。由此乃使居此社會中者，每一個人對於其四方八方的倫理關係，各負有其相當義務；同時，其四面八方與他有倫理關係之人，亦各對他負有義務。全社會之人，不期而輾轉互相連鎖起來，無形中成為一種組織。[56]

這就是說，中國社會的一個重要特點就是「中國人就家庭關係推廣發揮，以倫理組織社會」。梁漱溟認為，這種社會組織形式，無論是與西方社會的個人本位、社會本位，還是與宗法社會中的家族本位，都是不相同的。因此說，中國是一個倫理本位的社會，也只有中國是一個倫理本位的社會。

梁漱溟還對中國作為一個倫理本位社會在經濟、政治以及在宗教上的表現作了分析。

倫理本位社會在經濟上的主要表現就是，夫婦、父子之間的共財，兄弟之間或近支親族之間的分財，親戚朋友之間的通財，社會上的施財。很明顯，這與西方社會那種財產為私人所有，父子、夫婦而異財是不相同的。梁漱溟認為：「從某一點上來看，這種倫理的經濟生活，隱然亦有似一種共產。不過它不是以一個團體行共產。其相與

56　同上注，第80頁。

為共的，視其倫理關係之親疏厚薄為准，愈親厚，愈要共，以次遞減。同時亦要看這財產之大小，財產愈大，將愈為多數人之所共。」[57]因此，在中國，人們在經濟遇到困難時，主要依賴與他有倫理關係之人的幫助，而不是像西方社會那樣，尋求政府的救濟。

倫理本位社會在政治上的表現，就是家國同構，治國的途術與齊家的方式相同。「舊日中國之政治構造，以國君為大宗子，稱地方官為父母，視一國如一大家庭。」[58]在中國，人民只知有君臣官民彼此間的倫理義務，而認識不到國民與國家之團體關係。在這樣的社會裡，人們所追求的理想，並不是什麼福利與進步，而是天下太平，是人人在倫理關係上都各自做到好處（所謂父父子子），大家相安相保，養生送死而無憾。在這樣的社會裡，治國的最佳途術，就是以孝治天下。

倫理還有宗教之用。梁漱溟認為，由於中國人從倫理生活中深深嘗得了人生趣味，由於中國人在家庭生活中找到了精神寄託、尋得了人生的意義，因而，從宗教中找尋精神寄託、從上帝那裡尋求人生意義，在中國人那裡便成為不必要的了。正因為這樣，中國才會缺乏宗教。梁漱溟指出，在中國，「每一家人在社會中地位可能有很大升降，這給予家庭倫理以極大鼓勵作用。一家人（包含成年的兒子與兄弟），總是為了他一家的前途而共同努力。就從這裡，人生的意義好像被他們尋得了」。[59]何以見得如此？梁漱溟認為，其理由就在於：

57　《中國文化要義》，第81頁。
58　同上注，第83頁。
59　同上注，第86頁。

（一）他們是在共同努力中……熙熙融融，協力合作，最能使人心境開豁……縱然處境艱難，大家吃些苦，正亦樂而忘苦了。

（二）所努力者，不是一己的事，而是為了老少全家，乃至為了先人，為了後代。或者是光大門庭，顯揚父母；或者是繼志述事，無墜家聲；或者積德積財，以遺子孫。這其中可能意味嚴肅、隆重、崇高、正大，隨各人學養而認識深淺不同。但至少，在他們都有一種神聖般的義務感。

（三）同時，在他們面前都有一遠景，常常在鼓勵他們工作。當其厭倦於人生之時，總是在這裡面（義務感與遠景）重新取得活力，而又奮勉下去。每每在家貧業薄、寡母孤兒的境遇，愈自覺他們對於祖宗責任之重，而要努力興復他們的家。[60]

梁漱溟認為，中國人生，就是由此而尋得其努力目標，以送其畢生精力，並在精神上找到寄託的。

這就是梁漱溟對中國倫理本位社會及其在經濟、政治與宗教上的表現所作的分析。梁漱溟自認為他的觀點是正確的，並對自己的觀點深信不疑。其實，梁漱溟的觀點，只反映了中國社會的一部分情況，他所看到的，只是中國社會生活中比較積極或者說比較溫情的一面。就是這一個側面，也由於他的過分強調，而不免帶有被理想化的成分。因此，他的觀點，是難以令人完全接受，難以令人信服的。

梁漱溟的朋友熊十力在1951年5月22日給他的一封討論《中國文

60　《中國文化要義》，第86頁。

化要義》的信中，就針對他在這方面的觀點，提出了不同的看法。熊十力在信中寫道：

倫理在古聖倡說，只是教條，亦可云德目。垂此教條，使人率由之，久之多數人習而成之，固有可能，然不必人人能如是也。若云社會制度或結構，中國人之家庭組織卻是屬於制度或結構者，尊書似欲諱此弊，而必以倫理本位為言。其實，家庭為萬惡之源，衰微之本，此事稍有頭腦者皆能知之，能言之，而且無量言說也說不盡。無國家觀念，無民族觀念，無公共觀念，皆由此。甚至無一切學術思想亦由此。一個人生下來，父母兄弟姊妹族戚，大家緊相纏縛。能力弱者，悉責望其中之稍有能力者；或能力較大者，必以眾口累之，其人遂以身殉家庭，而無可解脫。說甚思想，說甚學問。有私而無公，見近而不知遠，一切惡德說不盡。百忍以為家，養成大家麻木，養成掩飾，無量罪惡由此起。有家庭則偏私兒女，為兒女積財富，以優養驕貴。兒大則愛妻子而棄父母，女大則愛丈夫與其所生子女。人類之卑賤與殘忍以至於此。余痛此習不革，中國無可自強。吃苦、自立、不圖安逸、不存私心，如此，則剝削之邪心消滅，達於德與廉恥矣。尊書巧避家庭本位之醜，而曰倫理本位，做好文章果為何者，此好文章足是你個人的德性表現與人格表現，而何預於中國社會？[61]

熊十力在這裡所強調的是中國社會的另一個側面，比較消極的一面。熊十力所描述的也都是中國社會的實際情況。

61　熊十力：《中國文化散論—〈十力書簡〉選載》，見《中國文化與中國哲學》（1987），三聯書店，1988年版，第6—7頁。

由此，我們可以肯定，梁漱溟對中國社會的看法是片面的，他的觀點所以難以服人，難以令人完全接受，原因就在這裡。但是，片面的並不就是完全錯誤的。因此，我們不能也不應否認梁漱溟在這問題上有其真知灼見，有其部分的準確性。

　　倫理本位只反映了中國社會結構的一個方面，中國社會結構還有另一個方面。梁漱溟認為，在西方社會，中古則貴族地主與農奴兩階級對立，在近代則資本家與勞工兩階級對立，中國社會在這方面與西方社會也是不相同的。如果我們說西方社會是一個階級對立的社會，那麼，中國則是一個職業分途的社會。

　　要判斷一個社會是否階級對立社會，就必須先弄清楚什麼是階級或階級對立。梁漱溟認為，要弄清楚什麼是階級或階級對立，應該從「經濟政治之對立爭衡的形勢求之」。[62]

　　梁漱溟認為，在一個社會裡面，若一部分人自己不從事生產勞動而壟斷生產資料、生產工具，另一部分人從事生產勞動而沒有自己的生產資料與生產工具，而且生產之所得，絕大部分被不從事生產的人佔有，也就是說在經濟上形成一種剝削關係，這樣就構成了對立的階級。但是，經濟上的剝削，必須有一套制度秩序作保障。而一套制度秩序能否成功，除了要大家相信其合理之外，還必須有一大強制力為其後盾。此一大強制力就是國家。國家的一個重要職能就是釐定秩序與維護秩序，也就是實行統治。一般說來，經濟上的剝削階級就是政治上的統治階級。他們「以統治維持其經濟上之地位，以剝削增強其

62　《中國文化要義》，第142頁。

政治上之力量，彼此扣合，二者相兼，從而階級對立之勢更著」。[63]

由此看來，梁漱溟對階級或階級對立的看法，與歷史唯物主義的階級觀點是相同的。

依據對階級或階級對立的這種認識，梁漱溟對秦漢以後的中國社會從經濟、政治的角度作了考察。

在經濟方面，梁漱溟認為，在中國這樣一個農業社會裡面，要討論其有沒有階級，則其土地分配問題顯然是關鍵所在。在梁漱溟看來，中國社會的土地分配有兩個特點：一是土地自由買賣，人人可得而有之；二是土地集中壟斷的情形不嚴重，一般估計，擁有土地的人占絕大多數。梁漱溟認為，前者人所共見，毋庸多論，而後者易生爭議，須加申說。

梁漱溟承認，由於缺乏全面而又準確的調查材料，中國土地分配的實際情況到底是怎樣的，無人能夠確知。據他自己所見所聞，在中國北方各省，土地集中壟斷的情形是不嚴重的，大多數人都是自耕農，都擁有土地。為了證明這一點，梁漱溟引證了1937年上半年鄉村建設研究院在鄒平與早些時候李景漢在定縣作的調查。根據調查，在鄒平與定縣，90％以上的人家都有土地，而在擁有土地的人家當中，有地100畝以上的占2％，有地300畝以上的只占千分之一到千分之二。[64]梁漱溟認為，北方各省土地集中壟斷的情形之所以不嚴重，是中國社會中土地可以自由買賣、遺產由諸子均分的繼承制度造成的。

63　《中國文化要義》，第144頁。
64　同上注，第150頁。

但是，梁漱溟並不否認南方各省土地集中壟斷的情況較為嚴重、佃農較多這一事實。他認為，這是由工商業勢力，尤其是政治勢力造成的。梁漱溟把這種主要由政治勢力直接地或間接地造成的土地集中壟斷情況，看成是不正常的，「那對於從封建解放出的社會說，即是形勢逆轉」。[65]這種不正常情形，不可能長期穩定存在。

因此，梁漱溟總結說，「故我以自耕農較多之北方和佃農較多之南方，兩下折中起來，以歷史順轉時期和其逆轉時期，兩下折中起來，籠統說：土地集中壟斷之情形不著，一般估計，有地的人頗占多數—土地集中壟斷情形，是有的，但從全域大勢來說，尚不著；以有地者和無地者相較，當不止五十一對四十九之比，而是多得多。自信所說絕不過分」。[66]這就是說，在中國農村，絕大多數人都是自耕農，並不存在西方社會那樣的在經濟上的剝削關係。

不可否認，梁漱溟關於中國歷來自耕農比較多的觀點，是符合歷史事實的，在當時也是他的獨到之處。但是，正如有的研究者所說：「他僅以本世紀的現狀為例，則嫌證據不足。」[67]

至於工商業方面，梁漱溟認為，由於歷代政府對它不重視，甚至嚴加管制，加上人們對工商業的歧視，心思聰明都不用在這方面，因此，中國的工商業一直都是依附於農業而存在的，從來沒有過長足的進步。「在這種工商業本身，一面沒有經過產業革命，生產集中資本集中之趨勢不著，一面循著遺產諸子均分之習俗，資本縱有積蓄，旋

65　《中國文化要義》，第152頁。
66　同上注。
67　王宗昱：《梁漱溟》，臺灣東大圖書公司，1992年版，第210頁。

即分散；所以總不外是些小工小商。」[68]像西方近代工業社會那樣的勞資兩階級對立，在中國也是不存在的。

在政治方面，梁漱溟認為，要討論中國社會有沒有階級對立，士在政治生活中的地位問題，是不能忽略的。

梁漱溟認為，在中國周代還有統治階級存在，這就是當時的封建貴族。但是，自從實行所謂「分封而不賜土，列爵而不臨民，食祿而不治事」以後，這些封建貴族作為一個統治階級便名存實亡了。戰國以後，從中央到地方，當政治民的都是官吏。官吏主要出自士。士與農工商並列為四民。士之為官，尤農工商之為農、為工、為商，也不過是一種職業，這可以「祿以代耕」為證。

梁漱溟認為，官吏與貴族是不同的：他們不再是為自己而行統治了，雖然他們也都享有統治的權位，但是這種權位既不是世襲的，也不是終身的，他們只不過是一短時的代理人而已。「為自己而行統治，勢不免與被統治者對立；一時代理者何必然？為自己而行統治，信乎其為統治階級；一時代理者，顯見其非是。」[69]而且，作官的機會，也不是被一部分人壟斷的，而是開放給所有人的。任何人都可以讀書，任何讀書人都可以應考，考中便可以作官。「這樣，統治被統治常有時而易位，更何從而有統治被統治兩階級之對立？」[70]

綜上經濟、政治方面的考察，梁漱溟認為，秦漢以後的中國社

68　《中國文化要義》，第154頁。
69　《中國文化要義》，第155頁。
70　同上注。

會，表現為：

一、獨立生產者之大量存在。此即自耕農、自有生產工具之手藝工人、家庭工業等等。各人做各人的工，各人吃各人的飯。

二、在經濟上，土地和資本皆分散而不甚集中，尤其是常在流動轉變，絕未固定地壟斷於一部分人之手。

三、政治上之機會亦是開放的。科舉考試且注意給予各地方以較均平之機會。功勳雖可蔭子，影響絕少，政治地位未嘗固定地壟斷於一部分人之手。[71]

因此，在中國，階級並不存在。中國並不是一個階級對立的社會，而是一個職業分途的社會。

在討論中國社會是否有階級對立問題時，梁漱溟注意到了，在中國，經濟上、政治上都不存在西方社會那種壟斷的情形，人在經濟上、政治上的地位有較大的流變性，這是符合歷史事實的，也是正確的。但是，梁漱溟以中國社會中人的地位有較大的流變性來否認中國社會裡面階級與階級對立的存在，在學理上是否說得通，則是值得懷疑的。

雖然梁漱溟否認中國存在在經濟上剝削他人、在政治上統治他人的階級，否認中國有階級對立，但是，他並不否認中國也還有剝削，也還有統治。他並不認為中國是一個沒有剝削、沒有統治的社會。這

71　同上注，第159頁。

剝削他人、統治國家的就是那君臨四民之上的皇帝。

梁漱溟認為，由於中國沒有階級，不存在階級對立，因而中國也不是一般意義上的國家。國家構成於階級統治。一般說來，國家有兩種職能：一是對外禦侮，一是對內維護社會秩序。無論是禦侮還是維護秩序，都必須有武力作後盾。有武力就必須有使用武力的主體，這個武力主體，在一般情況下，就是在經濟上能剝削他人、在政治上能統治他人的那個階級。與此相對照，中國社會有這幾個方面的特殊表現：第一，中國歷代政府都是以不擾民為信條，以政簡刑清為理想的，明顯地缺乏國家應有的職能；第二，中國歷來疏於國防，戶籍地籍不清，重文輕武，而且民不習兵，這就是說缺乏國際對抗性；第三，中國人還缺乏國家觀念，而總愛說天下。由此可見，中國不是一般意義上的國家，或者說中國不像一個國家。[72]

中國雖不像一個國家，但事實上她又不能不成為一個國家。對外她不能不禦侮，對內她不能不維護安定與秩序。因而她就不能不擁有武力。有了武力，就必須有使用武力的主體。但是由於中國缺乏階級與階級對立，因而並沒有一個階級作為武力主體。在這種情況下，只能讓中國的統治者，也就是皇帝來充任這個武力主體。雖然，由皇帝一家一姓來充任武力主體，是極不相稱的。在中國，所謂統治只是消極相安。

這就是職業分途、缺乏階級的社會對政治所產生的影響。這種影響使得中國的政治也是與眾不同的。

72　《中國文化要義》，第162—169頁。

梁漱溟認為，中國社會結構就是由倫理本位、職業分途這兩個方面共同構成的，而且這兩方面之間又是相互作用、相互影響、相互促進的。在倫理本位對職業分途的影響方面，梁漱溟認為，倫理本位的經濟及遺產由諸子均分的習俗，對資本的積累、經濟上的壟斷集中都是不利的，正是這個原因，中國從封建中解放出來後，才沒能走向資本主義。中國在封建解體後沒能走向資本主義，自然不會演成階級對立。「凡此消極使社會不演成階級對立者，便是積極助成了職業分途。」[73]至於職業分途對倫理本位的影響，梁漱溟指出，由於中國社會裡面土地已從封建中解放，而生產則停留在產業革命以前，資本之集中壟斷未見，加上沒有大規模的設備，從生產技術角度看，也是以小規模經營較為合適，因此，社會上自然就只是小農小工小商，零零散散各自為業（此即職業分途），人們無論是種田，還是做工、做買賣，都是由一家大小努力，天然成為相依為命的樣子。在這種情況下，倫理情誼自然可以得到鞏固加強。

有什麼樣的社會結構，就有什麼樣的文化。中國社會結構既然是倫理本位、職業分途，與西方社會的個人本位、階級對立是不相同的，那麼中國肯定有與這種社會結構相適應的文化。

所謂文化，「就是吾人生活所依靠之一切」。[74]而我們生活中所依賴的東西是很多的，如生產工具、方法技術、組織制度等等，這些在文化中佔有的分量是最多的，但是，相對而言，這些都是次要的。梁漱溟認為，在文化中，「居中心而為之主的，是其一種人生態度，是

73　《中國文化要義》，第196頁。
74　同上注，第1頁。

其所有之價值判斷─此即是說，主要還在其人生何所取捨，何所好惡，何是何非，何去何從」。[75]這就是說，人生態度是文化的根本。要認識一個社會的文化，應當從這裡去認識；要區分不同的文化，也要在這裡辨其不同。

而人生態度的不同，又往往是由人生所要解決的問題決定的。如果所要解決的問題不同，那麼，人生態度也不會相同。如同在《東西文化及其哲學》中的觀點一樣，梁漱溟認為，人生所要解決的問題很多，但可歸為三類：一是人對物的問題，一是人對人的問題，一是人對自身的問題。在人對物的問題上，人們的人生態度多為向外用力，即從身體出發；在人對人的問題上，人們的人生態度多為向裡用力，即從心（理性）出發。[76]人對人的問題其實就是心對心的問題。人們未嘗不可以向外用力的態度對待人，但是這樣是沒法解決問題的。

「中國式的人生，最大特點莫過於他總是向裡用力，與西洋人總是向外用力者恰恰相反。」[77]梁漱溟認為，這與中國倫理本位、職業分途社會是密切相關的。

梁漱溟分析說，一個人生在倫理社會裡，其各種倫理關係便由四面八方包圍了他，要他負起無盡的義務。從倫理整個精神看，這些倫理關係一經有了，便不許再離，亦擺脫不得。這不許再離，並不僅僅是因為你不忍離或怕旁人責備，而且也是因為，一旦離開這種關係，擺脫了這種關係，你在現實生活裡就沒法生活下去。在倫理關係中，

75　同上注，第95—96頁。
76　《中國文化要義》，第268頁。
77　同上注，第200頁。

彼此相依之勢，使一個人已無法與其周圍之人離得開。梁漱溟舉例說：「首先父子、婆媳、夫婦、兄弟等關係若弄不好，便沒法過活。乃至如何處祖孫、伯叔侄輩，如何處母黨妻黨，一切親戚，如何處鄰里鄉黨，如何處師徒東夥，種種都要當心才行。事實逼著你，尋求如何把這些關係要弄好它。」[78]

而所有這許多對人問題，與對物問題是不同的。它們都是使人向裡用力以求解決的。例如，不得於父母者，只有轉回來看自己這裡由何失愛，反省自責，倍加小心，倍加殷勤。莫問結果如何，唯知在我盡孝。此即為最確實有效可得父母之愛者，外此更無他道。如果不是這樣，兩眼只是向外看，只找父母的不是，要想使問題得到解決是不可能的。處理與父母的關係是如此，處理其他各種倫理關係也是如此，都得反省內求，若心思氣力向外用，是解決不了問題的。

在職業分途社會，其間人們的社會地位，亦即貧富貴賤，是升沉不定，流轉相通的。而在階級社會中，人們的身份地位是一出生就大致確定了的：地位好的，不須自己再努力；地位不好的，再努力也沒用，再加上那些地位好的封建地主或資產階級為了保有其既得利益，也勢必時時加以防範限制。因此，在階級社會，由於階級對立，其勢非迫人對外抗爭，把力氣外用不可。而在職業社會，貧富貴賤是不固定的，機會是開放的，就看你自己能不能把握住。既沒有什麼當前阻礙，其力氣只有轉向裡用。以讀書人為例，讀書機會是開放的，而在考試制度下，決定其前途。他能否中秀才、中舉人、中進士、點翰

78　同上注，第201頁。

林，第一就看他能否寒窗苦讀，再則看自己資質如何，資質聰明而又苦讀，總有可成。假如他文章好，而還是不能中，那只有怨自己無福命。所謂「祖上無陰功」、「墳地無風水」、「八字不好」，種種都是由此而來。總之，只有自責，或歸之於不可知之數，而無可怨人。就是怨考官瞎眼，亦沒有起來推翻考試制度的必要。

至於農、工、商，也是這樣。誰有本領，都可表現，白手起家，不算新鮮之事。蓋土地人人可買，生產要素，非常簡單，既鮮特權，又無專利。遺產均分，土地資財轉瞬由聚而散。大家彼此都無可憑恃，而賭命運於身手。大抵勤儉謹慎以得之，奢逸放縱以失之。信實穩重，積久而通；巧取豪奪，敗不旋踵。得失成敗，皆有坦平大道，人人所共見，人人所共信，簡直是天才的試驗場，品行的甄別地。偶有數窮，歸之渺冥，無可怨人。同樣是要向裡用力。

士如此，農工商如此，就連中國的皇帝也是如此。中國皇帝歷來都是得人心者昌，失人心者亡，既然這樣，他的命運（地位安或危，運祚久或促，國勢隆或替），亦要他自己兢兢業業小心維持，而維持之道，仍是歸於向裡用力，要約束自己，不要昏心暴氣，不要胡作非為。中國政治機構裡面，「講官」、「諫官」一類的特殊設置，就是為了加強皇帝的警覺與反省的，是幫助他向裡用力的。

梁漱溟認為，在中國，「自天子以至於庶人，一是皆以修身為本」。這是由中國特殊的社會結構決定的。

無論是修身，還是向裡用力，其所反映的無非是理性，其內容就是理性。

理性，是梁漱溟思想體系中的一個重要概念。按照梁漱溟的觀點，「所謂理性者，要亦不外吾人平靜通達的心理而已」。[79]很明顯，梁漱溟的理性概念與我們常用的理性概念是不同的。我們常用的理性概念與梁漱溟的理智相當。雖然梁漱溟不否認理性與理智有密切的關係，但是，他更強調的是兩者之間的區別：

　　理性、理智為心思作用之兩面，知的一面曰理智，情的一面曰理性，兩者本來密切相聯不離。譬如計算數目，計算之心是理智，而求正確之心便是理性。數目算錯了，不容自昧，就是一極有力的感情，這一感情是無私的，不是為了什麼生活問題。分析、計算、假設、推理……理智之用無窮，而獨不作主張，作主張的是理性。理性之取捨不一，而要以無私的感情為中心。此即人類所以異於一般生物只在覓生活者，乃更有向上一念，要求生活之合理也。[80]

　　梁漱溟認為，在人類的生活中，在人類的心思作用裡面，理性與理智都是很重要的，但是相比之下，理性顯得更重要。因此，梁漱溟雖不反對以理智為人類的特徵，但是，他又認為，「以理智為人類的特徵，未若以理性當之之深切著明」。人之所以為人，更重要的在於他有理性。

　　梁漱溟認為，理智與理性同為人類的特長，人類文化就是由此而產生的。然而，在不同的社會，不同的民族，人們對理智與理性的發

79　《中國文化要義》，第124頁。
80　同上注，第127頁。

揮是不同的，是不免各有所偏的。以中國與西方作比較，西方人偏長於理智而短於理性，中國人則偏長於理性而短於理智。因此，西方人所談多為物理，中國人所講多為情理。情理，離開主觀好惡便無從認識；物理，不離主觀好惡即無從認識。西洋文化一向務為物的研究，且多有成就；而對人的認識則很少，即使有也是人生的消極面，機械的一面，且多以物觀之。相反，中國文化中，一向不重視對物的研究，於此亦無甚成就，其所有的只是對人的認識，她的貢獻，「就是認識了人類之所以為人」，而且他對人的認識也不是人的機械方面：

　　中國古人卻正有見於人類生活之和諧──人自身是和諧的（所謂「無禮之禮，無聲之樂」指此）；人與人是和諧的（所謂「能以天下為一家，中國為一人」者在此）；以人為中心的整個宇宙是和諧的（所以說「致中和天地位焉，萬物育焉」、「贊天地之化育，與天地參」等等）。[81]

　　在中國文化對人的認識中，又以儒家的觀點最具有代表性。梁漱溟認為，儒家對於宇宙人生，總不勝其讚歎，對於人總是看得十分可貴，特別是他實際上對人總是信賴，而從來不曾把人當成問題，要尋覓什麼辦法。中國人所見到的人類生命的和諧，實即其清明安和之心，亦即理性。中國人所認識到的就是理性。

　　在儒家領導下，兩千多年間，中國人養成了一種風氣，或民族精神。這種精神，主要有兩點，一是向上之心強，一為相與之情厚。這

81　《中國文化要義》，第133頁。

向上之心，這相與之情，實質就是理性。中國人之所見就在理性。梁
漱溟說道：

中國古人之有見於理性也，以為「是天之所予我者」，人生之意
義價值在焉。外是而求之，無有也已！不此之求，奚擇於禽獸？在他
看去，所謂學問，應當就是講求這個的，舍是無學問。所謂教育，應
當就是教導培養這個的，舍是無教育。乃至政治，亦不能舍是。所以
他納國家於倫理，合法律于道德，而以教化代政治（或政教合一）。[82]

梁漱溟認為，自從周孔以來的兩三千年，中國文化所趨重的就在
這裡，幾乎可以說是全力傾注在這裡。如果說中國人有什麼長處，其
長處就在這裡。如果說中國人有什麼短處，其短處也一定是由這所導
致的。中國人的得失長短，禍福利益，都與此有關，都與其對理性的
認識對理性的發揮有關。

梁漱溟在這裡所說的由理性而導致的短處，或者由對理性的認識
而受到的禍害，主要是指，由於中國人理性早啟，導致中國文化早
熟，過早地將注意力關注在人與人的問題上，而忽略了對物的研究，
進而導致中國人在科學上沒有成就、產業革命之不見發生；而在對人
方面，則一味地講禮讓、講相與之情、講以他人為重、注重家庭、注
意倫理，而忽略了個人在社會中的地位與價值。因此，梁漱溟指出：
「中國文化最大之偏失，就在個人永不被發現這一點上。」[83]個人不

82　同上注，第139頁。
83　《中國文化要義》，第259頁。

被發現，則人己權界不分，群己權界難別，於是既無自由，亦無民主。

中國的社會結構是這樣特殊，中國文化是這樣與眾不同，那麼，中國的政治也就難以與他國無別。梁漱溟說道：

此二千餘年間政治之特殊，須得在此一說：第一，把政治作為倫理間之事，講情誼而不爭權利，用禮教以代法律；是曰政治之倫理化。這是把階級國家融攝在倫理社會中之結果。第二，對內對外皆求消極相安，而最忌多事，幾於為政治之取消；是曰政治之無為化。此蓋為階級缺乏，武力菱弱之所必至。第三，權力一元化，而特置一自警反省之機構於其政治機構中；政治機構國家形式卻從此永絕進步之機。[84]

中國政治的這三種特徵，是互為因果的，是相互關聯的。值得一提的是，梁漱溟對於中國政治的權力一元化特徵，並沒有什麼批判。[85]

這樣特殊的政治，給中國社會帶來的只能是消極相安，而不是積極進步；只能是一治一亂的迴圈，而不是一次一次的革命。

認識老中國，是為了解決現代中國的社會政治問題，是為了建設新中國。雖然在《中國文化要義》裡面，梁漱溟並沒有為解決現代中

84　同上注，第184頁。
85　同上注，第184—188頁。

國的社會政治問題提出具體方案，但他認為，「一旦於老中國有認識後，則於近幾十年中國所以紛擾不休者，將必恍然有悟，灼然有見；而其今後政治上如何是路，如何不是路，亦遂有可得而言者」。[86]《中國文化要義》已為中國問題的解決提供了良好的基礎。

對於現代中國政治問題的解決，梁漱溟打算在他將寫的《現代中國政治問題研究》一書中加以討論。然而他的這本書始終沒有寫出來。梁漱溟在1948年1月曾以《中國政治問題研究》為題，發表過一次長篇講話，或許我們可以從這篇講話，窺見其《現代中國政治問題研究》之一斑。

梁漱溟認為，在現代中國政治當中，有兩個問題是最根本的，一是統一問題，一是民主問題。這兩個問題都是現代中國政治所要解決的。在統一與民主這兩個問題當中，哪一個更為重要？梁漱溟認為，「此一問顯然是不必要的」。話雖如此說，但實際上，在梁漱溟的心目中，統一問題是更重要、更迫切的問題。

不過，民主只能在統一中求得，統一可能離開民主，民主卻離不開統一。四分五裂，談不上民主。從這點說，統一高過民主。即是統一第一，民主第二。但這話並不是說要先作到了統一，再去作民主。我們說那兩句話的意思正是表明民主與統一之不可分；而不是說這兩者可以分為兩個步驟去完成。[87]

86　《中國文化要義》自序。
87　《中國政治問題研究》，見《梁漱溟全集》，第6卷，第738頁。

正因為梁漱溟認為統一問題更為重要，更為迫切，所以，在他的這次講話中，絕大部分的內容都討論統一問題。

統一，對於中國來說，是一個關乎民族生死的大問題。但是自從1911年以後的幾十年，中國幾乎沒有過統一。為什麼自1911年之後，中國會不統一？

為了說明這個問題，梁漱溟通過比較分析認為，在統一問題上有兩種不同的統一：一種是社會的統一，一種是政治的統一。外國的統一是政治上的統一，其社會不一定是統一的；而中國現代的情況是政治上的不統一，其社會是統一的。

社會的統一靠文化，政治的統一靠武力，提到武力就涉及武力主體問題。在一般國家裡，武力主體就是在經濟上能行剝削、在政治上能行統治的那個階級。但是在傳統的中國，由於它是一個倫理本位、職業分途的社會，缺乏階級與階級對立，在這種情況下，只有讓皇帝一姓一家作為統治的象徵。要讓皇帝一個人來掌握全國的武力，充當武力的主體，實在是不相稱的。因此，中國歷代政治都是無為而治，中國社會歷來都是消極相安。

但是，自從近百年世界大交通之後，消極相安就被破壞了，不統一便出現了。這是世界大交通後，中國出現的新形勢（新問題）所必然有的結果：

從新形勢看：第一，看出了西洋的富強，中國的貧弱。於是刺激中國人圖謀富強。這種積極求富強便是破壞老中國的統一之故。因為

從只求消極相安政治，一變而為積極的求富強，則武力出頭，就完全違背了舊的統一之道。第二，從不同的社會人生啟發了中國人許多新的人生觀念、社會理想，於是對老中國的文化不滿足。要實現此許多理想，必須革命。有革命即有壓制革命的，雙方都要靠武力。總而言之，從上面兩點形勢看，都必引發武力的主體問題，不容其隱含。[88]

這就是說，自從世界大交通之後，尤其是辛亥革命推翻皇帝制度之後，武力主體問題便成了一個迫切需要解決的問題。但就是這個迫切需要解決的問題，中國人卻難以解決，為之苦悶困擾。因為，在這個時候，既不能把武力收起來不用，又不能像過去那樣承認由一個人做主，把武力交給他。武力交給個人，大家不服；但是，由於中國缺乏階級，除了個人又沒處交代。

結果是武力分散在不同的個人手裡，形成了軍閥割據的分裂局面。到1924年改組後的國民黨與共產黨，又師法蘇聯，想走一條以黨建軍建國的新路，製造一個革命階級作為武力主體。於是在軍閥武力鬥爭之外，又有了黨與黨之間的武力鬥爭。很明顯，自1911年以後，中國便陷入分裂不統一狀態，原因就在於武力缺乏主體，武力找尋不到合條件的主體。

梁漱溟認為，國民黨與共產黨之間所進行的武力鬥爭，雖不可與軍閥割據混為一談，但是，他們之間的相仇是無根的，是沒有社會基礎的，因而也是不必要的。

---

[88] 《中國政治問題研究》，見《梁漱溟全集》，第6卷，第751頁。

對於國民黨與共產黨的以黨建軍建國道路，梁漱溟認為，是不可能成功的，甚至在當時，他就斷定他們都失敗了。當然，國民黨與共產黨失敗的原因是不同的。

梁漱溟認為，國民黨失敗的原因，就在於他的階級基礎未明白確定，沒有一定的階級基礎；就在於他的主義太籠統。既缺乏階級基礎又沒有明確的理論，「這種黨，黨性不強。因此，只見個人不見黨。所以它的軍隊不能不落在個人手裡，而不能掌握於黨。後來又成了新軍閥，是不足怪的」。[89]

至於共產黨，梁漱溟認為，在以黨建軍方面，他們是成功的，武力的確掌握在黨，「但自劃範圍太隘，又絕對不能統一中國」。[90]

國民黨想走而未能走上以黨建軍建國的道路；共產黨能走上以黨建軍的道路，卻又因自劃範圍太隘，力量太小，不足以建國。因此，梁漱溟認為，國民黨與共產黨走以黨建軍建國的道路是行不通的。

梁漱溟認為，要使中國得到統一，唯一正確的道路是「建立黨派綜合體」，並以「黨派綜合體」作為武力主體。這就是梁漱溟為解決中國政治當中的統一問題而提出的具體方案。這個方案實際上是他在1938年提出來的，只不過那時他是為了解決黨派衝突，而這時則是為了統一。

歷史跟梁漱溟開了一個玩笑。梁漱溟發表這一長篇講話後不到兩

89　《中國政治問題研究》，見《梁漱溟全集》，第6卷，第763頁。
90　同上注。

年，被他視為「絕對不能統一中國」的中國共產黨，便基本上統一了中國。

第五章

多棱聚焦：

梁漱溟晚年的是是非非

5.1 歷史的誤會

1949年11月，梁漱溟完成與出版他的《中國文化要義》之後不久，重慶解放。這時，他致電毛澤東與周恩來，表示接受他們的邀請，同意到北京來。

但是，梁漱溟在1950年1月中旬到北京後，表現卻有點與眾不同。他拒絕入住中共安排的、一般民主人士住的北京飯店各招待所，對於中共統戰部所送的生活零用錢，亦固辭不受。

3月12日，在迎接毛澤東等人從莫斯科返京後兩天，梁漱溟應邀到中南海頤年堂毛澤東家做客長談。在交談中，毛澤東問梁漱溟說：「這次來，你可以參加政府了吧？」對於毛澤東的提問，梁漱溟稍遲疑，然後回答道：「把我留在政府外邊不好嗎？」對於梁漱溟的回答，毛澤東也許不會感到太意外，因為在1949年初，梁漱溟就拒絕過他的邀請，而沒有出席「新政協」大會。但是，毛澤東還是感到很不高興。據梁漱溟自己的解釋，他當時拒絕參加政府，一方面是因為他當時還不相信中國能從此長期統一穩定，還擔心，統一不過是過眼雲煙；另一方面則是因為，他以為一旦參加了政府，就會落在共產黨一邊，而失去其中立不倚的立場，失去其對各方面說話的資格。[1]

隨後，梁漱溟向毛澤東提議，在政府的領導下，設立一個中國文化研究所（或稱世界文化比較研究所），開展對中國傳統文化的研究，因為要建設新中國，必須先認識老中國；並表示，自己願參與這

1　《追記在延安北京迭次和毛主席的談話》，見《梁漱溟全集》，山東人民出版社，1993年版，第7卷，第443頁。

方面的工作。對於梁漱溟的提議，毛澤東當時未置可否。毛澤東反而向梁漱溟提議，請他到山東、河南、東北各地去參觀，以瞭解一下這些地方的發展變化。梁漱溟本來就想瞭解中共在地方上的政策措施，對毛澤東的提議欣然接受，並立即商定各處參觀計畫。

4月初，梁漱溟離開北京前往河南、山東、東北等地考察，直到9月中旬才回到北京。這次考察對於梁漱溟所產生的影響是極為明顯的，使他對中共的看法有了改變，同時也促使他對自己往年努力加以反省。用他自己的話說，就是：「一面對於中共所以領導國人者粗有體認；一面亦於自己過去認識問題之不足，憬然有悟。」[2]

10月，梁漱溟移居到頤和園內石舫附近的一所房子，根據其在河南、山東、東北等地考察所得的見聞與感想，開始寫作《中國建國之路（論中國共產黨並檢討我自己）》一書。從梁漱溟為這部書所擬的目錄看，他打算在這部書裡面討論三個問題：一是中共的三大貢獻；二是比較自己與中共建國道路的異同，以尋出自己錯誤的由來；三是希望根據自己研究所得，為建國提出自己的建議。但是，梁漱溟的這部書並沒有寫完，現在我們所能看到的，只是該書的第一部分，即「中共的三大貢獻」。

梁漱溟認為，在中共的三大貢獻中，第一個貢獻就是，使數十年來分裂的中國得到初步的統一穩定，使國家權力得以樹立。這是建國的基礎與前提。

2　《中國建國之路》，見《梁漱溟全集》，第3卷，第320頁。

國家的統一，國權的樹立，對於中國來說，是極為重要的。人們深知這一點，也積極地謀求統一，但是數十年來又始終統一不了。梁漱溟認為，數十年中國沒能統一的原因就在於武力尋不到主體。如同在《中國文化要義》中提出的觀點一樣，梁漱溟認為，一切國家莫非階級統治，而統治則少不了武力，有了武力自然不能沒有操縱武力的主體，這個主體一般就是在經濟上能剝削、在政治上能統治的階級。但是，在中國，自秦漢以後，便是融國家於社會、以天下兼國家，不屬於一般國家類型的，因為中國缺乏階級。缺乏階級，便難行統治，但又不能不行統治。在這種情況下，雖沒有統治階級可又不能沒有統治者，這個統治者就是皇帝。中國就是以皇帝一姓一家作為武力主體的。這是極不相符的。因此，兩千年來的中國只能是一種消極相安之局，而不是積極統治之局。但是從近一百年以來，世界大交通後，中國被捲入國際競爭漩渦，要想保持消極相安的局面也是不可能的了。到1911年，清朝滅亡，數千年來相沿的皇帝亦廢。這樣連象徵式的武力主體也失去了。自此之後四十年間，中國所有的便是分裂、割據局面，梁漱溟認為，這種分裂、割據的局面，在尋到武力主體之前是難以消除的。

　　因此，中國要統一，武力主體的找尋與培養便成了關鍵。但是，自從1911年之後，中國便陷入了一種惡性循環，這就是：

　　以缺乏階級為武力主體，而國家不能統一穩定；法律就無效，社會就無秩序；而因不統一，不穩定，無法律，無秩序，工商業得不到保障，一切經營無法遂順發展，或且遭受摧殘破壞，亦就培養不出資

產階級來。[3]

在現代中國要培養出一個恰當其時的階級，來充當合條件的武力主體，是不可能的了。在這種情況下，中國只有一條路可走。這就是「結合一個團體，以統治中國的武力主體自任」。亦即從建黨入手，再以黨來建軍建國。

從建黨入手，再以黨來建軍建國，這條路國民黨嘗試過，但是失敗了；這同樣一條路，中共也嘗試過，他走通了，成功了。梁漱溟認為，中共成功的原因就在於：

第一，他在黨的階級基礎上標明無產階級而不嫌其範圍狹窄；雖事實上亦許他的黨員是農民和知識份子居多，但總稱得起立場分明，壁壘頗嚴。再加上其他許多優點，團結得確乎像一個黨。黨既成功，武力便當真掌握在黨，而不致操於個人之手。第二，他努力的方向相當明確（這在今天就是新民主主義的經濟路線），武力得其正用，自不致亂出毛病。[4]

正因為中國在現代的統一是這樣的艱難，而中共經過努力已經奠定了統一穩定的端緒，所以，梁漱溟把這看成是中共的第一個重要貢獻。但是，當時的梁漱溟對於中共能否使中國從此統一穩定下去，還是有疑慮的。[5]

3　《中國建國之路》，見《梁漱溟全集》，第3卷，第336頁。
4　《中國建國之路》，見《梁漱溟全集》，第3卷，第338頁。
5　同上注。

中共的第二個重要貢獻，就是在增進社會關係方面，引進了團體生活，使中國由散漫進入到了有組織。

　　梁漱溟認為，與西方社會相比較，中國社會的缺點若要加以羅列的話，可以羅列出許多，但是，最根本的只有兩點，一是缺乏團體組織，一是缺乏科學技術。近幾十年來，中國的政治改造總是失敗，主要原因就在於中國人缺乏團體生活的能力與習慣，就在於缺乏新的政治習慣與能力。梁漱溟強調，他多年來致力於鄉村運動，就是因為自己不甘心於中國政治改造運動的失敗，而希望能從鄉村下工夫去培養出中國人的新的政治習慣，培養出中國人的團體組織生活。梁漱溟承認，自己在這方面的努力是失敗的，而中共在引進團體組織方面則是成功的。

　　梁漱溟認為，中共之所以在引進團體生活方面能取得成功，首先在於其黨組織自身的成功。而中共黨組織自身的成功，如同西方的基督教組織一樣，無非是血鬥的結果。梁漱溟說道：

　　依我所瞭解，中國人反團體生活的習慣很深很強。中國共產黨既都是中國人，我相信應不例外。然而他們大半生的血鬥生涯，卻足以把它對治了。倘非如此，怕未必行。在外有不容情的壓迫封鎖，在內又一切生活於團體供給制。兩下合起來，而後所親切的乃不再是家庭，所尊重的乃不再是父母。公共觀念於是養成；紀律習慣於是養成；法治精神於是養成；組織能力於是養成。一個中國人到此才真的

變了！[6]

中共自身組織的成功，是其能夠取得政權，發展一切其他組織，從而組織整個中國社會的基礎。

在中共的直接領導下，或間接影響下，散漫的中國人正走向有組織。

中共的第三個貢獻，是「透出了人心」。

梁漱溟在這裡所說的人心，實際上就是他以往所說的理性。按照梁漱溟的觀點，人心與理智、本能是有聯繫的，但它又是與理智、本能不同的。對於人心及其與理智、本能的關係，梁漱溟有這樣一種描述，他說：「人心……一時見，一時則不可得見；它不似一物確然恒在，此即常識中所知道的，人原有理性，卻又很容易失掉理性；最顯著的是在忿怒鬥爭中。蓋人心之見，要在其清明、自覺、靈活、不機械；然而人卻常常容易落於不清明、不自覺、不靈活，而機械起來。所以然者，一切本能和習慣莫不有其機械性，即莫不足以為人心之障；人心既不能離本能習慣以自見，則求其不為所障，便不容易了。『透出了人心』這句話，正就其易受障蔽而說。」[7]

但是，建國與人心何關？中共又是如何使人心得以透達的？

為了說明這兩個問題，梁漱溟對人類文化問題作了簡單的分析考

6　《中國建國之路》，見《梁漱溟全集》，第3卷，第351頁。
7　同上注，第369—370頁。

察。梁漱溟認為，與動物生活不同，人類生活主要靠習慣，人類社會多有待後天安排，因時因地，其構造形式萬千變化不止，而且自古及今頗有發展層次可見。「此變化萬千的社會構造形式，亦即所謂文化。文化就是我們種種生活（政治經濟等生活）習慣方式的總稱。其中宗教、禮俗、道德、法律這一些，特與社會構造有關。」[8]梁漱溟認為，宗教、禮俗、道德、法律等等就是一時一地給人心安排下的、其活動的軌跡路線。這就是說，人心是循乎文化的。梁漱溟認為，建國實際上就是改造文化。既然如此，建國問題可以說就是如何給中國人心理上改換路道的問題。因此，建國與人心是密切相關的。

至於中共是如何使得人心得以透達的，梁漱溟認為，要瞭解這一問題，還得先瞭解中共所引進的團體生活。梁漱溟指出，中共出於鬥爭的需要，引進了團體生活，而且他們所引進的團體生活並不是一般的、泛泛的，而是有其理想的，是理想的團體生活。所謂理想的團體生活就是，「一面其團體既很能負責為分子解決問題，而一面其分子之自覺主動性又很高的那一種」。[9]梁漱溟認為，根據他在東北考察時所見，人們前一面的問題，亦即生存問題，基本上都是交由團體去解決了，從而各個人的心得以從容地透達出來。

中共出於鬥爭的需要，有意引進理想的團體生活，無意中又透出了人心。心胸開，智慧亦隨之而開；人心透出，一切力量隨著全透出來。心開力出，事業自然有成。因此，透出了人心，也是中共的一個重要貢獻。

8　同上注，第370頁。
9　《中國建國之路》，見《梁漱溟全集》，第3卷，第384頁。

從梁漱溟對中共的三大貢獻的分析看，他主要還是用他以往的觀點，尤其是《中國文化要義》一書中的觀點來解釋中共的成就的。這時的梁漱溟，思想還沒有什麼改變，既沒有放棄自己的觀點，也沒有接受中共的觀點，依然拒絕以階級眼光去看待中國。雖然在理論主張方面，梁漱溟沒有什麼變化，但是，他對中共的看法則有了很大的變化。

　　1951年5月，因去四川參加土改工作，《中國建國之路》一書，僅寫出我們現在所能見到的「上篇」，就輟筆了。不知是什麼原因，梁漱溟從四川回來後，沒有續完此書。這樣，他在建國問題上到底有些什麼建議，是怎樣的建議，我們就不得而知了。至於他想在書中討論的、他與中共在建國問題上的異同，以及他自己的反省，我們還可以從他隨後寫出的幾篇文章中窺見一二。

　　1951年10月5日，梁漱溟在《光明日報》上發表了一篇題為《兩年來我有了哪些轉變？》的文章。

　　梁漱溟承認，自己過去雖然對於共產黨的朋友有好感，乃至在政治上行動上有配合，但在思想見解上卻一直有很大距離，直到1949年新中國成立前夕，還是相信自己是正確的。但是中共在救國方面的成功，以及自己在河南、山東、東北、四川等地親眼看到的中共在建國方面的成就，使自己不得不承認自己的失敗，不得不承認自己過去的許多見解是錯誤的，是站不住腳的。

　　乃始生大慚愧心，檢討自己錯誤所在，而後恍然於中共之所以

對。[10]

　　梁漱溟認為，中共之所以成功，主要就在於他們一直堅持以階級眼光觀察中國社會，以階級鬥爭解決中國問題。這正好是自己過去一直反對的。梁漱溟認為，中共成功之處，正是自己失敗之所在。因此，他表示，現在他願意接受中共的這個觀點與主張。這的確是梁漱溟思想中的一個重大轉變。

　　但是，我們不能不注意到，這時的梁漱溟思想又是頗為矛盾的。就在他宣稱接受以階級眼光觀察中國社會、以階級鬥爭解決中國問題這個觀點與主張的同時，他依然認為秦漢以來兩千年間的中國不是封建社會，仍然相信社會發展史可能有例外，肯定中國社會發展有其特殊道路，依然堅持中國社會缺乏階級的觀點。梁漱溟之所以接受中共的階級觀點，主要是因為中共憑此取得了成功。

　　但是，不管怎麼說，梁漱溟的思想已經發生了轉變，已經有了變化，這變化還不止於接受了中共的階級觀點；更重要的是，中共的成功與自己的失敗所形成的強烈對比，梁漱溟開始逐漸失去了自信。

　　我們有理由相信，梁漱溟在這裡宣告的轉變是真誠的，所進行的反省是自覺的，並不是應付式的官樣文章。但是，出乎梁漱溟的意外，他的這篇文章發表之後，很快便招致了人們的批評。與以往不同，對於這些批評，梁漱溟很快作出了反應。他抓住批評者們的漏洞，進行了尖銳的反擊。梁漱溟認為，所有這些批評，由於沒有理解

10　　《兩年來我有了哪些轉變？》，見《梁漱溟全集》，第6卷，第857頁。

或者誤解了他的觀點，因而多數未能抓住要害，針對問題，難免無的放矢，都是白費筆墨。[11]對於像何思源那樣給他身上加政治罪名，梁漱溟簡直是憤怒了，他認為何思源「凡敘及事實之處，全是把知道不清楚的，或記憶不清楚的，憑臆推測，順口開合」。[12]

1952年初，梁漱溟又寫出了《我的努力與反省》（原題《何以我終於落歸改良主義》）一文。如果說在《兩年來我有了哪些轉變？》裡面，梁漱溟主要偏重於說明自己是如何由反對以階級觀點觀察中國社會、以階級鬥爭解決中國問題轉為接受這種觀點，那麼，在《我的努力與反省》裡面，梁漱溟則主要是反省自己過去為什麼會反對以階級觀點觀察中國社會、以階級鬥爭解決中國問題，為什麼會導致自以為革命而最終難免落歸於改良主義的結局。

梁漱溟認為，在理論認識上，自己深知革命就是經過暴動流血，武力鬥爭以奪取政權，使社會產生本質上的變革，「論起來是不致於把改良誤為革命的」。但是在實踐上，自己又不走武力奪取政權之路，並反對以階級眼光觀察中國社會，反對以階級鬥爭方式去解決中國問題。

梁漱溟認為，他之所以不走武力奪取政權的道路，反對以階級眼光觀察中國社會，反對以階級鬥爭方式解決中國問題，原因就在於自己一直都認為中國問題有其特殊性：

11　《敬答賜教的幾位先生》，見《梁漱溟全集》，第6卷，第877—889頁。
12　《何思源先生文內講到我的話不合事實》，見《梁漱溟全集》，第6卷，第949頁。

（一）中國問題的歷史背景特殊—秦漢以來兩千餘年只有一治一亂之迴圈而沒有革命；（二）中國問題的文化背景特殊—秦漢後的中國，是融國家於社會的，他沒有構成階級統治，不屬一般國家類型（其所以沒有革命正由於此）；（三）近百年世界大交通後乃引發了中國革命，中國革命是從外引發的，而不是社會內部自發的。[13]

梁漱溟堅持，認識到中國問題有其特殊性，這本身並沒有什麼過錯，他自己錯就錯在過分地強調中國問題的特殊性，並因此而對於中國革命問題作出了似是而非的判斷與處理。[14]

至於自己為什麼會過分強調中國問題的特殊性，並由此對中國革命問題作出似是而非的判斷與處理，梁漱溟認為，這與他自己的階級立場有關，與他自己不懂辯證法有聯繫。這是梁漱溟第一次從階級立場角度來反省與檢討自己的思想與行為。

也許是擔心像《兩年來我有了哪些轉變？》那樣被人誤解，在《我的努力與反省》中，梁漱溟用了大量的篇幅來說明自己是如何用心思的。梁漱溟自己也說，他在這篇文章中所表現出來的是，「胸中求為人知之念多於其自慚自悔之念」。[15]

梁漱溟的這篇文章當時並沒有公開發表，但是在寫完之後，他曾托林伯渠轉呈毛澤東閱讀。8月7日，梁漱溟拜見毛澤東時，毛澤東對他說：「你的自己檢討文章有好幾萬字，太長；我請林老閱看後，指

13　《我的努力與反省》，見《梁漱溟全集》，第6卷，第952頁。
14　同上注。
15　《我的努力與反省》，見《梁漱溟全集》，第6卷，第1014頁。

劃出重要的幾段來而後我方才看的。我看上去，你思想識見有進步了，但還不夠。慢慢來吧！」[16]

不管怎麼說，1950年回到北京後，梁漱溟便開始真誠地反省自己的過去，漸漸地改變自己的一些思想觀念，接受中共的一些思想觀念，儘量與中共保持一致。當然所有這一切，都必須是自覺自願的，是經過思考之後，自認為是正確的。這樣，梁漱溟的思想轉變與他對中共思想觀念的接受都是有限度的。

同樣，梁漱溟也希望中共能接受他的一些思想觀念，至少也要聽一聽他的建議，但是他的希望落空了。也許，這正是導致他與毛澤東在1953年衝突的原因之一。

1953年9月8日，梁漱溟出席在北京召開的全國政協第十九次常委擴大會。會議先由周恩來總理作過渡時期總路線的報告，次日上午開小組討論會，午後由各小組召集人彙報討論情況。散會時，周總理徵詢梁漱溟的意見，希望他第二天作大會發言。梁漱溟答應了，當晚即開始為發言作準備。他覺得既然是領導黨要自己發言，那麼自己就「應該說些對領導黨有所貢獻的話」。[17]因此，他決定就建國問題提出自己的建議。

由於大會發言極為踴躍，會期延長一天，梁漱溟的發言改在11日下午。在發言中，梁漱溟說道，幾十年來自己一直夢想計畫建國，鄉

16　《追記在延安北京迭次和毛主席的談話》，見《梁漱溟全集》，第7卷，第448頁。

17　《略記9月9日至18日的一段經過》，見《梁漱溟全集》，第7卷，第15頁。

村建設就是計畫建國的一個嘗試。這些天開會聽報告，得知國家要進入計畫建國了，感到很興奮。但是，在計畫建國方面，自己還有幾個方面的問題還不是很瞭解，希望領導黨能說一說。

梁漱溟在發言中，提出了這幾個方面的問題：一是除了發展重工業與實行私營工商業改造以外，其他方面是否也已經有了計畫？二是在計畫的同時，是否已經把完成計畫所應有的群眾工作安排好？三是農民問題，或鄉村問題。[18]

其中農民問題或鄉村問題，是梁漱溟在他的發言中想著重提出的。與另外兩個問題相比，在這個問題上，梁漱溟對中共的批評是最多的也是最直接、最尖銳的。梁漱溟在發言中說道：

在這方面我還不知道計畫如何。在此農業生產為主，而其相連的相因相待的事情太多了，必須有一整套計畫，各方面配合好，才能推進農業進步。而所有一切都待農民或鄉村居民積極起來。如何動員農民呢？是農會嗎？當然應是農會，但農會現在是什麼情形呢？除了土改中起作用外，今日已不然，今日只有黨政幹部（各民主黨派不到農村），其次團、婦女會。這夠不夠呢？感覺著不夠。（一）農村中黨亦就是政，政亦就是黨。一切事很能做得主。但行政命令傳達有之，教育意味不夠，群眾工作談不到，此從近幾年強迫命令包辦代替作風之嚴重即可說明。（二）而且量亦不夠。有黨有團之地方照顧面不夠，黨團所不到之處更不夠。總之農民比較落空的。

18　參閱《1953年9月11日政協擴大會議上的發言草稿》，見《梁漱溟全集》，第7卷，第3—6頁。

過去二十年的革命全在於發動農民，依靠農民。依靠農民革命所以成功在此，而農民在革命中亦有成長，但進入城市後，工作重點轉移到城市，成長起來的農民亦都隨著到了城市。一切較好幹部都來作城市工作，此無可奈何者。然而實在……今建設重點在工業，精神所注更在此。生活之差，工人九天，農民九地。農民往城裡跑，不許他跑。人力財力集中都市，雖不說遺棄吧，不說脫節吧，恐多少有點。然而農民就是人民，人民就是農民。對人民照顧不足，教育不足，安頓不好，建國如此？當初革命時，農民受日本侵略者，受國民黨反動派暴虐，與共產黨親切如一家人，今日已不存在此形勢。[19]

梁漱溟在這次大會上的發言，正如他自己所說，無非是想對中共有所貢獻，無非是希望中共在建國方面做得更好。但是，我們不能不留意到，梁漱溟在發言中的坦率與直言不諱，對中共施政方針，尤其是鄉村問題的批評，還有他在發言中表現出來的那種希望中共接納他的一些思想主張（如他在鄉村建設期間於1933年受國民黨政府教育部委託而起草的《社會本位的教育系統草案》）的強烈願望，對於當時的中共來說，無論是從建國所需要的統一思想角度來考慮，還是從知識份子的改造運動這一角度考慮，都是難以接納的。

在梁漱溟的發言結束時，農業部長李書城就農村工作問題作了答覆，周恩來總理也對這個問題作了補充說明，並沒有對梁的發言提出批評，而中央人民政府副主席李濟深還對梁漱溟的發言表示贊同。

19　《1953年9月11日政協擴大會議上的發言草稿》，見《梁漱溟全集》，第7卷，第5—6頁。

但是，毛澤東對梁漱溟的發言卻另有看法。

9月12日，中央人民政府委員會第二十四次會議召開，參加政協常委擴大會議的人列席會議。在聽取彭德懷所作關於抗美援朝情況的報告後，毛澤東在會上發表講話。在闡述了抗美援朝的勝利及其意義之後，毛澤東說道：「有人不同意我們的總路線，認為農民生活太苦，要求照顧農民。這大概是孔孟之徒行仁政的意思吧。然須知有大仁政小仁政，照顧農民是小仁政，發展重工業是大仁政。行小仁政而不行大仁政，就是幫助了美國人。」[20]講話中雖然沒有提及梁漱溟的姓名，但是梁漱溟很容易看出，這是針對他而說的。對於毛澤東說自己反對總路線，梁漱溟感到很突然，也感到很受委屈。

當天晚上，梁漱溟給毛澤東寫了一封信。梁漱溟在信中說：「聽了主席的一番話，明白實為我昨日的講話而發，但我不能領受主席的批評，我不僅不反對總路線，而且是擁護總路線的。主席在這樣的場合，說這樣的話，是不妥當的。不僅我本人受屈，而且會波及他人，誰還敢對領導黨貢獻肺腑之言呢？希望主席給我機會當面複述一遍我原來的發言而後指教。」[21]次日上午梁漱溟將信面交毛澤東並於晚上交談了大概三十分鐘。在交談中，梁漱溟要求毛澤東解除對他的誤會，而毛澤東則堅持認為梁漱溟反對總路線，只是不自知或不承認而已。言詞間頗有衝突。梁漱溟的信與這次短暫的交談，使事情更為複

---

20 《略記9月9日至18日的一段經過》，見《梁漱溟全集》，第7卷，第16—17頁。
    毛澤東的講話內容又見《抗美援朝的偉大勝利和今後的任務》（《毛澤東選集》，
    人民出版社，1977年版，第5卷，第104—106頁）；但在毛澤東的文章中未見有
    「有人不同意我們的總路線」的說法。
21 汪東林：《梁漱溟問答錄》，湖南人民出版社，1988年版，第133頁。

雜了。

若是梁漱溟就此甘休，不再吭聲，也許事情就會到此為止。但是，梁漱溟卻不肯甘休，而是再找機會複述自己的觀點，希望讓公眾評議。9月16日，梁漱溟獲准在大會上發言。在發言中，梁漱溟複述了他在9月9日、11日發言的內容，目的是想說明自己並不反對總路線，並一再強調，自己的本意是想就如何發動農民提供一個具體建議。在發言中，梁漱溟又一次將「工人農民生活九天九地之差」這樣不該說的話說了出來。會上，沒有人批評梁漱溟。散會回家，梁漱溟自以為無事。

第二天下午，梁漱溟循例進入會場，發現會場印發有他在1949年寫的《敬告中國共產黨》一文與毛澤東在9月12日的講話。梁漱溟明白，這是要批判他了。果然，一開會，章伯鈞就起立發言，對梁漱溟大加指責。然後，周恩來總理以檢討梁漱溟的路線為題，發表長篇講話。周總理在講話中，追述往事，說梁漱溟一貫反動成性，甚至說梁漱溟過去的所作所為，無非是為了「升官發財」。[22]

在周總理講話時，毛澤東頻頻插言，對梁漱溟嚴加指責：

梁先生自稱是「有骨氣的人」，香港的反動報紙也說梁先生是大陸上「最有骨氣的人」，臺灣的廣播也對你大捧……他們那樣高興你，罵我是「土匪」，稱你是先生！我就懷疑，你這個人是那一黨那一派！不僅我懷疑，還有許多人懷疑。從周總理剛才的發言中，大家

22　《列席人民政府會議的發言草稿》，見《梁漱溟全集》，第7卷，第6—7頁。

可以看出，在我們同國民黨兩次和平談判的緊要關頭，梁先生的立場是完全幫助蔣介石的。蔣介石同意和平談判是假的……講老實話，蔣介石是用槍桿子殺人，梁漱溟是用筆桿子殺人。殺人有兩種，一種是用槍桿子殺人，一種是用筆桿子殺人。偽裝得最巧妙、殺人不見血的，是用筆桿子殺人。你就是這樣一個殺人犯！[23]

我們現在還沒有足夠的材料去指證出毛澤東在周總理的講話中，有過幾次插言，也沒法完全指證出毛澤東所插的全部內容，但是，透過根據毛澤東在9月16日至18日的講話整理而成的《批判梁漱溟的反動思想》一文，[24]我們可以清楚地看出，毛澤東對梁漱溟在9月11日發言中提到的任何問題都進行了批判、指責，而且其言辭之嚴厲，語詞之尖刻，脾氣之暴躁，感情之激怒，似乎是毛澤東在公開場合批判別人時從來沒有過的。

這時梁漱溟才醒悟到由於自己發言不慎而引起的誤會已經很深，因此，他立即請求發言，希望為自己辯解。主席臺上同意他次日發言。

9月18日下午，梁漱溟登臺發言，他開門見山地說：「昨天會上中央領導人的講話，很出乎我的意外。當局認為我在政協的發言是惡意的，特別是主席的口氣很重，很肯定我是惡意。但是，單從這一次

23　毛澤東：《批判梁漱溟的反動思想》，見《毛澤東選集》，第5卷，第107—108頁。

24　對於毛澤東的這篇文章，梁漱溟曾有過這樣的評論：「一是有些內容在我的記憶中並沒有，不知是怎麼加進去的；二是本來是毛主席的許多插話，不是在一天講的，現在串起來變成一篇完整的講話和文章了。」至於這篇文章內容的是非曲直，梁漱溟認為不必多說。（汪東林：《梁漱溟問答錄》，第195頁。）

發言就判斷我是惡意的，論據尚不充足，因此就追溯過去的事情，證明我一貫反動，因而現在的胸懷才存有很多惡意。但我卻因此增加了交代歷史的任務，也就是在講清當前的意見初衷之外，還涉及歷史上的是非。我在解放前幾十年與中共之異同，卻不是三言兩語說得清楚的，這需要給我較充裕的時間。」[25]

梁漱溟剛說到這，會場上就有人轟他，不讓他講下去。於是，梁漱溟把話頭轉向毛澤東，以爭取發言權。接著，便是梁漱溟與毛澤東唇槍舌劍的衝突：[26]

梁：我現在唯一的要求是給我充分說話的時間。我覺得，昨天的會上各位為我說了那麼多話，今天不給我充分的時間，是不公平的。我想共產黨總不會如此。我很希望領導黨以至於在座的黨外同志考驗我，考察我，給我一個機會，就在今天。同時我也表明，我還想考驗一下領導黨，想看看毛主席有無雅量。我要毛主席的什麼雅量呢？就是等我把事情來龍去脈都說清楚之後，毛主席能點點頭，說：「好，你原來沒有惡意，我誤會了。」這就是我要求的毛主席的雅量。

毛：你要的這個雅量，我大概不會有。

梁：主席您有這個雅量，我就更加敬重您；若您真沒有這個雅量，我將失掉對您的尊敬！

毛：這一點「雅量」還是有的，那就是你的政協委員還可以當下去。

25　汪東林：《梁漱溟問答錄》，第135—136頁。
26　同上注，第136—137頁。

梁：這一點倒無關重要。

毛（生氣地）：無關重要？如果你認為無關重要，那就是另一回事了；如果有關重要，等到第二屆政協開會，我還準備提名你當政協委員。至於你的那些思想觀點，那肯定是不對頭的。

梁：當不當政協委員，那是以後的事，可以慢慢再談。我現在的意思是想考驗一下領導黨。因為領導黨常常告訴我們要自我批評，我倒要看看自我批評到底是真是假。毛主席如有這個雅量，我將對您更加尊敬。

毛：批評有兩條，一條是自我批評，一條是批評。對於你實行哪一條？是實行自我批評嗎？不是，是批評！

梁：我的意思是說主席有沒有自我批評的這個雅量……

這時，會場大嘩。許多人大聲呼喊，說梁漱溟是胡說八道，要他滾下臺來。梁漱溟則堅持不下講臺，僵持了好一會。但最終還是被轟了下來。

對於梁漱溟與毛澤東的衝突，世人評說不一，有讚有賞，有譴有責；而且，隨著時代的演進，評說也有變化，對此，我們不想多論。我們感興趣的是，作為當事人的梁漱溟，他自己是怎麼看待他與毛澤東的衝突的？

在與毛澤東衝突後不久，經由親友、學生的規勸，尤其是其長子培寬的交心長談，梁漱溟便醒悟到了自己的錯誤，並很快寫出檢討文章送交毛澤東，「其後，又將舊著《社會本位的教育系統草案》檢送領導，並請求派人幫助我作思想檢查，又表示願意當眾作自我檢

查」。[27]至於梁漱溟自認為犯了什麼錯誤，梁漱溟自己沒有明確的說明，有時說是錯在講了不該講的話，涉嫌破壞工農聯盟；有時又說是錯在不該與毛澤東頂撞，尤其是不該以那種態度與毛澤東爭勝；或者又說是犯了思想錯誤、立場錯誤。但是，他堅決否認自己是犯了反對總路線的錯誤。他說：「一直到今天我沒有向領導上承認我反對總路線，因反省的結果深知自己錯誤嚴重，而其錯卻不在此。我不能囫圇吞棗把什麼錯誤都承認下來，這樣是不解決問題的。」[28]

　　由於梁漱溟的自我反省檢查材料長期沒有公開，除中共一些領導人、政協小組學習會成員以及他的親友之外，外人多不知曉梁漱溟自己對這場衝突的態度。直到80年代，他認錯的消息才廣為人知。當然也有人不希望梁漱溟認錯。1988年4月，美國《世界日報》就發表了翟志成的《梁漱溟先生，您不能認錯》。梁漱溟在看到這篇文章後，於5月20日口授一短文，以讀者投書方式，寄美國《世界日報》發表，對翟志成的文章作了回答。梁漱溟在口述了這一短文後一個多月，便與世長辭，這一短文可謂他自己對這場衝突的態度之晚年定論。其文不長，不妨全錄於此：

　　編輯先生：
　　近年海外報刊時有論及本人的文字發表，關心本人的親友多剪寄於我。不久前，又收到居留三藩市的甥女寄來的貴報4月5、6兩日剪報，刊有翟志成先生所撰《梁漱溟先生，您不能認錯》一文，對本人

27　《在政協整風小組會上向黨交心的發言》，見《梁漱溟全集》，第7卷，第41頁。
28　同上注，第42頁。

多有指教。

　　翟先生在文中指出，若我對1953年與毛澤東發生語言衝突一事有「認錯」的表示，則不僅僅是我個人的得失榮辱問題，而「是關係著民族的良心與氣運」的事。同時翟先生表示，他但願《文匯月刊》文中所寫我「認錯」的一些話是訪問者的筆誤，並希望我能對此事加以澄清。翟先生的用意甚為可感，故敢借貴報一角，就此略作說明。

　　當年國務會議上毛澤東對我不點名批評之後，某日午後將再次開會，我準備在此會上就毛澤東認定我的發言為惡意一點予以辯明。是日上午，曾在家中言道：「今天將一決勝負。」會議進行時，在對方態度的刺激下，我的發言亦因之較前更欠冷靜。於激烈爭執之後，我突憬然醒悟自己已落入意氣用事。善意即是善意，不容指為心懷惡意。為人於是非曲直不可含糊曖昧；據理辯明就是，何必言勝負？進而憶及平日用以自勉的一句話：「忽毫不能昧，斯須不敢瞞。」（明儒羅近溪語）我既省察到自己有雜念，自不當隱瞞，雖事過多年，但每與人言及此事，總是承認自己亦有錯。爭執產生自雙方。唯中國古人有「反求諸己」的教導，我的認錯是不假外力的自省，並非向爭執的對方認錯。

　　1974年，所謂「文化大革命」，以群眾運動方式「批林批孔」。我表示贊成批林，於孔子則不當全盤否定，以《當今我們應如何評價孔子》一文表達自己的見解，招致大小會議批判。對此種強詞奪理，以勢壓人的所謂批判，我只引一句古語回答會議主持人：「三軍可以奪帥也，匹夫不可以奪志。」《當今我們應如何評價孔子》一文，兩年前已傳佈海外，如翟先生亦嘗寓目，不難明白，我於是非是不苟同的。

今年邁體衰，僅僅寥寥數語奉答，倘未符瞿先生所望，尚祈見諒。

梁漱溟口述

培寬筆錄

一九八八年五月廿日[29]

綜觀梁漱溟在1953年與毛澤東的衝突及其本人對這件事的態度，我們可以明顯地看出梁漱溟品格中的兩個特徵：一是為了辯明是非，而不惜犯顏直諫；一是能夠反求諸己，自覺反省，一旦發現自己有錯，即坦誠承認，而不自欺自瞞。這正好是儒家的風範。

雖然在1953年9月18日的會上，毛澤東提議將梁漱溟的問題交政協全國委員會處理，並經大會舉手表決通過，但是，不知是什麼原因後來梁漱溟一直沒有受到過什麼處分，也沒有讓他作過一次公眾檢討，只是不斷地有批判他的文章在報刊上發表，其中以1955年為最多，同時，中國科學院也開了幾次對他的批判會。

從我們看到的批判文章論，[30]雖然我們不能說所有的批判都是無理的，都是不符合實際的，但是，大概誰也不會否認，這些批判文章都是帶有政治偏見的，都是有成見的，多是先認定梁漱溟是錯誤的，是反動的，是唯心的，是依靠與服務於封建地主階級或帝國主義的，然後再去找證據來加以證明，這樣難免牽強附會、斷章取義，甚至於強詞奪理。在這麼多的批判文章中，我們幾乎找尋不到一句是從正面

29　轉引自《鵝湖月刊》，1988年第12期，臺北。
30　《梁漱溟思想批判》（論文彙編）第一、二輯，三聯書店，1955年、1956年版。

肯定梁漱溟的思想價值的評論。這與辯證唯物論的一分為二原則是相違背的。這種全盤否定的觀點，本身就是形而上學的。事實證明，這樣的批判是經不起時間考驗的，是難以說服人的。

這些批判之難以說服人，我們可以從梁漱溟自己對這次批判運動的感受與反應中清楚地看出來。1955年，批判還在進行中，梁漱溟就對當時的中國科學院社會科學部主任潘梓年說：「現在看各篇的批判，有些地方不合事實，我不能承認（此多屬於政治方面），有些地方我認識不到它的錯誤（此大抵在哲學方面）。」[31]到1958年，梁漱溟「向黨交心」時，依然認為，所有這許多批判給他啟發不大，益處不多。這樣，要使自己思想得改造就不是那麼容易的了。梁漱溟說道：

> 譬如在哲學上我是深喜柏格森的，現在要我否認他的道理，做不到。潘梓年亦曾相信過柏格森。他曾翻譯過柏氏《時間與自由意志》一書，並寫有一篇譯者序言，對柏氏治學方法深致推崇。我曾向潘先生請教：你是怎樣從柏格森哲學裡跳脫出來的？希望指點給我。他卻笑而不答。像這樣，我只能積下許多疑問了……像對柏格森加一些反動等醜惡帽子而不能明其所以然，我是不服氣的。[32]

但是，梁漱溟又一直表示，他歡迎各方對他的批判，擁護這一次批判他的運動。梁漱溟承認，當他這樣做時，內心裡是有矛盾、有鬥

31　《準備向潘梓年先生談的話》，見《梁漱溟全集》，第7卷，第24頁。
32　《在政協整風小組會上向黨交心的發言》，見《梁漱溟全集》，第7卷，第35頁。

爭的，是有抗拒心理的，但是，這種矛盾心理或抗拒心理都被克服了。他自認為，他之表示擁護對自己的批判運動，是言由衷出的。[33]

5.2　中國—理性之國

自1953年9月與毛澤東發生衝突之後，有兩年多時間，梁漱溟主要是在家裡讀書看報，反省思過，很少在公眾場合露面，也很少說話。但是，他並沒有因此而對國家社會的發展變化漠不關心，也沒有因此而改變其獨立思考的性格。

1956年9月27日，中共八大通過了關於政治報告的決議。決議認為，我們對農業、手工業和資本主義工商業的社會主義改造已經取得了決定性的勝利，這就表明，我國的無產階級同資產階級之間的矛盾已經基本解決，幾千年來的階級剝削制度的歷史已經基本結束，社會主義的社會制度在我國已經基本上建立起來了。因此，「我們國內的主要矛盾，已經是人民對於建立先進的工業國的要求同落後的農業國的現實之間的矛盾，已經是人民對於經濟文化迅速發展的需要同當前經濟文化不能滿足人民需要的狀況的矛盾。這一矛盾的實質，在我國社會主義制度已經建立的情況下，也就是先進的社會主義制度同落後的社會生產力之間的矛盾。黨和全國人民的當前的主要任務，就是要集中力量來解決這個矛盾，把我國儘快地從落後的農業國變為先進的工業國。這個任務是艱巨的，我們必須在經濟、政治、文化等方面採取正確的政策，團結國內外一切可能團結的力量，利用一切有利的條

33　《1956年在政協大會上的發言》，見《梁漱溟全集》，第7卷，第28—29頁。

件，來完成這個偉大的任務」。[34]

當梁漱溟看到中共八大的這個決議的時候，感到十分驚喜，歡欣鼓舞。因為這個決議所表達的與梁漱溟這時所想的、所希望的實際上是一樣的。當時，鑒於中共的成功，梁漱溟承認在奪取政權以建立一個穩定統一的中國方面，階級鬥爭是一種必須而事實上證明也是行之有效的手段，對此，他能夠也願意接受；但是，在取得政權之後，在建設國家方面，階級鬥爭是不是必須的，是不是行之有效的，梁漱溟則表示懷疑。

但往後呢？是不是還要一個階級鬥爭接著一個階級鬥爭地搞下去呢？我說不清楚，但我的內心是希望不要一個接著一個，與其多，不如少；與其有，不如沒有。我的認識是認為在社會主義社會，既要一步步向共產主義前進，階級鬥爭總不會越來越激烈，至少搞生產，搞建設，搞科研，總不會處處有階級鬥爭吧。[35]

馬背上取得的天下，總不能在馬背上治之吧？！這顯然是梁漱溟當時的心思。

中共八大之後，梁漱溟滿以為，中國很快就會掀起一個經濟建設高潮的。但是，出乎他的意料之外，隨之而來的，不是經濟建設高潮，而是一場轟轟烈烈的「反右」運動，而這場反右運動，無論從哪個角度看，都是名副其實的階級鬥爭。

34　汪東林：《梁漱溟問答錄》，第150頁。
35　同上注，第152頁。

梁漱溟困惑了，百思不得其解。當他看到毛澤東的《關於正確處理人民內部矛盾的問題》一文，發現當中有這樣一個論斷：「現在的情況是，革命時期的大規模的急風暴雨式的群眾階級鬥爭基本結束，但是階級鬥爭還沒有完全結束……在這個時候，我們提出劃分敵我和人民內部兩類矛盾的界線，提出正確處理人民內部矛盾的問題，以便團結全國各族人民進行一場新的戰爭—向自然界開戰，發展我們的經濟，發展我們的文化，使全體人民比較順利地走過目前的過渡時期，鞏固我們的新制度，建設我們的新國家，就是十分必要的了。」毛澤東的這個論斷，使梁漱溟的困惑與疑問得到了部分的解除。梁漱溟推斷，也許目前的反右是暫時的，而向自然界開戰，發展文化、發展經濟則是長久的。

　　在這種思想背景與思想認識的基礎上，1959年1月，梁漱溟開始寫作《人類創造力的大發揮大表現》一書，試圖對中共建國十年所取得的成績作出自己的評說。

　　不可否認，在對中共建國十年所取得的成就進行評說的時候，梁漱溟所引證的多是帶有濃厚政治宣傳色彩的宣傳材料，或自己參觀考察時所得的見聞，因此，其評說難免欠準確；而且，梁漱溟在對中共建國成就加以評說的時候，也使用相當多的歌頌言辭，這是時代使然。但是，我們不能不注意到，梁漱溟在對中共建國成就加以評說的時候，他沒有將中共的成就歸因於階級鬥爭，而是歸因於人心的透達，歸因於人們創造力的發揮與表現。

　　梁漱溟認為，與其他生物相比，人類具有最強的活動力，因而也

就是具有最偉大的創造力。當人類的創造力得到發揮的時候，就可能（但不一定）有成績表現出來。「所謂成績是指什麼呢？那不外改造大自然界以利用厚生的經濟建設和在這經濟基礎上同時發達的種種文化和文明。」[36]但是，人類的創造力並不是時時都得其發揮表現的，它常常被阻礙與埋沒。那麼，是什麼力量常常在阻礙人類創造力的發揮與表現呢？梁漱溟認為，在過去，自然災害無疑是一種重要的阻礙力量，但是現在人們對於許多自然災害大體上都能克服。現在，阻礙人類創造力得以發揮與表現的力量，恰恰出在人們自己身上。這就是人們的活動遠未能時時都從人類這個大立場出發，共同對大自然作鬥爭，相反，倒有數說不盡的鬥爭或明或暗地起於人對人之間。這種人對人的鬥爭，存在於國與國之間，階級與階級之間，血緣的、地緣的、宗教的、民族的種種不同集團之間，乃至個人與個人之間。

人們既把他強大的活動力很多很多用來你對付我，我對付你，而不是用於對付自然界，從人類創造力的發揮表現來說，豈不是受到無盡的阻礙和埋沒嗎？[37]

人對人的鬥爭不僅會牽掣阻礙人類的創造與進步，甚至會把建設起來的成績破壞毀滅，以致不前進而倒退。

在這裡，梁漱溟實際上是在委婉地表示，階級鬥爭不僅對經濟建設無益，反而對經濟建設是有害的。瞭解到這一點，我們就不難理解

36　《人類創造力的大發揮大表現》，見《梁漱溟全集》，第3卷，第420頁。
37　《人類創造力的大發揮大表現》，見《梁漱溟全集》，第3卷，第420頁。

梁漱溟為什麼不把建國十年的成績歸因於階級鬥爭，為什麼對中共在奪取政權之後所進行的階級鬥爭運動不加支持。

按照梁漱溟的觀點，建國十年來，中國之所以能夠取得舉世矚目的成就，主要是由於中共與毛澤東的領導得法。所謂領導得法，在梁漱溟那裡，主要是指能解除那些不利於人類創造力發揮表現的阻礙力量，而多方助成其待以發揮表現的有利條件和機會。

梁漱溟認為，中共與毛澤東領導得法的第一個表現，就是路線正確。說得具體點，就是中國共產黨與毛澤東經過努力，奪取了政權，建立了一個統一穩定的新中國，並領導人民走上了社會主義道路。這就為人類創造力的發揮提供了有利條件。中國十年來能取得這樣的成就，這是一個首要因素。

當然，梁漱溟並不否認，中國假如沒有走向社會主義，在國家統一的局面下，對外有以應付國際環境，對內予農工百業以生息長養的機會，一切建設與進步還是會有的。但是，「像今天這樣突飛猛進則不可能有」。[38]

何以見得如此？為了說明這一點，梁漱溟將社會主義道路與資本主義道路作了比較。梁漱溟認為，資本主義社會的一個很重要的特徵就是財產私有。這樣，就有可能大大促進人們的利己心的活動，提高人們運用財物的能率，更重要的是，它使得生存問題落在每個人身上，時時刺激人們去活動。這對人類創造力的發揮是有幫助的。但是

38　《人類創造力的大發揮大表現》，見《梁漱溟全集》，第3卷，第430頁。

這也會造成人們彼此間的競爭與鬥爭，而不能使人們合力一心地向自然界去爭取，去創造，反過來又會阻礙創造力的發揮與表現。而社會主義的一個重要特徵，是要廢除私有制，而走向公有制。這時，人們的生存問題基本上由公家負責解決，不需各自操心。這樣，就能消除人間的生存競爭與鬥爭，使人們合心一力向自然開戰，對付自然。梁漱溟說道：相比之下，「兩條道路在農工生產以至一切經濟、技術進步上，究竟誰將有更快、更多、更好的成績還待說嗎？」[39]

但是，梁漱溟也意識到僅從人們的用力方向問題來說明社會主義道路優越於資本主義是不夠的，還必須對這樣一些問題作出解答才行：

一、不再受到生存問題的驅策，人們是否還努力於生產，還勤於其工作？

二、私有制廢除後，人們不再有增殖財產擴大家業的進取心，是否還積極於生產？

三、一切問題都集中起來解決，有總的規劃和安排，不須個人自己操心，除負責領導的少數人之外，人們只在聽分派，只是被動地活動，心思力氣難可發揮，還有什麼積極創造？[40]

梁漱溟認為，第一、第二兩個問題，若對人類生命有了全面的認識之後，便很容易作出解答。人有身心兩面，人類所以區別於動物，

39　同上注，第432頁。
40　同上注，第439頁。

與其說是在身體，毋寧說是在心思。要喚起人類的創造力，可從人身一面著手，如生存問題的驅策、增殖財產的利己心都屬此類，但這只能激發個體的積極性，而不是群體的積極性，這樣喚起的創造力是不夠深透的。資本主義正是從這方面去喚起人類創造力的。要喚起人類的創造力，也可以從人心一面著手，這就是「安頓其身而鼓舞其心」。這是更重要的一面，從這個方面作去，不僅能喚起個人的積極性，而且能喚起群體的積極性。這樣喚起的創造力更深透。社會主義是從這個方面去喚起人類創造力的。

至於第三個問題，梁漱溟認為，這的確是走社會主義道路的國家所應當注意的。但是，實際上這也是不成問題的。「其所以卒於不成問題，就在集中之中力求民主，就在隨時隨處要走群眾路線。」[41]

梁漱溟在這裡所涉及的都是重大的理論問題。雖然我們不能說梁漱溟對這些問題的解釋或解答是錯誤的，但是，他的解答顯然是太簡單了，太樂觀了。現實社會所表現出來的，遠不是梁漱溟所說的那個樣子。

中共與毛澤東領導得法的另一個重要表現，就在於他們大大地調動了群眾的積極性與創造性。對於中共與毛澤東調動群眾積極性與創造性的方式、手段，梁漱溟作了詳盡的羅列與分析。[42]在他所羅列到的方式、手段中，除了他自己特別強調的，他認為是他在考察時發現的「安頓其身而鼓舞其心」之外，多為中共與毛澤東歷來強調的走群

41　《人類創造力的大發揮大表現》，見《梁漱溟全集》，第3卷，第442頁。
42　同上注，第461—505頁。

眾路線之類，在此我們不多論。

總之，梁漱溟認為，建國十年的成就是中國人的創造力得到發揮的結果，而中國人的創造力得到發揮則又是由於中共與毛澤東的領導得法。

中共與毛澤東為什麼能如此領導得法？梁漱溟認為，這與中共和毛澤東他們對人的認識有關。

領導是否得法是與對人的認識、對人的看法密切相關的。梁漱溟認為，在對人的認識、對人的看法上，有兩種不同的觀點：一種是保守派的或低估派的；一種是反對保守的、反對低估的。

什麼是低估派思想？例如說：人們都是好逸惡勞的；人們都是貪圖物質利益的；人們都是要被管束著才行的；而懲罰嚴厲則是好的管理所必需的手段，等等。總之一句話，對於人民群眾它總是信任不夠和估計不足。[43]

梁漱溟認為，低估派對人的這種看法，無可否認，都是事實，但是僅僅看到這些，那對人的認識是片面的，還不能算是對人有了真正的認識。實際上，人也是自覺的，是主動的，人之所以為人在心不在身，人心是可以超越身體而不受其束縛的。只有認識到了這些，才能說是對人，對人心，對人性，對人類的生命有了深刻的理解。

43　《人類創造力的大發揮大表現》，見《梁漱溟全集》，第3卷，第507頁。

梁漱溟認為，中共與毛澤東之所以能如此領導得法，就在於他們對人，對人心，對人性，對人類生命有深切的認識。

綜觀梁漱溟對建國十年成就的評說，我們可以清晰地看出，梁漱溟是在表露他自己對人、對人心、對人性、對人類生命的認識。但是，他卻把自己的這種認識投射到中共與毛澤東身上，並當成是中共與毛澤東的認識。對此，梁漱溟自己也已經認識到。[44]

當梁漱溟在1961年初完成《人類創造力的大發揮大表現》一書的時候，國內的政治形勢又有了變化。由於意識形態上的分歧，中蘇關係惡化，為了防止出現蘇聯那樣的「修正主義」，中共與毛澤東改變了「八大」關於階級鬥爭基本結束的看法。到1962年9月，在北戴河會議上，毛澤東更作出了在社會主義時期，階級鬥爭仍將長期存在的論斷。對於中共與毛澤東的思想觀點的變化，梁漱溟是十分瞭解的，但是他並沒有因此而放棄其在《人類創造力的大發揮大表現》中所表達的觀點。

正由於梁漱溟沒有隨著中共與毛澤東的思想觀念的變化而放棄自己的觀點，才會出現1964年底他在政協四屆一次會議的小組討論會上，以「我們要認識必然以爭取主動」（「科學之事」）、「要信賴群眾，依靠群眾，調動起群的積極性和創造性，就能解決一切問題，完成任何艱巨任務」（「道德之事」）這「兩個大道理」去理解周總理在三屆人大一次會議上所作的政府工作報告這樣的事情。[45]梁漱溟

44　《人類創造力的大發揮大表現》跋記，見《梁漱溟全集》，第3卷，第520頁。
45　《在政協四屆一次全體會議第31小組上的發言》，見《梁漱溟全集》，第7卷，第125—129頁。

因此而被指責為否認與反對階級鬥爭，並於1965年5月至10月，又受到了一次為期半年的批判。

1965年對梁漱溟的批判結束之後才幾個月，中國就爆發了史無前例的「無產階級文化大革命」。1966年6月7日，在一次政協小組學習會上，梁漱溟公開表示自己對這次「文化大革命」運動很不理解。由於「文化大革命」的烈火很快燒到政協，梁漱溟這次算是交了「好運」，沒有受到批判。但是，如同許多人家一樣，梁漱溟卻沒能逃脫被抄家的厄運。8月底，他的家就被紅衛兵造了反，住房被占，所藏書籍、書畫、手稿，不是被燒毀，就是被抄走。他那剛完成了七章的《人心與人生》一書也因此被迫中輟。

就在整個國家都失去理性的環境中，梁漱溟並沒有中止他的學術研究活動。1967年3月25日，他開始了一部在他生前鮮為人知的著作的寫作，頗具諷刺意味的是，他的這部在1970年4月，亦即「文化大革命」期間完成的力作，書名就題為《中國—理性之國》！

如同當時的許多人一樣，梁漱溟也相信，由於中國在社會主義革命與建設上的成功，中國很有可能將先於世界上任何一個國家而進入共產主義社會，並在世界未來文化的開創方面起著先導作用。梁漱溟認為，任何事情的出現都不是偶然的，都有其來龍去脈。中國現在在世界上能有這樣的特殊表現，肯定有其特殊的歷史背景。他寫作《中國—理性之國》一書，就是想對中國能有這種特殊表現的歷史背景進行考察。

這就得研究中國歷史，包括中國現代革命史與中國古代史。梁漱

溟發現，為了弄清中國能有這樣的特殊表現而進行歷史考察的時候，有幾個問題是不容回避的，其中一個就是：按照馬克思主義的觀點，在人類歷史發展過程中擔負開出共產主義社會前途這一重大歷史使命的，是資本主義大工業發達國家的無產階級。但是中國無產階級出現時間之晚，人數之少，又是人所共知的。「為什麼今天看起來，人類歷史前途這一偉大使命倒難望世界上其他先進的強大的無產階級去完成，而偏偏即將在無產階級根淺力弱的中國率先成功呢？」[46]

共產主義社會即將在無產階級根淺力弱的中國率先出現，所反映的實際上是馬克思主義的理論與實踐之間的矛盾問題。這一問題，和社會主義革命與建設能在中國取得成功是同樣的問題。瞭解了社會主義革命與建設為什麼能在中國這樣一個落後國家取得成功，對共產主義有可能率先出現就不難理解了。

為此，梁漱溟對中國社會主義革命與建設的成功歷程作了分析、考察。梁漱溟認為，中國之所以能在無產階級根淺力弱的情況下，成功地進行無產階級革命，並成功地走上社會主義道路，其中的關鍵就在於充分發揮了人的主觀能動作用，表現出了人的自覺創造能力。

梁漱溟指出，人間之事，無論大小，其要成功，無不有主觀努力在內，而任何主觀努力又無不資據於客觀形勢。說得具體點，任何事情要成功，都必須對客觀形勢有正確的認識，並充分發揮人的主觀能動性來運用這些客觀條件。而對客觀形勢要有正確的認識，對主觀能動性能充分發揮，都必須有高度的自覺。

46　《中國—理性之國》，見《梁漱溟全集》，第4卷，第229頁。

對於中國的無產階級革命來說，高度的自覺尤為重要。這是由中國革命的形勢決定的。梁漱溟認為，當時中國革命所面臨的主要客觀形勢是：

（一）國內形勢則為內地農村破壞慘重與廣大農民在革命動力上之重要性——農村破壞主要從帝國主義經濟侵略（首先是手工業農業以工業品農產品之輸入而先後破壞）與軍閥混戰無已之兩方面而來；整個社會牽率地日趨破產，向下沉淪，問題嚴重，勢非革命不可，革命動力必出於苦難深重之群眾自發地要求打破現狀，其首要則在廣大之農民是已。

（二）國際形勢則進入列寧所謂帝國主義時代，而且十月革命既得成功，因而在中國走資本主義道路已無可能，反帝反封建的中國革命其前途出路卻只有指向社會主義一條。革命領導權之不在資產階級而在無產階級，實決定於此。[47]

這就是說，對於中國革命來說，客觀形勢決定了她只能進行無產階級革命，走社會主義道路。但是，由於中國沒有經歷過資本主義階段，她所擁有的無產階級人數太少，力量有限。在這種情況下，她所能依靠的、必須依靠的只有廣大的農民。而中國的農民，散漫異常，是人所共知的，而且「他們什九是文盲，加以交通不便，耳目閉塞，只有久遠相沿的風俗習慣而缺乏任何新知識，雖則苦難深重，卻不瞭解誰是他們的敵人，更不曉得前途出路何在」。[48]

47　《中國—理性之國》，見《梁漱溟全集》，第4卷，第248頁。
48　同上注，第249頁。

依靠農民進行無產階級革命走社會主義道路，這對於中國革命來說，顯然是一個絕大的難題！但是這個絕大的難題，經過四五十年的主觀努力居然得到了解決。這到底是怎麼得到解決的呢？

梁漱溟認為，要瞭解這個問題，先得瞭解無產階級這個革命力量。無產階級作為一種力量，有其有形的一面，這就是指身為資本主義大工業集中起來的工人；有其無形的一面，這指的是無產階級的優良品質與精神。而無產階級的精神與品質是深受社會環境影響的。無產階級革命之所以沒有在資本主義發達國家發生，其中一個重要原因，就在於其無產階級品質與精神的喪失，就在於其無產階級的資產階級化。梁漱溟說道，既然有不搞無產階級革命的無產階級，就有非無產階級的人來搞無產階級革命，如馬克思、恩格斯、列寧、毛澤東，論其本身或家世都不屬無產階級，但他們都是無產階級的思想導師和革命領袖。既然無產階級可能資產階級化，則非無產階級的人也可能無產階級化，即非無產階級的人在社會環境的陶鑄下或經過思想教育功夫，就可能有著類同無產階級的品質與精神。

梁漱溟認為，中國之所以能解決依靠農民來進行無產階級革命並成功地走上社會主義道路這樣一個絕大難題，關鍵就在於中國的知識青年（青年知識份子）能自覺地無產階級化，並成功地使農民以及其他非無產階級的人無產階級化，使他們能本著無產階級的立場，以無產階級在人類歷史上的使命自任，也就是使他們具有無產階級的精神與品質。

梁漱溟認為，在1949年新中國成立以前，亦即戰爭時期，知識份

子與農民等的無產階級化，主要得力於毛澤東發明的農村武裝革命。他指出：

武裝革命緣何有此奇效？要知道，有對抗，始有團結；嚴重的對抗，引出來緊密的團結。單是組織共產黨，敵我彼此分界未雲明朗堅確，可能有人出出入入於其間。斷然發起武裝革命了，便與渾渾噩噩苟安已久的舊社會劃然分裂對抗而決鬥，既為舊統治方面剝削方面所不容而嚴厲鎮壓，敵方我方嚴峻分開，你死我活的鬥爭，恰是根治農民與知識份子一向散漫自由的妙藥。加以革命時期特殊的軍事共產主義供給制生活，人人與集體相依為命，一息也離不開。一切為集體生存及其前途開展所必須的組織紀律性就會培養鍛煉出來，而種種不良的老毛病就會得到改除。[49]

而在1949年新中國成立以後，亦即和平建設時期，則主要是人人都必須思想改造，齊向無產階級化邁進。這時無產階級化的途徑，梁漱溟認為主要有安頓其身而鼓舞其心，開展整風運動，狠抓思想政治工作，注意又紅又專等等。在這方面梁漱溟基本上羅列了他在《人類創造力的大發揮大表現》一書中提到的中共調動人的積極性與創造性的那些方式。梁漱溟認為，人們無產階級化的途徑在1949年新中國成立前、後是有所不同的，但有一點是相同的，這就是都重視人的作用、尊重人，「一貫地以人的精神之優越抵補其物的條件之不足」。[50]

49　《中國—理性之國》，見《梁漱溟全集》，第4卷，第256頁。
50　同上注，第284頁。

當然，中國革命的成功與毛澤東能正確地認識中國革命的客觀形勢，並把馬克思主義的普遍真理應用到中國革命的具體環境具體實踐中來，領導中國共產黨人經由新民主主義革命走向社會主義，創造性地開闢出以農村包圍城市、武裝奪取政權的特殊道路也是分不開的。如果像陳獨秀那樣，片面地強調中國無產階級根淺力弱，主張要等中國發達了資本主義工業、進入資本主義社會階段才進行無產階級革命，拱手把民主革命領導權讓予資產階級；或者像李立三等人那樣，照搬馬克思主義原理，主張循一般革命的方式，徑直以罷工暴動糾合起義軍奪取中心城市，那麼，中國共產黨就不可能領導中國人民成功地進行無產階級革命並走上社會主義道路。

毛澤東創造性地開出以農村包圍城市、武裝奪取政權的特殊道路，是其具有高度自覺性的表現。毛澤東在中國革命中的功勞是不可否認的。梁漱溟甚至說：「沒有中國共產黨就沒有今天的中國，而沒有毛澤東呢，就沒有四十幾年來的中國共產黨，正同乎列寧之於俄國那樣，毛澤東是中國革命成功的第一因素。」[51]

而毛澤東所開創的以農村包圍城市、武裝奪取政權的道路之所以能在中國走通，「第一是為內地農村破壞慘重，在革命動力上廣大農民實居重要；第二則為全國自1911年後長期陷於分裂內戰這個環境形勢條件給它莫大便利」。[52]梁漱溟認為，這樣的形勢與條件也不是孤立的，更不是偶然的，「也有其所從來的歷史背景」。譬如，軍閥內戰。梁漱溟分析道，若不是由於中國社會結構特殊，歷來缺乏階級，

51　《中國—理性之國》，見《梁漱溟全集》，第4卷，第315頁。
52　同上注，第318頁。

致使武力尋找不到合時宜的夠條件的主體而失去其工具性，在1911年以後會出現這樣長期的軍閥內戰嗎？因此，梁漱溟認為，中國革命道路之特殊及其成功，實根於老中國社會的特殊背景而來。

梁漱溟認為，其實，老中國的特殊，在毛澤東本人身上也可以看到。梁漱溟說道：

> 毛主席把一般說來起於城市的無產階級革命，創造性地改而依靠農民走農村包圍城市之路來完成它，固由於中國社會客觀形勢所不得不然，但其獨出心裁為此創造，且能貫徹下去勝利地把路走通，則與他本人之出生在農民家庭，熟習農村生活，深諳農民心理，在知識上情理上（特為重要）都具備有團結農民和他們打成一片的有利條件，是分不開的。稀罕的乃在他一面竟然又通古達今，學問淵博，為冠絕一世的高級知識份子，兼備著兩重不同的資格面貌於一人之身。這自是其天才過人，有不待言；但怕亦是在中國社會乃有此事，在外國不會有的。[53]

毛澤東出身於農民家庭，而又能成為高級知識份子，亦農亦士。「朝為田舍郎，暮登天子堂」，實在是老中國社會所特有。

梁漱溟還認為，在世界上唯獨中國有著大量的非無產階級的人被改造得無產階級化，並成功地走上社會主義道路，也不是一時間的偶然奇遇，也是有老中國社會文化為其根柢的。說得具體點就是「無產

53　《中國—理性之國》，見《梁漱溟全集》，第4卷，第323頁。

階級精神既有高於我們傳統習俗之處，同時又和我們固有精神初不相遠，中國人很容易學得來，無產階級革命在中國取得如此巨大成就實與此有極大關係」。[54]

中國社會為什麼能為中國革命提供這樣特殊的背景，中國社會為什麼會有這樣的特殊性，或者說，中國社會特殊的根源何在，梁漱溟認為，要瞭解這個問題，我們不能不向古先中國人身上尋求。梁漱溟尋求的結果，就是中國社會特殊的根源在於古先中國人理性早啟。

由此看來，梁漱溟對中共能在無產階級根淺力弱的形勢下成功地進行社會主義革命與建設，並有可能在世界上率先進入共產主義社會的分析考察，無非是想說明，中國能開出如此局面，是高度發揮了自覺能動性的結果；無非是想說明，中國能開出如此局面，並不是偶然的，「而實為有古先中國人理性早啟種其因」。社會主義實際上就出自人類理性的貫徹。梁漱溟把他的這部著作題名為《中國—理性之國》，原因就在這裡。[55]

在他的這部著作中，梁漱溟表面上是想弄清楚中國的社會主義革命和建設與中國傳統社會文化之間的關係；但從他的分析論述看，梁漱溟實際上是力圖用他自己對人尤其是人心的認識，用他所理解的儒家心性理論，來對中國的社會主義作出解釋。他所強調的，是社會主義品質與傳統儒學精神的一致性、相容性，具有頗為明顯的將馬列主義、毛澤東思想儒家化的傾向。他這樣做的目的，似乎是想說明，他

54　同上註，第308頁。
55　同上註，第363—364頁。

早年提出的中國文化復興論，隨著中國社會主義革命與建設的成功，已經得到了初步的證實，而且還將繼續得到證實。

梁漱溟的《中國—理性之國》，是其《人類創造力的大發揮大表現》的合乎邏輯的發展。

1973年10月，「批林批孔」運動開始。對於這次運動，梁漱溟既弄不清楚其來龍去脈，也不知道開展這場運動的動機與目的，但是，他十分清楚這是一場政治運動。因此，好長一段時間裡面，梁漱溟對於這場運動不置一詞，既不表示支持，也不表示反對。然而，對於一個對孔子與儒學素有研究的人來說，在這樣的運動中，保持沉默也是一種罪過。後來，在不得已的情況下，梁漱溟才表示，自己對於批孔有不同意見，但是為避免妨礙當前的運動，不想公開，如有必要，可寫出來交領導閱看。

然而，幾個月後，梁漱溟不想公開的不同意見還是公開了。1974年2月22、25日兩個下午，梁漱溟在政協學習會直屬組作了題為《今天我們應當如何評價孔子》的長篇發言。梁漱溟沒能在5個多小時的時間內將這個題目所含包的全部內容講完，只講了其中涉及中國社會發展史問題的部分。在中國社會發展史問題上，梁漱溟提出了他的兩個觀點：一是古中國似不曾經歷奴隸生產制社會那一階段；二是中國社會的歷史發展屬於馬克思所謂亞洲社會生產方式。後來，梁漱溟將這部分內容改寫為《試論中國社會的歷史發展屬於馬克思所謂亞洲社會生產方式》一文。[56]很明顯，梁漱溟的這兩個觀點純屬學術性的研

56　見《梁漱溟全集》，第7卷，第246—270頁。

究結論。而且，可能是出於自我保護的考慮，梁漱溟在論述他的這兩個觀點時，所引證的主要是馬列主義經典或論著。

即使是這樣，梁漱溟也沒能逃脫被批判的命運。因為，自從1973年8月，楊榮國的《孔子─頑固地維護奴隸制的思想家》一文發表並被毛澤東批上「楊文頗好」四字之後，孔子是維護奴隸制的這種觀點，幾乎已經成為定論，並成為官方學說。[57]正如梁漱溟自己所說：「時論之批孔者皆從孔子衛護奴隸制這一點出發，否認奴隸制即使時論失據。」[58]在那種除了政治沒有學術或者說學術成為政治奴婢的時代，梁漱溟提出這樣的觀點，如果不被批判，那才是奇怪的呢！

也許是梁漱溟迫切希望能儘快結束對他的批判，3月8日、11日，梁漱溟就先後發言，發表聲明，表示自己在這個時候提出中國未必有奴隸制這樣的學術觀點，「既遠離了當前批林批孔的政治運動，又且有礙於當前群眾的批孔⋯⋯其錯誤是嚴重的」。[59]但是，他同時又表示自己「不能隨從批孔」。[60]結果可想而知。

隨後半年多時間，小會大會，或以學習「批林批孔」為名，或從「批林批孔」入手，對梁漱溟進行了一次又一次的批判鬥爭。對於這些批判會，梁漱溟從不缺席，每次都在座靜聽。1974年9月23日，當

57　參閱宋仲福、趙吉惠、裴大洋：《儒學在現代中國》，中州古籍出版社，1991年版，第333—334頁。

58　《批孔運動以來我在學習會上的發言及其經過的事情述略》，見《梁漱溟全集》，第7卷，第317頁。

59　《批林批孔中的發言》、《我的聲明》，見《梁漱溟全集》，第7卷，第244—245頁。

60　《批孔運動以來我在學習會上的發言及其經過的事情述略》，見《梁漱溟全集》，第7卷，第318頁。

其所在學習小組的召集人徵問他對這些批判有何感想時，梁漱溟答道：「三軍可奪帥也，匹夫不可奪志。」[61]

1974年6月25日，梁漱溟開始把他在2月發言中還沒有說的那部分內容仍以《今天我們應該如何評價孔子》為題整理為一篇論文。如果我們把梁漱溟的這篇文章與他的《中國—理性之國》一書作一比較，我們就會發現，這篇文章中的大部分觀念，在《中國—理性之國》一書已經提到。所不同的是，這些觀念，在《中國—理性之國》裡面是用來解釋中國的社會主義革命與建設，而在這裡則是為了評價孔子、肯定孔子在中國文化上的地位與價值。

5.3　人心與人生

1970年4月，在完成《中國—理性之國》一書之後，梁漱溟立即重理舊緒，專致於《人心與人生》一書的寫作，並於1975年7月完成。

《人心與人生》一書是梁漱溟在完成《東西文化及其哲學》之後，便有意要撰述的。從他在1926年寫的《人心與人生》初版自序看，他寫作此書的最初動機，是要為儒家的倫理學提供一種真正的心理學解釋，並糾正自己在《東西文化及其哲學》一書裡面，由於沒有把孔子的心理學認清，濫以時下流行的盛談本能的心理學為依據來解釋孔子所造成的錯誤。當時，梁漱溟認為：「凡是一個倫理學派或一個倫理思想家，都有他的一種心理學為其基礎，或者說他的倫理學，

61　同上注。

都是從他對於人類心理的一種看法而建樹起來。儒家是一個大的倫理學派，孔子所說的許多話都是些倫理學上的話，這是很明顯的。那麼，孔子必有他的人類心理觀，而所有他說的話都是或隱或顯地指著那個而說，或遠或近地根據著那個而說，這是一定的。如果我們不能尋得出孔子的這套心理學來，則我們去講孔子即是無頭無腦地講空話。」[62]當時梁漱溟就認識到，凡是與人生有關的學問，尤其是涉及倫理道德方面的學問，都是以對人、對人的心理的認識為基礎的。

半個世紀之後，梁漱溟的這個觀念似乎並沒有發生改變。這時的梁漱溟依然認為：「心理學是最重要無比的一種學問，凡百學術統在其後。」[63]他之寫作《人心與人生》，目的之一就是要建立自己的心理學，以說明人類認識自己。

梁漱溟指出，要認識人，實際上就是要認識人心。因為，人之所以為人，在心而不在身。「說人，必於心見之；說心，必於人見之。人與心，心與人，總若離開不得。」[64]梁漱溟認為，若於此無所識取，要想對人有所認識，那是不可能的。

要認識人之所以為人，就是認識人心。那麼，什麼是人心？什麼是心？梁漱溟說道：「何謂心？心非一物也；其義則主宰之義也。主謂主動；宰謂宰製。對物而言，則曰宰製；從自體而言，則曰主動；其實一義也。」[65]

62　《人心與人生》初版自序，見《漱溟卅後文錄》，第114頁。
63　《人心與人生》，學林出版社，1984年版，第4頁。
64　《人心與人生》，第2頁。
65　同上注，第16頁。

在對人心加以討論的時候，梁漱溟直接借用了毛澤東在《抗日遊擊戰爭的戰略問題》、《論持久戰》兩篇文章中列舉的主動性、靈活性、計劃性三個概念來界定人心的內涵，並從這三個方面入手，對人心作了分析。

在討論人心的主動性的時候，梁漱溟特別強調心與生命的聯繫。他認為，人類之有人心活動，與生物之有生命表現，兩者之間雖有優劣的不同，但在本質上都是一樣的，「應當說，心與生命同義；又不妨說，一切含生莫不有心」。[66]

因此，梁漱溟認為，要認識人心的主動性，必須先對生物的生命現象有所認識。梁漱溟根據他對生物的生命現象，例如新陳代謝的認識，認為，生命的本性就是主動、自動、能動。而主動、自動、能動，又是相通的，其相通之處，就在於「其動也，皆非有所受而然，卻正是起頭的一動」。[67]

心與生命同義，認識了生命的本性，實際上就是認識了人心的主動性。正因為這樣，梁漱溟主張，「認識人心的主動性，宜先從其生命自發地（非有意地）有所創新來體認；然後再就人們自覺的主動精神—人們的意志來認取」。[68]

但是什麼是生命自發地有所創新？對此梁漱溟借用文學藝術的創作來加以解釋。他說，好的作品，一定是生命主動性的自然流露，而

66　同上注，第18頁。
67　同上注，第20頁。
68　同上注，第21頁。

不是可以刻意追求的，更是難以究問其所以然的。如：「詩人巧得妙句，畫家有神來之筆，不唯旁人所不測，他自己亦不能說其所以然。若究問其致此之由，一切可說的都是外緣，都是湊成乎此的條件，而不是能用這些外緣條件的主體—生命本身。生命是自動的，能動的，是主動的，更無使之動者，憑空而來，前無所受。這裡不容加問，無可再說。問也，說也，都是錯誤。」[69]

而所謂人們自覺的主動精神，並不是別的，就是人們意識中的剛強志氣。對此，梁漱溟以人的堅毅與豪邁精神作了說明。

從梁漱溟的分析看，在人心的主動性方面，他想說明兩個問題：一是人心如同生命本性，是自動的，是能動的；一是人的意志自由。

但是，人心的主動性是有賴於靈活性的。什麼是靈活性？梁漱溟認為，像不循守常規而巧妙地解決問題；像在一時一時形勢變幻中，而能隨時應付，總不落於被動；如出奇制勝；如閃避開突如其來的襲擊等等都是靈活性。總之靈活性，「就是生命不受制於物而恒制勝乎物的表現」。[70]

梁漱溟認為，靈活性與生命機體的分工與整合有密切關係。「靈活性就出在這繁複發展的分合之上。」[71]為了證實這一點，梁漱溟從這幾個方面作了分析：第一，靈活性即寓於活動力而隨之以見者，活動力愈大，即愈超越不靈活以進於靈活；第二，整體的靈活性實以其

69　《人心與人生》，第21—22頁。
70　同上注，第25頁。
71　同上注，第27頁。

分子成員之趨於機械化換得來的；第三，人心的靈活性以主動性內抑制為前提。[72]

在討論靈活性的時候，梁漱溟提到了身心關係問題。梁漱溟認為：「人心要緣人身乃可得見，是必然的；但從人身上得有人心充分表見出來，卻只是可能而非必然。」[73]從這個角度看靈活性，我們就會看出，生命機體的分工整合，只是為靈活性開出機會，提供可能而已。

梁漱溟還注意到，生命機體的進化，也有可能會限制靈活。他說道：「在機體構造上愈為高度靈活作預備，其表見靈活也，固然愈有可能達於高度；然其卒落於不夠靈活的分數，在事實上乃且愈多。」[74]身為心得以顯露的條件，但是心也可能被身所蔽；生命機體的分工整合，可能導致更靈活，但也可能限制靈活。因此，靈活性是有待爭取的，人心不是現成可以坐享的。

但是靈活又是不可求的。靈活是生命的流露與表現。生命的本性是主動。因此，梁漱溟說道：「靈活性複有賴於主動性。」[75]

人心還有一個方面，這就是計劃性。什麼是計畫？「計畫是人們在其行事之前，卻不即行動，而就其所要解決的問題中那些對象事物，先從觀念上設為運用措置一番或多番，以較量其宜如何行動，假

72　同上注，第27—30頁。
73　同上注，第31頁。
74　同上注，第32頁。
75　《人心與人生》，第33頁。

定出一方案或藍圖之謂也。」[76]與靈活的不可前定不同，計劃性正好是要前定的。

計畫之擬訂離不開知識，而知識的獲得則在於意識的創造，理智的作用。因而，人心之有計劃性，實際上反映的是人有理智，人有意識。從梁漱溟的論述看，他似乎認為，在人心的三種內涵中，只有計劃性是指向人心特徵的，而主動性、靈活性則表明人心與宇宙生命的聯繫：

> 試看動物園豢養百鳥百獸，大都活捉得來。此皆獵人准據其對於一鳥一獸之知識而以計畫取之者。假非人心有計劃性，而徒恃主動性、靈活性以相較量，則鳥飛獸走其敏捷靈活固人所不及，人又將何從達成其意圖？一些高等動物，論其機體構造直逼近於人類矣，其所以卒不如人者豈有他哉，只在進化途程中其心智活動未得造於此計劃性之一境耳。夫自然界原為人類之所從出也，然人類今日竟能以改造自然，操縱乎一切，儼若躍居主人地位者，豈有他哉，亦唯人心具有此計劃性之故耳。[77]

人之優勝於動物，人之能夠改造自然，主要在於人心之具有計劃性。

既然如此，我們能否以人心之計劃性為人心的基本特徵？梁漱溟認為，以計劃性為人心之基本特徵，未嘗不可。但是，梁漱溟強調：

76　同上注，第35頁。
77　同上注，第36—37頁。

論人心之基本特徵，若以計劃性當之，略亦同於以意識、或以理智當之，其詞意似尚不如後二者之簡單扼要，通俗易曉。如此等等，皆非我之所取。[78]

梁漱溟認為，人心的基本特徵在自覺。自覺是隨在人心任何一點活動中莫不同時而有的。不過，其或明強，或暗弱，或隱沒，或顯出，是極不固定的。

對於自覺，梁漱溟有過這樣的描述：「儒書有云，『知之為知之，不知為不知，是知也』；此中第五個知字正指其自覺昭明而言。人有感覺、知覺皆對其境遇（兼括機體內在境遇）所起之覺識作用，而此自覺則蘊乎自心而已，非以對外也。它極其單純，通常除內心微微有覺而外，無其他作用。然而人心任何對外活動卻無不有所資借於此。佛家唯識學於能見之『見分』、所見之『相分』而外，更有『自證分』以至『證自證分』之說；審其所指，要即在此中深微處。質言之，這裡所談自覺為吾人所可得親切體認者；彼之所云自證分，殊非吾人體認所及，只能理會而承認之，一粗一細，不盡相當，推斷此自覺應是根於彼自證分而有者。」[79]

由此看來，自覺就是獨知，自知，不自欺。自覺蘊於自心，非以對外。

但是，人心任何對外活動卻又無不有所資藉於此（自覺）。梁漱

78　《人心與人生》，第39頁。
79　同上注，第56頁。

溟認為「內有自覺之心一切對外活動—自感覺、知覺以至思維、判斷—概屬意識」。

一般而言，無意識即同於不自覺。自覺與意識並沒什麼區別。但是嚴格言之，自覺（Awareness）與意識（Consciousness）又是有區別的：

所以當我們說自覺—就其蘊於內的一面說時—須得從嚴；當我們說意識—就其對外一面說時—無妨從寬；雖則自覺和意識原來應當是一而二，二而一的。[80]

自覺與意識，有內外、嚴寬之別。

梁漱溟認為，人類的一切成就，表面上看來，都是意識之功，但從根本上說，實際上都是自覺之力。比如，知識學問之得以確立，就在於人能不顧及利害得失，而以是為是，以非為非，就在於人有是非之心。「是非之心昭昭乎存於自覺之中，只須坦直不自欺便得。」[81]這是非之心，在梁漱溟那裡實際上就是理性。

在《人心與人生》裡面，梁漱溟是想把理智與理性都涵括在自覺裡面。正如有的研究者指出，「這樣，梁漱溟也就揭示了人類主體性的兩個側面：一方面它是認知主體，另一方面它是道德主體。……對自覺的討論，使梁漱溟早年開始具有的反理智主義傾向至此消融殆

80　同上注，第58頁。
81　《人心與人生》，第59頁。

盡」。[82]但是，在對自覺的討論中，我們仍可以強烈地感覺出，梁漱溟始終把重點放在道德主體的揭示上。

盡心知性知天。梁漱溟在他的《人心與人生》裡面，企圖通過對人心的認識，來說明人生與人性，並由人心歸到宇宙本體，建構他的心學體系。

隨著《人心與人生》一書的完成，梁漱溟的學術生涯基本結束了。但是，梁漱溟的生命還在延續。

82　王宗昱：《梁漱溟》，第265頁。

■ 附錄　梁漱溟學術行年簡表

1893年（光緒十九年）

10月18日（農曆九月初九）生於北京。名煥鼎，字壽銘，後又取字漱溟。祖先為元朝宗室之後。原籍廣西桂林。父名濟，字巨川，曾任清朝內閣中書、內閣侍讀。母張氏，雲南大理人。兄煥鼐，字凱銘，曾到日本明治大學留學。大妹煥詰，字新銘；二妹煥紳，字謹銘，均畢業於北京女子師範學校。

1898年（光緒二十四年）　5歲

開始讀書。讀了《三字經》之後，便讀《地球韻言》，而沒有讀「四書五經」。

1899年（光緒二十五年）　6歲

入讀新派人物陳金榮創辦的中西小學堂，兼習中文、英文。

1900年（光緒二十六年）　7歲

因義和團運動，八國聯軍侵入北京，中西小學堂停辦而輟學。

1901年（光緒二十七年）　8歲

入讀南橫街公立小學堂。

1902年（光緒二十八年）　9歲

與兩個妹妹一起入讀彭翼仲創辦的蒙養學堂，以上海商務印書館出版的教科書為課本。

1904年（光緒三十年）　11歲

在家讀書。由一個姓劉的先生教授小學教材。

1906年（光緒三十二年）　13歲

考入順天中學堂，學習國文、英文及數理化各科。這時期，思想傾向於功利主義。喜做翻案文章，作文曾得過「好惡拂人之性，災必逮夫身」

與「語不驚人死不休」的評語。

1907年（光緒三十三年） 14歲

讀梁啟超主編的《新民叢報》（1902—1904年，六冊）與《新小說》（月刊），深受影響。又讀梁啟超的《德育鑒》，第一次真正接觸中國古人學問。開始關心人生問題與社會問題。

1908年（光緒三十四年） 15歲

結識郭人麟，在其影響下思想有所轉變，逐漸放棄原來的較褊狹的功利見解。

1909年（宣統元年） 16歲

在人生問題上，從利害分析轉入到何謂苦樂的研索，認為人生是苦。傾向於印度的出世思想。拒絕母親議婚。這時，對中國社會問題的關心遠過於人生問題。

1910年（宣統二年） 17歲

讀《立憲派與革命派之論戰》一書。熱心於政治改造。結識甄元熙，在其影響下，由主張立憲轉向革命。

1911年（宣統三年） 18歲

在順天中學堂畢業。經甄元熙介紹，參加京津同盟會。這一年，開始素食。

1912年 19歲

任《民國報》編輯與外勤記者。8月，因同盟會改組為國民黨而由同盟會員轉為國民黨員。這一年，兩度自殺。母張氏病逝於北京。

1913年 20歲

離開《民國報》。因讀張繼譯幸德秋水的《社會主義之神髓》而撰《社會主義粹言》一小冊，油印送人。同時，熱衷於佛學，甚至打算出家為

僧。

1914年　21歲

2月，在《正誼》雜誌上發表《談佛》（《與張蓉溪舅氏書》）。

1915年　22歲

8月，在《甲寅》雜誌上發表《寄張寬溪舅氏書》。9月，編成《晚周漢魏文鈔》一書並撰序文一篇。

1916年　23歲

任司法總長張耀曾的機要秘書。5月，在《東方雜誌》上發表《究元決疑論》一文，頗受學術界注目。隨後，經由范源濂介紹，攜此文拜訪剛被任命為北京大學校長的蔡元培，蔡元培表示要聘其為北京大學講師，講授印度哲學，因任司法部秘書而沒能應承。

1917年　24歲

5月，在《東方雜誌》上發表《無性談》一文。夏，辭去司法部秘書職務並南遊。有感於軍閥戰禍之烈而撰《吾曹不出如蒼生何》一文，自費印數千份送人。10月，就任北京大學教職，講授印度哲學。

1918年　25歲

10月初，在《北京大學日刊》上登啟事，徵求有志於研究東方學術的人。僅有數人回應。11月10日（農曆十月初七），其父梁濟于60歲生日前三天，自沉北京淨業湖殉清。

1919年　26歲

五四運動爆發。為此在《國民公報》與《每週評論》上發表《論學生事件》一文，主張以法律的方式解決學潮問題。開始對東西文化及其哲學進行比較研究，以說明東方文化的特點與價值。12月，《印度哲學概論》一書交由上海商務印書館出版。

1920年　27歲

1月，《唯識述義》第一冊由財政部印刷局印行。暑假，到南京支那內學院拜訪歐陽竟無大師並介紹熊十力入內學院學習。秋，開始作《東西文化及其哲學》的長篇講演。放棄出家念頭，思想轉向儒家。

1921年　28歲

2月，在《少年中國》雜誌發表《宗教問題講演》上半篇。暑假，到山東濟南講演《東西文化及其哲學》，為期40天，並因此結識王鴻一。講演由羅常培記錄。10月，講演記錄由財政部印刷局印行，次年1月交由上海商務印書館出版，引起強烈反響。11月13日，與黃靖賢女士結婚。12月，在《中華新報》上發表《對於羅素之不滿》一文。

1922年　29歲

寒假，應邀到山西太原講學。在太原，結識衛西琴並參觀其所辦的學校。春，在北京高等師範學校講演《合理的人生態度》與《評謝著陽明學派》。與李大釗就倡議裁兵運動同訪蔡元培。5月，在蔡元培家討論由胡適起草的題為《我們的政治主張》的政治宣言，並作為提議人之一在宣言上簽名。10月，撰寫《東西文化及其哲學》第三版自序。12月，在《中華新報》上發表《曲阜大學發起和進行的情形並我所懷意見之略述》一文。

1923年　30歲

春，到山東曹州中學演講，提出以農立國的主張，但自己對此主張沒有信心。秋，在北京大學講授《孔家思想史》，為期一學年，生前講稿沒有正式出版，僅有筆記的油印本流傳。該筆記經李淵庭整理，交中國和平出版社於1993年4月出版。10月28日，在北京大學作題為《答胡評〈東西文化及其哲學〉》的講演。12月，《漱溟卅前文錄》由商務印書館出版，內收1915—1922年發表的文章19篇。

1924年　31歲

2月，在武昌師大講演《孔子人生哲學大要》。6月，發表《辦學意見述略》。夏，會見泰戈爾。暑假，辭去北京大學教職。8月，發表《重華書院簡章》。秋，赴山東曹州辦學。

1925年　32歲

春，因辦學失敗與山東政局變化，將曹州高中交陳亞三接辦後返回北京。先居清華園輯印《桂林梁先生遺書》，後與由山東追隨而來的學生在什剎海租房同住共學。10月27日（農曆九月初十），子培寬出生。這一年，李濟深、張難先、陳銘樞多次來信來電催其南下廣東，因自己苦悶猶疑而沒有前往。

1926年　33歲

春，派黃艮庸、王平叔、徐銘鴻南下廣東。自己則與熊十力、衛西琴以及門生10多人在北京西郊大有莊租房同住，一起研究儒家哲學和心理學問題。為期一年有餘。其時王鴻一避居北京東交民巷，兩人常相見面並屢次談及農村立國問題。9月，南下，本想到武漢去會陳銘樞，因政局變化，只到了上海、南京便返回北京。在上海曾見到青年黨領袖曾慕韓。

1927年　34歲

1月，開始為北京學術講演會演講《人心與人生》，歷時三個月。發表《介紹衛中先生的學說》一文。在與南下北返的黃艮庸、王平叔重聚後，宣告「覺悟」，認為只有鄉治才是中國民族自救的唯一出路。4月，李大釗在北京被殺，會同章士釗的夫人吳弱男料理後事。5月，南下，到廣州會晤李濟深。隨後到黃艮庸家鄉新造細墟閒居讀書。12月，在廣州事變之後，向李濟深提出實施鄉治的設想。

1928年　35歲

春，與李濟深、陳銘樞同船去上海、南京，途中暢談積年研究心得。在南京，參觀陶行知創辦的曉莊學校。回廣州後，代李濟深出任廣州政治分會建設委員會主席一職。4月，在建設委員會提出「請辦鄉治講習所建議書」及試辦計畫大綱。5、6月，在建設委員會對地方武裝團體訓練員養成所人員以「鄉治十講」為題作連續講演。7月，為籌辦「鄉治講習所」而接任廣州第一中學校長職。11月6日與12月24日，在一中先後作題為《抱歉、苦痛、一件有興味的事》和《今後一中改造之方向》的講演。這一年，次子培恕出生。

1929年　36歲

春，離開廣東北上考察農村工作，先後到過江蘇昆山縣的徐公橋、河北定縣、山西太原等地。因李濟深被蔣介石軟禁南京，廣東政局發生變化，而回到北京。在北京，客居清華園準備撰寫《中國民族之前途》一書。秋，到太原與閻錫山會談。隨後，到河南輝縣參與籌辦河南村治學院，任教務長並被推舉負責撰寫《河南村治學院旨趣書》等文件。

1930年　37歲

1月，河南村治學院開學，講授鄉村自治組織等課程。6月，因王鴻一病逝而接辦《村治月刊》上，並撰有《主編本刊之自白》。隨後在《村治月刊》上先後發表了《中國民族自救運動之最後覺悟》、《我們政治上的第一個不通的路—歐洲近代民主政治的路》、《敬以請教胡適之先生》以及《中國問題之解決》等一系列文章。7月，《漱溟卅後文錄》一書由上海商務印書館出版，內收1923—1929年發表的文章16篇。10月，河南村治學院被迫關閉。隨後，應韓複榘邀請，與梁仲華等到濟南商議成立山東鄉村建設研究院事宜。11月16日，在《村治月刊》上發表《山東鄉村建設研

究院設立旨趣及辦法概要》。

1931年　38歲

年初，與梁仲華等人前往山東鄒平縣籌辦鄉村建設研究院。6月，鄉村建設研究院成立，任研究部主任。9月，在《村治月刊》發表《我們政治上的第二個不通的路—俄國共產黨發明的路》。10月，在天津《大公報》發表《對於東省事件之感言》。在《村治月刊》發表《丹麥的教育與我們的教育》。

1932年　39歲

4月，《中國民族自救運動之最後覺悟》一書由北京村治月刊社出版，內收有關鄉村建設方面的文章16篇。12月，應邀出席國民黨政府內政部召集的全國第二屆內政會議，去開會之前，在鄉村建設研究院作題為《中國之地方自治問題》的演講。

1933年　40歲

2月，出席教育部在南京召開的「民眾教育問題」討論會，與另外4人被推舉負責起草民眾教育在教育系統上的地位草案，結果是8月發表的《社會本位的教育系統草案》。7月，出席由其自己與晏陽初等人發起的、在鄒平召開的第一次全國鄉村工作討論會，致開幕詞並作《山東鄉村建設研究院工作報告》。這次會議決定成立「鄉村建設學會」。8月，參加中國社會教育社在濟南召開的年會，並提交《由鄉村建設以復興民族案》。10月，接任鄉村建設研究院院長職位。

1934年　41歲

1月，在研究院作題為《自述》的演講。2月，發表《村學鄉學須知》。4月，發表《中國此刻尚不到有憲法成功的時候》。7月，在研究院講《精神陶煉要旨》。兼任鄒平縣縣長，為期兩個月。8月，在國民黨政

府首次舉辦的孔子誕辰紀念會上發表題為《孔子學說的重光》的演講。《鄉村建設論文集》由鄒平鄉村書店出版，內收文章18篇。9月，發表《杜威教育哲學之根本觀念》。10月，參加在河北定縣召開的第二次全國鄉村工作討論會，並作題為《鄉村建設旨趣》的發言。

1935年　42歲

年初，應李宗仁等的邀請，回故鄉廣西講學。4月，出席在濟南召開的「中國本位的文化建設座談會」，討論王新命等十教授發表的《中國本位的文化建設宣言》。8月，夫人黃靖賢因難產在鄒平逝世。作《悼亡室黃靖賢夫人》。10月，參加在無錫教育學院召開的第三次全國鄉村工作討論會，並提交《一年來的山東工作》書面報告。在研究院作題為《我們的兩大難處》的演講。《梁漱溟先生教育文錄》由鄒平鄉村書店出版，內收有關教育的文章22篇。這一年，因日本策劃「華北五省三市自治」，局勢緊張，與梁仲華等催促韓複榘擬訂以改革地方行政與實施民眾自衛訓練為主要內容的「三年計畫」（1936—1938年），以應付日本的入侵。自此，鄉村工作轉入備戰階段。

1936年　43歲

1月，《鄉村建設大意》一書由鄒平鄉村書店出版。4月，到日本考察農村復興工作。回來後，在研究院作題為《東遊觀感記略》的講演。夏，為鄉村工作人員訓練處的學生講演《中國社會結構問題》。12月，西安事變發生，為此，發表《我們對時局的態度》的談話，並致電張學良，認為除了蔣介石，無人可當抗敵統帥，因此希望釋放蔣介石。

1937年　44歲

3月，《鄉村建設理論》（一名《中國民族之前途》）由鄒平鄉村書店出版。6月，在成都講《我們如何抗敵》。《朝話》一書由鄉村書店出版。

7月，抗日戰爭爆發。8月，在上海《大公報》發表《怎樣應付當前的大戰？》。到南京出席最高國防會議參議會。陪蔣百里到山東視察防務。10月，與晏陽初等人面見蔣介石，申述戰時民眾動員與鄉村工作的必要性與重要性，因而受命起草有關方案。

1938年　45歲

1月，訪問延安。3月，在徐州寫完《告山東鄉村建設同人同學書》，連同《山東鄉村工作人員抗敵工作指南》交由武昌鄉村書店代為印發。國防會議參議會改組為國民參政會，被選為參政員。7月，出席在漢口召開的第一次國民參政會，並提出《召開戰時農村問題會議並於政府中設置常設機關案》。10月，出席在重慶召開的第二次國民參政會，提出《改善兵役實施辦法建議案》。12月，寫出《根本解決黨派問題的方案》一文，準備送交重慶《大公報》發表，但被檢扣。

1939年　46歲

2月，回山東敵後遊擊區巡視，歷時8個月。10月，回到四川，有感於黨派關係惡化，怕引發內戰，妨礙抗戰，因而又致力於黨派問題的解決。11月底，與協力廠商面組成「統一建國同志會」。

1940年　47歲

年初，創辦勉仁中學，並寫出《創辦私立勉仁中學緣起》及《辦學意見述略》。4月，出席國民參政會，提出《請釐定黨派關係，求得進一步團結，以利抗戰建議案》。8月，寫出《答鄉村建設批判》一書，次年2月交由中國文化服務社印行。年底，與張君勱等人商議籌組「中國民主政團同盟」。

1941年　48歲

3月，中國民主政團同盟成立，受命負責籌辦同盟機關報。5月，到達

香港，開始籌辦《光明報》，自任報社社長。9月18日，《光明報》創刊。10月10日，在《光明報》發表《中國民主政團同盟成立宣言》與《中國民主政團同盟對時局主張綱領》。12月，香港淪陷，《光明報》停刊。

1942年　49歲

年初，逃離香港，途經澳門、臺山、肇慶、梧州、柳州等地回到桂林。2月，寫完《香港脫險寄寬恕兩兒》，後發表于桂林《文化雜誌》。6月，著手寫作《中國文化要義》一書。秋冬間，張雲川自重慶帶來周恩來密函，勸其往蘇北或鄰近地區建立鄉村建設或民盟據點，為嚴守其中立立場，一口拒絕。12月，發表《理性與宗教之相違》一文。

1943年　50歲

1月，寫出《理性與理智之分別》一文。6月，發表《中國文化略談》、《民主的涵義》等文章。10月8日，寫寄《答政府見召書》，拒絕去重慶參加籌辦「憲政實施協進會」。

1944年　51歲

1月23日，與陳樹棻女士在桂林結婚。5月，《梁漱溟最近文錄》由江西中華正氣出版社出版，內收1940—1943年在報刊上發表過的文章10多篇。8月，到廣西賀縣八步鎮。9月，中國民主政團同盟改組為中國民主同盟，被選為民盟中央委員、常委、國內關係委員會主任。

1945年　52歲

6月，《梁漱溟教育論文集》在開明書店出版，書由唐現之根據1935年出版的《梁漱溟先生教育文錄》增刪而成。8月，日本無條件投降，國共在重慶展開和平談判，因而打算退出現實政治活動以潛心於文化研究。11月，返回重慶，隨即為防止內戰而奔走。

1946年　53歲

1月，出席政治協商會議。會後，再次打算退出現實政治活動。3月，再訪延安。5月，任民盟秘書長，作為民盟首席代表參與國共和談。7月至8月間，與周新民赴昆明調查李公樸、聞一多被殺案。10月底，因調停失敗，決定退出現實政治活動，並辭去民盟秘書長職務。11月，回到北碚，專致于《中國文化要義》一書的寫作。

1947年　54歲

元旦，在《民主報》發表《政治的根本在文化》一文。3月，在《觀察》雜誌上發表《樹立信用，力求合作》一文。5月，到南京出席最後一次參政會。9月，發表《預告選災，追論憲政》。年底，宣佈退出民盟。

1948年　55歲

1月，在北碚以《中國政治問題研究》為題作長篇談話。2月，對門生胡應漢說：「吾無複鄒平實驗之趣，亦無意與政治為緣。所望于及門諸生者，能將吾之學問傳下去，自有開花結果之日。」8月，將勉仁國學專科學校改組為勉仁文學院。

1949年　56歲

年初，蔣介石宣佈下野。在重慶《大公報》先後發表《過去內戰的責任在誰》、《給各方朋友一封公開的信》、《論和談中一個難題──並告國民黨之在高位者》、《敬告中國共產黨》以及《答香港罵我的朋友》等一系列政論文章。11月，《中國文化要義》一書交由成都路明書店出版；《梁漱溟先生近年言論集》由龍山書局出版，內收1941─1949年發表的文章23篇。12月，應中共中央邀請，攜夫人離川北上返京。

1950年　57歲

1月中旬，到北京。3月，與毛澤東晤談，表示不想加入政府，同時建

議設立一個中國文化研究所或世界文化比較研究所，希望能繼續從事中國文化研究工作。4月至9月，到河南、山東及東北各地參觀。10月，開始寫作《中國建國之路》一書，現存三章。冬，聽伍庸伯講解《禮記．大學篇》。

1951年　58歲

5月至9月，在四川合川縣雲門鄉參加土改工作。10月，在《光明日報》上發表《兩年來我有了哪些轉變？》一文。被增補為全國政協委員。出席全國政協一屆三次會議，會上作題為《信從中國共產黨的領導並改造自己》的發言。

1952年　59歲

5月初，寫出《何以我終於落歸改良主義》（發表時改題為《我的努力與反省》）一文。8月，向毛澤東提出去蘇聯作學術研究的請求，被拒絕。

1953年　60歲

9月，在政協擴大會議上發言，希望政府關注農民生活，被誤解為反對「總路線」，破壞工農聯盟，引發與毛澤東的衝突。

1954年　61歲

1月，參加討論憲法起草。12月，出席政協第二屆全國代表大會。這一年，著手寫作《伍庸伯傳略》。

1955年　62歲

春夏之交，國內報刊陸續發表批判文章。同時，中國科學院社會科學部則召開批判會，時有出席。7月，再次撰寫《人心與人生》自序。12月，《梁漱溟思想批判》（第一輯）由三聯書店出版，內收馮友蘭、千家駒、賀麟等人寫的批判文章14篇。

1956年　63歲

4月，《梁漱溟思想批判》（第二輯）由三聯書店出版，內收湯用彤、金克木、何思源、王若水等人寫的批判文章18篇。5、6月間，隨同其他政協委員到甘肅視察。這一年，艾思奇的《批判梁漱溟的哲學思想》由人民出版社出版；李達的《梁漱溟政治思想批判》由湖北人民出版社出版；李紫翔的《梁漱溟的四十年》由新知識出版社出版。

1957年　64歲

應邀出席周恩來總理召集的、由少數知名人士參加的、討論成立廣西壯族自治區問題的座談會，發言表示支持成立廣西壯族自治區。

1958年　65歲

3月，回廣西出席廣西壯族自治區成立大會。

1959年　66歲

1月，開始寫作《人類創造力的大發揮大表現—試說明建國十年一切建設突飛猛進的由來》一書。書在1961年1月完成。

1960年　67歲

春夏之交，到山東省的濟南、菏澤、鄄城、鄒平等地視察。這一年，開始寫作《人心與人生》一書。

1961年　68歲

4月初開始寫作《讀熊著各書書後》一長文，至11月中旬完成。7月，避暑海拉爾，編《熊著選粹》。

1962年　69歲

寫《略記當年師友會合之緣》一文。

1963年　70歲

年初，由於北戴河會議關於社會主義時期階級鬥爭仍將長期存在的勁

風猛吹，決定去參加在京政協委員學習討論會，目的是想瞭解發生這一突變的根本原因與來龍去脈。這一年，編輯《禮記大學篇伍嚴兩家解說》一書。書在1988年12月由巴蜀書社出版。

1964年　71歲

上半年，到太原、唐山等地參觀「四清運動」。12月，出席全國政協第四屆代表大會。會上發言，認為建國以後所取得的成就是正確認識客觀規律（「科學之事」）、充分調動與發揮人們的主觀能動性（「道德之事」）的結果，而不是因為抓了階級鬥爭。

1965年　72歲

由於上年底在政協會議上的發言，5月開始，在政協學習會上被批判。這一年，寫有《禮記大學篇伍嚴兩家解說合印敘》一文。

1966年　73歲

「文化大革命」爆發。8月，被北京第123中學紅衛兵抄家。9月，寫作《儒佛異同論》。因參考資料被抄走，《人心與人生》輟筆。

1967年　74歲

3月25日，開始寫作《中國—理性之國》一書。

1968年　75歲

繼續撰寫《中國—理性之國》。

1969年　76歲

秋，先後寫出《自述早年思想之再轉再變》、《我早年思想演變的一大關鍵》兩文。

1970年　77歲

4月，完成《中國—理性之國》一書。然後，重理舊緒，專心寫作《人心與人生》。12月，寫出《我的思想改造得力於〈矛盾論〉》一文。

1971年　78歲

寫作《略述1924年在曹州辦學經過》、《衛西琴先生傳略》等文章。

1972年　79歲

1月，寫《讀溥儀自傳〈我的前半生〉書後》一短文。

1973年　80歲

3月，寫《讀〈河上肇自傳〉》。10月，「批林批孔」運動。12月，表示對「批林批孔」運動持保留態度。

1974年　81歲

2月，在政協學習會上先後作題為《試論中國社會的歷史發展屬於馬克思所謂亞洲社會生產方式》與《今天我們應當如何評價孔子》的長篇發言，否定中國有過奴隸社會，肯定孔子在中國文化發展中的歷史作用。為此又招致為期近一年的批判。11月，寫《批孔運動以來我在學習會上的發言及其經過的事情述略》。這一年，臺灣地平線出版社出版了《煥鼎文錄》一書。

1975年　82歲

7月，完成《人心與人生》。然後，著手改寫《東方學術概觀》一書。

1976年　83歲

寫《略記當年師友會合之緣》續篇。12月，開始寫《追記在延安北京迭次和毛主席的談話》，次年2月寫完。

1977年　84歲

2月，寫《我致力鄉村運動的回憶與反省》。5月，寫出《今後國內政治局面之預測》一文，認為人治時代將過去，法治時代將來臨。6月，寫《紀念先妻黃靖賢》。

1978年　85歲

2月，出席政協第五屆全國代表大會。

1979年　86歲

9月，夫人陳樹棻病逝。美國學者艾愷所著《梁漱溟傳》（Guy Salvatore Alitto：The Last Confucian：Liang Shuming and the Chinese Dilemma of Modernity）出版。

1980年　87歲

夏，艾愷來訪。接受艾愷贈送所著《梁漱溟傳》（英文版）及所編《梁漱溟言論集》（中文版，精裝四冊）等著作。被增選為全國政協常委。

1981年　88歲

2月，應「朱熹學術討論會」（在美國召開）組委會邀請，寫作《試論宋儒朱熹氏在儒家學術上的貢獻及其理論思維上的疏失》一文。7月，美國在華留學生林琪（Cherine Lynch）來訪，林琪當時正在撰寫題為《梁漱溟思想研究》的博士論文，研究重點是鄉村建設。10月，寫《試說明毛澤東晚年許多過錯的根源》一文，後在香港《百姓》雜誌上發表。

1982年　89歲

農曆九月初九，虛歲90大壽，中央統戰部為其舉行祝壽宴會。

1983年　90歲

出席政協第六屆全國代表大會，被選為政協常委。4月，寫《憶熊十力先生》，這年還有《憶往談舊錄》長篇談話，後在《團結報》上連載刊出。

1984年　91歲

1月，寫《沈鈞儒先生與政學會──兼記袁世凱死後的南北統一內閣》。5月，出席政協六屆二次代表大會。9月，自費由學林出版社出版《人心

與人生》一書。

1985年　92歲

3月，為中國文化書院舉辦的「中國文化講習班」講學，講題為《中國文化要義》。6月，在香港《百姓》雜誌上發表《發揮中國的長處、吸收外國的長處》；在北京《群言》雜誌上發表《今天我們應當如何評價孔子》。

1986年　93歲

1月，為中國文化書院舉辦的第二期「中國文化講習班」講學。11月，《東方學術概觀》一書由巴蜀書社出版。

1987年　94歲

2月，《東西文化及其哲學》由商務印書館影印出版。3月，出席全國政協六屆五次會議。6月，《中國文化要義》由學林出版社重排出版；《我的努力與反省》由灘江出版社出版。8月，《梁漱溟教育文集》由江蘇教育出版社出版。10月31日，出席由中國文化書院發起組織的「祝賀梁漱溟先生從事教學科研七十周年國際學術討論會」。12月，蘇聯學者德柳辛（彼得羅夫斯基）來訪，得知其《東西文化及其哲學》一書正被譯成俄文。《憶往談舊錄》一書由中國文史出版社出版。

1988年　95歲

3月，出席政協第七屆全國代表大會，被選為政協常委。4月，到良鄉祖墳掃墓，回來後感到身體不適，即入北京協和醫院治療。6月，《梁漱溟學術精華錄》由北京師範學院出版社出版；《勉仁齋讀書錄》由人民日報出版社出版。6月23日上午，在北京協和醫院病逝。

中國文化書院學術委員會編輯的《梁漱溟全集》第1～8卷分別於1989年5月，1990年3月，1990年5月，1991年2月，1992年8月，1993年1

月，1993年6月，由山東人民出版社出版。

附注：

本年譜的編寫，曾參考過下列資料：

1. 中國文化書院學術委員會編：《梁漱溟全集》第1～8卷，濟南：山東人民出版社，1989年5月至1993年6月。

2. 李淵庭、閻秉華編：《梁漱溟先生年譜》，桂林：廣西師範大學出版社，1991年6月。

3. 胡應漢編：《梁漱溟先生年譜初稿》，臺北：龍田出版社，1979年9月。

4. 宋恩榮編：《梁漱溟年譜》，見《梁漱溟教育文集》附錄，南京：江蘇教育出版社，1987年8月。

5. 王宗昱著：《梁漱溟》（年表部分），臺北：東大圖書公司，1992年1月。

6. 梁培寬編：《梁漱溟年譜簡編》，見《我的努力與反省》一書附錄，桂林：灕江出版社，1987年6月；又見《梁漱溟先生紀念文集》，北京：中國工人出版社，1993年10月。

後　記

　　我接觸梁漱溟先生是從研究熊十力哲學開始的。那是1983年初冬，在湯一介老師的指導下，我剛選定了熊十力哲學思想研究為碩士學位論文的題目，著手收集資料，認真閱讀《新唯識論》、《體用論》、《十力語要》等。從熊先生的著作中，我瞭解到了他與梁漱溟先生之間的深厚友誼。尤其是《尊聞錄》所記他們眾學友間披瀝肝膽、嘯聲學海的生動情景，深深地感染了我，遙想當年，心儀不已。在隨後的調查訪問中，從熊先生的弟子及熟人的口中，我瞭解到了更多的不見著於書冊的事情，熊先生的形象在腦海裡開始躍動起來，具有了活生生的感覺。在這些談話裡，自然關涉到梁先生，對於他的瞭解也就更多了些。

　　翌年春，同樣在準備撰寫熊十力研究碩士論文的武大郭齊勇兄，由漢北上，查找資料，訪問熊先生的故交弟子。他的首要目標是拜見梁漱溟先生，並已打聽到了梁先生的住址。這樣，與郭兄結伴，我便有了第一次見到梁漱溟先生的機會。那是四月初的一個上午，北京尚春意料峭，尤其是當我們走到梁先生的住地—木樨地22棟高層住宅的樓下時，寒風勁厲，加之稍稍有點激動的心情，禁不住有些索索然。梁先生的中式便服和那頂頗具象徵意味、令人過目難忘的瓜皮小帽，

第一眼就給了我新奇而強烈的刺激。也許是這類裝束的老人過去見得少，也許是「藍螞蟻」的識別印記太過深刻了，總之，只在照片上和對祖輩的依稀記憶中才有的形象，突然活生生地出現在面前，著實令我有點驚異，一種混雜而莫名所以的感受油然而生。梁先生和藹而不失威嚴，那是一種剛毅、自信，能籠蓋氣氛、折服對象的威嚴，尤其是當他開始談話後，我的這種感覺就越來越強烈。當時，梁先生已年過九十，但一點也沒有老年人的那種顫痹和迂緩，言辭果決，語氣清爽，使我不由自主地不時凝視一下他那瘦削的臉龐和精健的身軀，相信這中間有種奇妙的協調和一致性。梁先生的思路異常的清楚，絲毫也感覺不到他已是那樣的高齡；談著談著，我甚至逐漸忘記了我們之間巨大的年齡距離。

那次談話，持續了近三個小時。也許是對青年學子重理舊章、研究他們那一輩學者的思想產生了感奮，也許是沉浸在了回首歲月、追風故人的悠悠情思之中，梁先生顯得很投入，興致非常好，侃侃而談，不容我們插言或隨便打斷話頭。所以整個談話基本上是他一個人在說，而且是順著他自己的思路往下講。梁先生回顧了他與熊十力先生相識的經過，談了熊先生的生平和學行，特別強調熊先生傲而不

馴、喜好獨創、俯視一切的性格。他認為熊先生的天資很高，氣魄也大，富有創造性。但太過主觀，不尊重古學，也不敬惜古人，在這方面幾近於頑劣。言詞間，梁先生對此表示了深深的不滿。尤其出乎我意料的是，他對熊先生並無常人追憶故友時常帶的那份情感的眷念和敬意，沒有絲毫的見諒曲隱之辭，評說起來反而更直截了當，用詞也相當的嚴苛。他以「愚而好自用」五字概括熊先生的一生，這使我怎麼也無法將幾達半個世紀的深厚交誼、思想最為接近的新儒學同道等印象，與這一太過貶損的評價聯繫在一起。說真的，對此我當時很不理解，也深不以為然，心底裡還直為熊先生叫屈。除了談熊十力外，梁先生也說到了他自己的思想和一些生平往事，其中有兩點我印象頗深。一是梁先生在講他的三大文化路向說時，特別讚揚了印度文化和佛教，認為佛家出世法破二執（人我執和法我執）、斷二取（能取與所取），無能、所之別，渾然宇宙為一體，複歸到了圓滿自性、無所不足的最高境界。話語間，崇敬之情溢於言表，這和熊先生的貶斥佛教、以純儒自許的態度形成了鮮明的比照。當時人們的普遍觀念是，熊、梁二先生均為由佛轉儒、出佛入儒、已是最後的儒家，所以，梁先生對儒佛的衡論和感情的偏向著實讓我吃了一驚。儒者耶？佛徒

耶？使人感到困惑，茫然不知如何據斷。二是梁先生詳細敘述了1924
年夏，他辭去北大教職到山東辦學的經過。當時，曲阜大學未辦成，
重華書院亦夭折，草創的曹州省立六中高級部也因駐軍呂運齋（屬馮
玉祥國民五軍）和地方當權者鄭士奇（屬段祺瑞派）之間的摩擦而大
受影響。最後終難維持，淒慘收場，同道別離，學生星散。這才有了
他的還客京師、謝絕外務，埋頭於《桂林梁先生遺書》的整理編纂工
作。看來，第一次辦學失敗的經歷對梁先生的一生來說痛切而記憶深
刻，所以他在講這件事時，我領受到了一種怨世而無奈的悲壯感。照
例，梁先生也向我們談了他的近況，包括參加政協會議、日常讀作及
生活起居等。尤其是瞭解到了海外研究他的一些情況，像美國學者艾
愷（G.Alitto）的著作，我那次是第一回聽說和見到。梁先生也告訴
我們，《人心與人生》一書幾經周折，最後由他自費3500元，上海學
林出版社接收並已排版，即將問世。臨行，梁先生拿出年前應德安縣
誌編纂辦公室約請所作的《憶熊十力先生》一文的抄件，並將他寫於
1962年的《讀熊著各書書後》和《熊著選粹》的稿本，借給了我們。
他還應允把所藏熊十力先生的書信手跡提供給我們拍照整理。《讀熊
著各書書後》多達四萬餘字，直到1988年底才收錄在《勉仁齋讀書

錄》一書中公開面世。那次，我讀到了這樣一篇奇特的長文，倍感興奮；同樣也為梁先生對熊著率直而嚴厲的批評所震驚，這和當面聽到他苛責熊先生時的那種感受是完全一樣的。

我訪談梁漱溟先生前後共有三次，後兩次分別在同年的五月和十月，但都不及第一次的印象那麼深刻，待的時間也沒有那麼長。這兩次均是和湯一介老師、王守常兄結伴去的；最後那次，已開始著手研究梁漱溟思想的王宗昱兄也去了。第二次去時，我們專門請了一位攝影師，將梁先生處所藏熊十力的一批書信原件拍了反轉片。這些書信，主要是寫給梁先生本人的，也有少部分是寫給林宰平、馬乾符等先生的。後來，由我整理出來並列印成冊的《十力書簡》（1985年12月），即是以這一批書信為主幹的。梁先生的圖書資料收藏，或已捐獻，或多被毀，當時留存下來的已經很少。在他的居室裡，只放了兩個書櫃，而且沒有裝滿。所以，當他親自打開一隻小皮箱，顫抖著雙手解開仔細放置的小布包、拿出那些發黃的殘舊紙片時（最早的一封信寫於1925年春，已經保存了整整60年），我被眼前的這一情景深深地感動了，真切地體味到了他和熊先生之間五十年交誼的那種深邃和聖潔。此後，再讀到他批評熊先生的那些文字，我腦海裡就立時浮現

出那令人難以忘懷的一幕；對他常相標舉的「學術本天下公器」之旨，也更多了一層文字以外的理會。那次，我們比較多地談到了梁先生本人著作的整理和出版問題，湯老師似已有籌畫編纂梁先生全集的意圖，故於有關問題徵詢頗詳。數年後，中國文化書院竭盡全力畢此盛舉，也真是終於了卻了一樁夙願吧。我當時的印象是，梁先生對自己的文化著述並不特別顧戀，倒是念念不忘奔走於國共兩黨之間時的那些筆墨遺存，叮囑再再。也許，梁先生是對社會公論只重其文化創造而漠視其政治活動感到不滿，對於社會政治活動家的他之長久被遺忘心有所不甘，所以言談間自然有點偏執。第三次見到梁漱溟先生，正值中國文化書院在醞釀籌組，故話題就多圍繞於此。湯老師誠邀梁先生出山，參加中國文化書院的學術工作，並報告了有關的準備情況。梁先生聽後很高興，欣然應允下來。此後，梁先生擔任了中國文化書院院務委員會主席和發展基金會主席，並以導師身份參加了中國文化書院組織的一系列學術活動，直到他1988年謝世。

我因研究熊十力先生的思想而較早接觸到了梁先生，並有幸親聆其談話。但因為我當時的興趣並不在梁而在熊，所以對他的思想殊少體味，也錯失了當面請益的機會。梁先生的社會名望遠比熊先生要

高，其「抗爭」形象也更能引起一般大眾的興趣與關注，故每每成為有轟動效應的焦點。在梁先生過世前後，汪東林的訪談錄熱鬧了一陣子。每當此時，我更感觸和同情熊先生的寂寞，對熊先生的苦心孤詣不為世解感到不平，對當代人形而上的盲失感到悲哀。從哲學專業和我本人的興趣來講，我對熊先生可能更偏愛些，特別喜歡他的深湛與精純。相比較而言，梁先生的思想則多少顯得有點雜遝，也太過平淡了些。所以在此之前，我只是零零星星地讀了一些梁先生的著作，而並未深下過工夫，更無著述之想。一直到前年，蒙錢宏兄囑託為「國學大師叢書」撰寫《梁漱溟評傳》，這才開始屏息雜想，專注於梁先生的所有著作。兩年來，恰逢八卷本的《梁漱溟全集》陸續問世，這就免去了許多搜求資料之勞，而在閱讀上得到了很大的便利。經過幾個月的寫作，現在終於完成了這部書稿。

本書是由我和黎業明兄合作完成的。業明晚我幾屆，亦師從湯一介先生。他的碩士學位論文即是研究梁漱溟思想的，所以無論是於材料的熟悉程度，還是對梁先生思想瞭解的全面和深入，業明都遠勝於我。因是故，我邀請了他共著此書，第1、2章由我執筆，第3、4、5章由他撰寫。因全書體例及統稿由我負責，所以若有錯漏，理應我來

承當。

　　最後，對湯一介老師的撥冗賜序和錢宏兄的著力督導，均表示深深的謝意。

景海峰

1994年7月於深圳崗廈

昌明文庫·悅讀人物 A0603024

梁漱溟評傳

作　　者　景海峰、黎業明
版權策畫　李　鋒

發 行 人　陳滿銘
總 經 理　梁錦興
總 編 輯　陳滿銘
副總編輯　張晏瑞
編 輯 所　萬卷樓圖書股份有限公司
排　　版　菩薩蠻數位文化有限公司
印　　刷　百通科技股份有限公司
封面設計　菩薩蠻數位文化有限公司

出　　版　昌明文化有限公司
桃園市龜山區中原街 32 號
電話 (02)23216565
發　　行　萬卷樓圖書股份有限公司
臺北市羅斯福路二段 41 號 6 樓之 3
電話 (02)23216565
傳真 (02)23218698
電郵 SERVICE@WANJUAN.COM.TW
大陸經銷
廈門外圖臺灣書店有限公司
　電郵 JKB188@188.COM

ISBN 978-986-496-125-2

2019 年 2 月初版二刷
2018 年 1 月初版
定價：新臺幣 440 元

如何購買本書：

1. 劃撥購書，請透過以下郵政劃撥帳號：
　　帳號：15624015
　　戶名：萬卷樓圖書股份有限公司

2. 轉帳購書，請透過以下帳戶
　　合作金庫銀行　古亭分行
　　戶名：萬卷樓圖書股份有限公司
　　帳號：0877717092596

3. 網路購書，請透過萬卷樓網站
　　網址 WWW.WANJUAN.COM.TW

大量購書，請直接聯繫我們，將有專人為您
服務。客服: (02)23216565 分機 610

如有缺頁、破損或裝訂錯誤，請寄回更換

國家圖書館出版品預行編目資料

梁漱溟評傳 / 景海峰, 黎業明作. -- 初版.
-- 桃園市 : 昌明文化出版 ; 臺北市 : 萬
卷樓發行, 2018.01
　　面 ; 　公分. -- (昌明文庫. 悅讀人物)
ISBN 978-986-496-125-2(平裝)
1.梁漱溟　2.傳記
782.886　　　　　　　　　　107001389

本著作物經廈門墨客知識產權代理有限公司代理，由百花洲文藝出版社授權萬卷樓圖
書股份有限公司出版、發行中文繁體字版版權。